本书受到福建理工大学科研启动基金项目资助（项目号：GY-Z220197）

住宅用地拍卖竞买
联盟成员选择研究

王进修 ◎ 著

中国财经出版传媒集团

经济科学出版社
Economic Science Press

·北 京·

前　言

　　在"房住不炒""五道红线"和住宅用地出
让"两集中"等各项政策环境下，住宅开发行业
利润率下行、经营风险加大，开发企业债务融资
受限、资金压力剧增。在政府组织的住宅用地出
让中，组建联盟共同竞买土地、共同开发是开发
企业重要的股权融资方式，既可以提升自有资金
使用效率、增加土地竞买的成功率，又能适当分
散高价拿地的经营风险，已被很多企业实践。然
而，在激烈的市场竞争中，很多联盟经过短暂的
土地拍卖竞价过程即宣告失败；成功竞得土地后
的开发过程存在管理冲突、运营效率降低等问题
和挑战，根源在于联盟成员选择不当。本书旨在
通过实证研究，分析住宅用地拍卖竞买联盟成员
的选择策略，为住宅用地拍卖竞买联盟成员选择
主体构建一套对潜在联盟对象进行量化评价的研

究框架，包含标准、流程和方法等。

本书以商业模式匹配、竞价阶段联盟稳定性和开发阶段联盟治理价值三个维度对住宅用地拍卖竞买联盟成员选择进行研究，提出选择决策的三个步骤：第一，以商业模式相似性为标准，采用可能性C-均值聚类的方法对众多的潜在联盟对象进行初步筛选，得到联盟成员候选组合，并对候选组合的商业模式匹配进行量化评价；第二，以出价能力偏离程度量化评价候选组合的竞价阶段联盟稳定性，并结合商业模式偏离程度构建候选组合的综合匹配量化评价模型，对联盟成员进行二次选择；第三，根据联盟成员选择主体与联盟对象的初步谈判结果而形成的联盟治理分工，对候选组合的业务能力和运营效率构成的联盟治理价值进行量化评价，并采用分层排序法对联盟成员进行最终选择。在此基础上，识别住宅用地拍卖竞买联盟成员选择的潜在风险，提出风险因果关系假设，构建风险理论模型，采用偏最小二乘法－结构方程模型检验模型的有效性，既验证各项风险与其影响因素之间的关系，又验证联盟成员选择研究维度的合理性。最后，根据研究结果提出相应的风险控制对策以完善联盟成员选择决策。

研究结果表明：第一，商业模式构成要素中的发展模式及销售净利率、融资利率、项目累计现金流持续为正值的开始时间（以下简称"现金流回正时间"）等关键业务标准具有相似性的企业，才适合共同组成住宅用地拍卖竞买联盟，且相似性越高则联盟匹配程度越好。第二，土地出让采用增价拍卖规则的情况下，只有出价能力具有竞争优势的企业才有必要参与住宅用地拍卖竞买联盟，在竞价阶段联盟才能具有较高的稳定性，也才能实现共同买地、共同开发的联盟愿景，而商业模式中的销售净利率、融资利率和现金流回正时间决定了联盟成员的出价能力。第三，开发阶段联盟的共同治理方式是股东会及董事会以一票否决制为主的决策机制，结合总经理统筹协调下的各联盟成员进行业务模块分工管理。业务模块管理分工、总经理委派、物业品牌优先指定、财务并表权等是开发阶段联盟治理分工中的关键权利事项，成为联盟合作的谈判焦点。多个联盟成员共同治理与联盟成员选择主体独家治理相比，整体业务能力得到提升，但项目运营效率降低。第四，商业模式和出价能力的综合匹配在联盟成员最终选择中的作用显著大于开发阶段联盟治理价值。第五，联盟成员选择具有的潜在风险包含竞价阶段的联盟竞买失败风险，以及开发阶段的项目融资方案冲突风险、项目运营管控冲突风险和项目运营效率风险，而这些风险的主要风险源来自外部竞争、联盟成员商业模式差异和开发阶段联盟治理分工。

研究阐释了住宅用地拍卖竞买联盟成员的选择策略，研究框架也适用于分析商服用地拍卖竞买联盟，具有一定的理论普适性。本书构建了住宅用地拍卖竞买联盟成员商业模式匹配、竞价阶段联盟稳定性、开发阶段联盟治理价值和联盟成员选择风险的量化模型，提出对联盟成员进行初步筛选、二次选择和最终选择的决策方法，拓展了联盟成员选择的方法论，丰富了商业模式、联盟稳定性、联盟治理和联盟风险等领域的理论知识。论文提出的联盟成员选择决策方法，有助于房地产开发企业完善住宅用地拍卖竞买联盟成员选择的决策体系，也能够为商服用地拍卖竞买联盟成员选择提供决策参考，同时能够为行政主管部门进行土地出让市场管控提供新的视角，维护行业的健康发展。

目　　录

|第1章|

绪　　论

1.1　研究背景与问题提出

1.1.1　研究背景

1.1.1.1　行业利润率下行，项目层面的股权合作是企业分散经营风险的重要方式

2016 年底中央经济工作会议提出"房住不炒"以后，各地出台相关执行政策，房价快速上涨逐步得到遏制，很多投资需求被挤出，住房销售市场热度降低，市场竞争加剧，开发企业的销

售和回款压力不断加大。项目开发经营的风险加大，特别是高价拿地项目容易出现亏损。政策调控的结果逐渐显现，2018 年以后行业整体利润率明显下行。如图 1.1 所示，全国销售额排前 50 位的上市房地产开发企业 2018 ~ 2021 年中期的销售毛利率出现明显下降，甚至有部分企业降至负值。

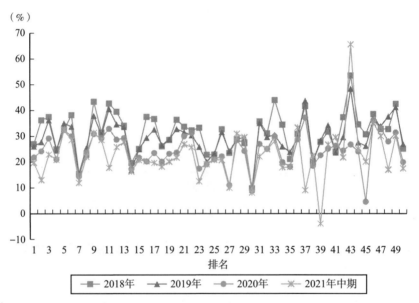

图 1.1　全国销售额排前 50 名的上市房地产开发企业的毛利率变化

资料来源：各开发企业 2018 ~ 2020 年度财务报表及 2021 年中期财务报表。

在这样的市场环境下，在项目层面引入其他企业共同投资有助于分散经营风险，而很多开发企业已具有相互合作的经验，易于建立起横向的合作关系[1]。近年来，企业合作开发项目的现象越来越多，已成为行业发展趋势。如图 1.2 所示，2020 年全国前 100 位开发企业中仅有 1 家企业没有合作项目，71 家企业合作项目占比大于 20%，更有 7 家企业合作项目占比大于 50%。这些企业在项目层面的合作，往往始于竞买土地。在政府组织的住宅用地出让中，具有合作意愿的开发企业就可以组建联盟共同竞买土地，成功竞得土地后共同投资和开发项目。

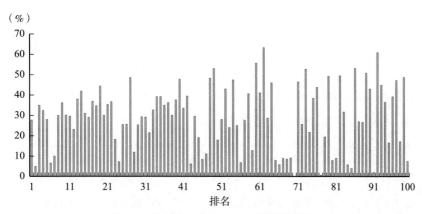

图 1.2　2020 年前 100 位企业开发项目的合作占比

注：企业开发项目合作占比 = 1 − 权益销售额/全口径销售额 × 100%，权益销售额是以企业股权占比为口径，全口径销售额指企业集团连同合营公司及联营公司所有项目业绩的累计值。

资料来源：克而瑞地产研究发布的《2020 年中国房地产企业销售 Top200 排行榜》，http:// www. cricchina. com/research/Details/9788。

1.1.1.2　住宅开发企业的债务融资受限，项目层面的股权融资将发挥更大的作用

住宅开发是资金密集型产业，购置土地、工程建设都需要消耗大量的资金[2]。住宅开发企业的主要资金来源为自有资金、销售订金、预收款、个人购房按揭贷款、股权融资和债务融资。其中，债务融资是开发企业实现规模发展的助推器，是提高住宅项目自有资金投资收益率的重要杠杆工具，被证明能够有效提升企业的盈利能力[3]。高负债是大部分开发企业的发展策略，中国房地产业协会、上海易居房地产研究院中国房地产测评中心共同发布的《2021 中国房地产开发企业综合实力 Top500 测评研究报告》显示，2020 年以住宅开发为主业的前 500 位开发企业的资产负债率均值达到 78. 77%。行业发展的结果是开发企业的开发投资贷款和个人购房按揭贷款成为我国银行贷款的主要组成部分[4]。

2020 年 8 月央行和住建部出台"三道红线"政策①，根据负债率和现金短债比对开发企业的有息负债增速进行管理，收紧开发企业的新增债务融资。同年 12 月，央行和中国银保监会发布《关于建立银行业金融机构房地产贷款集中度管理制度的通知》，为银行的房地产贷款和个人住房贷款分别设置贷款占比上限，即为另外"两道红线"。政策的结果是银行给开发企业和个人住房按揭的贷款额度受到限制，直接影响开发企业的贷款融资和销售按揭回款，进一步加大开发企业的融资压力。

在持续的政策调控下，开发企业普遍资金压力增大，甚至出现流动性危机。如图 1.3 所示，截至 2021 年中期，大部分开发企业的有息负债现金覆盖率低于 60%，甚至有几家龙头企业低于 20%。流动性不足对开发企业的正常生产经营造成极大的负面影响，导致销售额急剧下降，进一步恶化了企业的

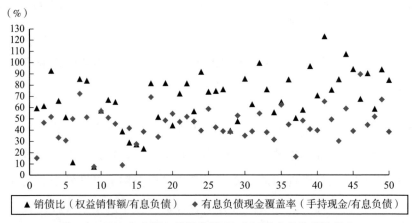

图 1.3　2021 年中期负债最高的 50 家开发企业的偿债能力

资料来源：各开发企业 2021 年中期财务报表。

---

①　"三道红线"即开发企业剔除预收款后的资产负债率大于 70%，净负债率大于 100%，现金短债比小于 1 倍。根据"三道红线"的突破情况，开发企业被分为红、橙、黄、绿四档管理。"三道红线"都突破属于红档，开发企业不能再增加有息负债。突破"二道红线"属于橙档，开发企业负债年增速不得超过 5%。突破"一道红线"属于黄档，开发企业负债年增速不得超过 10%。绿档企业负债年增速不得超过 15%。

现金流状况。到 2021 年中期，不仅出现部分中小型开发企业陷入生存危机，恒大、华夏幸福等龙头企业也爆发流动性危机。然而，政策并无放松，可以预见未来开发企业的负债率将被限制在一定范围内，债务融资规模受到很大约束。在此政策环境下，股权融资在开发企业的资金来源中所占的比例将得到进一步提升，项目层面的股权合作将得到更大的重视。

1.1.1.3　重点城市住宅用地出让"两集中"，竞买联盟有助于提升竞买成功率

2021 年 2 月 23 日"全国 2021 年住宅用地供应分类调控工作视频培训会议"上，自然资源部开发利用司副司长莫晓辉对 2021 年住宅用地供应分类调控工作进行了安排部署，要求重点城市实行住宅用地实行"两集中"新政，即集中发布出让公告和集中组织出让活动。这些重点城市包含北上广深 4 个一线城市①，以及天津、重庆、南京、杭州、厦门、合肥、济南、武汉、成都、福州、郑州、无锡、苏州、沈阳、长春、宁波、青岛、长沙等 18 个二线城市的 22 个重点城市对住宅用地出让实行"两集中"新政。在地方政府集中供地时期，为了参与更多的宗地竞买，开发企业的资金需求量显著加大。2 个或者 2 个以上的开发企业组成联盟，共同出资参与土地竞买，使得每个企业有限的资金增加了竞买次数，有助于提升土地竞买的成功率。

1.1.1.4　住宅用地竞买联盟牵涉多个主体，成员选择关系联盟成败

以分散经营风险和股权融资为合作动机，住宅用地竞买联盟的愿景是共同参与土地竞买，成功竞得土地后共同投资和开发项目，但联盟愿景的实现却并不容易。在激烈的市场竞争中，很多联盟经过短暂的土地拍卖竞价过程即宣告失败。此外，成功竞得土地后的开发过程将延续数年，需要联盟成员

---

① 重磅！供地节奏大调整：重点城市全年最多集中供地三次，https://finance.ifeng.com/c/8499IbWthMN.

之间持续的协调和配合，但有研究表明项目开发合作阶段存在一系列的共性问题和挑战[5]。第一，各股东委派到项目的管理人员，同时兼任股东的其他项目管理，造成合作项目的审批拖延，决策效率低下。第二，合作项目股权分散，或者中小型企业控股，导致项目融资困难。第三，各股东的经营理念和管理模式不同，且合作项目没有成熟的管理制度，鲜有统一管理要求，管理盲区较多。第四，各股东的资金支出审批时长不一，造成合作项目的资金投入难以同步，而各股东对资金使用效率的要求不同导致合作项目的资金分配协调困难。第五，房地产行业的人才流动性较大，委派到合作项目的工作人员归属感较低，各股东的管理水平参差不齐，合作项目的管理成本较高。

住宅用地竞买联盟面临的共性问题和挑战，需要各联盟成员的充分协调和配合。然而，每个企业的根本属性特征和合作诉求具有差异性，合作过程中并非通过协调就都能保持步调一致。大量的文献研究表明，联盟成员选择是联盟组建的关键环节，恰当的联盟成员直接关系到联盟的绩效和成败[6]，因而对住宅用地竞买联盟成员选择展开深入研究显得十分必要。

综上所述，在"房住不炒""五道红线"和住宅用地出让"两集中"等各项政策环境下，组建联盟共同竞买土地、共同开发是开发企业重要的股权融资方式，既可以提升自有资金使用效率、增加土地竞买的成功率，又能适当分散高价拿地的经营风险，已被很多企业实践。这种合作模式存在的问题和挑战主要源自联盟成员选择不当，值得企业界和学术界对此进行研讨。然而，企业之间的联盟是微观的企业行为，合作的细节往往被视为商业机密而不对外公开，并且联盟实施过程中联盟成员之间存在的矛盾和冲突往往也较少对外宣扬，导致相关信息的获取难度较大，从而学术界对相关问题的了解和研究甚少。因此，本书对住宅用地拍卖竞买联盟成员选择展开深入研究，构建联盟成员选择策略，为企业的住宅用地竞买联盟组建及实施提供参考。

1.1.2　问题提出

在实践中，住宅用地拍卖竞买联盟的实施包含土地拍卖竞价阶段和项目开发阶段，联盟的顺利实施和两个阶段的目标实现都要求联盟成员具备相应的前提条件，因此应以缩小联盟对象选择范围为目的对联盟成员进行初步筛选，再分别根据竞价阶段和开发阶段联盟目标实现的要求对联盟成员进行详细评估和多维度选择。

（1）初步筛选联盟对象的标准是什么，如何进行筛选。在国内的大中型城市，住宅开发市场规模大，开发企业数量众多，潜在住宅用地竞买联盟对象数量也很多。联盟成员选择主体若对全部潜在联盟对象进行详细评估和沟通，必然耗费大量的人力和时间。以一定标准对同一个城市中潜在参与住宅用地拍卖竞买的开发企业进行初步筛选，能够为联盟成员选择主体缩小联盟对象的选择范围。联盟成员选择主体与初步筛选出的联盟对象形成的不同组合，成为联盟成员候选组合。

（2）如何以竞价阶段联盟目标实现的要求对联盟成员进行二次选择？在拍卖竞价中胜出是竞买联盟要实现的第一个阶段性目标。当外部的竞争报价超过任一联盟成员的接受范围，联盟实现共同开发的愿景就不能实现。面对潜在的外部竞争，联盟成员选择主体与联盟对象应具备一定的条件才能实现竞价阶段的联盟目标。以企业的根本属性特征为状态变量参数，评估每个候选组合实现竞价阶段联盟目标的条件，形成候选组合的优先级排序，从而实现联盟成员选择主体对联盟对象的二次主观选择。

（3）如何以开发阶段联盟治理价值对联盟成员进行最终选择？联盟成员的利益实现在于土地竞买成功后的开发阶段，联盟的最终形成以满足每个联盟成员在开发阶段的合作诉求为前提。然而，每个联盟成员的合作诉求并非都有助于提升联盟优势，不同候选组合具有的联盟功能存在差异。联盟实施过程中需要联盟成员之间持续的沟通和协调，联盟成员选择主体与不同的联盟对象组成联盟具有不同的组织成本。对每一个候选组合在开发阶段的联盟治理价值进行评估，从而确定联盟成员选择主体对联盟对象的最终选择。

（4）联盟成员选择具有什么潜在风险，如何采取对策以有效控制？联盟组建阶段成员选择存在决策不当或不完善，对联盟在土地拍卖竞价和项目开发两个阶段目标的实现产生负面的影响。通过对这些潜在风险进行识别，分析风险的因果关系，提出应对策略以有效控制风险因素，从而完善联盟成员选择决策。

按照以上的研究思路，本书提出相应的研究问题，如图 1.4 所示。

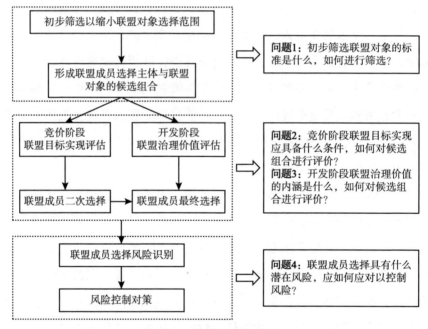

图 1.4 问题提出的思路

1.2 文献综述

根据提出的研究问题，本书涉及的研究领域主要为以下四个方面：一是土地拍卖中竞买人之间的竞争与合作，即在拍卖规则下竞买人的竞合动机、竞合演化、竞合策略和竞合结果；二是联盟成员选择标准，包含联盟成员选择的评价指标、合作伙伴对房地产项目开发合作的影响；三是联盟治理，包含联盟治理宗旨、主要影响因素、共同治理方式、治理设计、房地产项目开发合作的治理模式；四是联盟风险，包含联盟风险内涵、联盟风险对策、联盟成员选择风险对策。因此，本书对这四个领域的相关文献进行分析、归纳和整理。

1.2.1　土地拍卖竞合的相关研究

1.2.1.1　竞合动机

根据竞合理论[7]，土地拍卖竞买人的竞合动机来源于房地产开发行业环境、开发企业内部因素和开发企业之间的关系因素。在高不确定性和高风险的市场环境下，企业倾向于通过股权合作融通资金，主动降财务杠杆，既解决资金需求，又能更好地应对不利冲击[8]。多家企业形成竞买联盟合作买地、共同开发已成为行业趋势[5]，很多企业具有相互合作的经验，易于建立起横向的合作关系[9]。由此可见，无论是内部因素还是外部环境，都存在推动开发企业在土地拍卖中竞合的因素。

1.2.1.2　竞合演化过程

竞买人在土地拍卖中的竞合演化过程复杂且具有较大的不确定性。首先，竞争会削弱合作倾向，合作将降低竞争的激烈程度，在一定的条件下竞争与合作相互转化[10]。个体为实现目标的努力会促进他人的目标实现，产生个体之间的正向依赖关系，导致个体之间的正向互动，形成合作关系[11]。开发企业会因资源共享和能力互补而开展合作[12]。增价拍卖规则鼓励竞买人高报价，赢家可能面临成交价过高导致亏损的风险，产生"赢家的诅咒"效应[13]。其次，竞合伙伴之间潜在的冲突是竞合的核心问题[14]。竞合伙伴们在追求共同利益的同时，并不放弃追求个体利益最大化[15]。无论多高的合作程度，他们依然会企图通过牺牲其他伙伴或者合作的整体利益来追求自身的利益最大化[16]。企业的各种自利行为都将产生竞争，也鼓励了机会主义行为，诱发合作伙伴之间的冲突[17]。每个竞买人在合作谈判中都有自己的利益诉求，不可避免的需求矛盾将触发紧张关系[18]。此外，土地拍卖只是开发企业竞合的开始，而在周期较长的项目合作开发过程中，各股东可能因为经营理念、管理模式等方面的差异产生利益冲突[5]。

1.2.1.3　竞合策略

企业在竞合中采取的策略，将根据竞合中竞争与合作程度的高低而定[7,19]。因资源共享和能力互补的动机而结为联盟，联盟成员之间具有较高的相互依赖关系，合作的程度较高、竞争的程度较低，属于伙伴型[20]，或者协作寻租型[21]。土地拍卖竞买人之间的竞争程度取决于全部竞争者的数量和每个竞争者的出价能力[22]，存在较大的不确定性。作为独立的经济主体，竞买人参与联盟的基本动机是逐利[23]，从而合作诉求能否得到满足、联盟竞买成功概率的高低决定了竞买人的合作程度，也说明土地拍卖竞买人参与联盟具有不确定性。竞买人之间的竞争与合作的程度都具有不确定性，使得竞合可能涉及如图1.5所示的全部类型，即高竞争高合作的竞合型、高合作低竞争的伙伴型、低合作高竞争的冲突型或低合作低竞争的依赖型[20]。由此可见，竞买人在土地拍卖中采用什么样的竞合策略，需要根据潜在竞争者的数量、合作谈判的结果，以及对拍卖结果的预测进行综合决策。

1.2.1.4　竞合结果

竞合过程充满了风险和挑战，竞合有积极正面的结果，也会存在消极负面的结果[10]。企业通过合作获得其他伙伴贡献的优势资源和能力，可以给自

图 1.5　竞合策略

身带来诸如经济效益、市场地位、竞争优势等积极结果[24-26]。同时，稳固交易关系的建立，能够降低外部交易成本[27]，共享管理知识[28]，提升企业竞争力[29]。然而，竞合容易发生机会主义行为，资源、技术、知识外溢，甚至产生各种冲突[30]，竞合关系的处理显得尤为重要[31]。

　　土地拍卖中竞买人竞合的结果为是否单独或者与其他竞买人共同竞得土地，以及在多大程度上降低了土地成交价，但竞合过程复杂，竞合结果具有很大的不确定性。土地拍卖阶段的竞合成功取得土地之后，新的竞合关系在具有较长周期的项目开发过程中延续。因此，竞买人在土地拍卖阶段的竞合就必须预见性地考虑合作开发中的竞合关系处理，才能减少合作开发中的风险和挑战[5]，最终取得积极正面的竞合结果。

1.2.2　联盟成员选择标准的相关研究

　　本书所研究的住宅用地拍卖竞买联盟属于企业动态联盟，是经济活动中的一种合作类型，住宅用地拍卖竞买联盟成员的选择可借鉴各个行业合作伙伴选择的研究结果。

1.2.2.1　合作伙伴选择标准

合作广泛存在于各行各业，合作伙伴的选择标准依具体行业和具体任务而定。李华强等以战略和业务作为多式联运联盟承运人选择的评价维度，其中战略维度包含战略目标相似度、企业文化兼容性、合作认同度和稳定性[32]。潘燕华等根据生产技术准备阶段、建造阶段、售后维护阶段等三个产品不同生命阶段，对涉及主体、成本、时间、质量、保障能力、信息技术水平、服务能力等方面的要求，构建船舶行业复杂产品价值链合作伙伴选择的指标体系[33]。张裕稳等以校企合作为研究对象，基于行为主体的心理需求构建以损失最小化为目标的合作伙伴匹配模型[34]。张翠英等根据农产品市场特点构建农产品供应链合作伙伴选择的指标体系，并根据权重分析得出农业企业选择合作伙伴的三个最重要指标，即合作伙伴的质量、履约能力和合作双方的互补性[35]。李红艳等从兼容性、能力、投入和协同度四个维度来构建战略性新兴产业和科研机构协同创新合作伙伴选择的指标评价体系[36]。何小健认为房地产开发合作伙伴的评价指标包含企业情况、财务能力、履约信用、市场潜能、发展文化和合作意愿[37]。从这些基于不同行业背景的研究可见，合作伙伴选择的标准主要在于拟合作企业的需求、战略、资源和能力、文化、声誉、合作意愿等企业属性特征。

古拉蒂（Gulati）等[38]通过对联盟文献的综述研究，认为从合作视角进行合作伙伴选择是基于以往的合作经验[39]、组织间的间接关系[40]、合作伙伴的中心地位[41]、合作伙伴的共享身份[42]，从协调视角进行合作伙伴选择是基于合作伙伴的合作协调经验[43]、以往的合作经验[44]、合作伙伴资源和管理惯例的兼容性[45]，并将合作伙伴的选择标准归纳为四个方面：第一，先前的合作关系。先前的合作关系使得彼此熟悉，可以预见未来的合作状态，先前的合作经验使得在合作中能够更好地协调彼此，已经建立的信任能够使得合作更顺利[9]。第二，彼此的物理距离。企业偏好选择与之邻近的伙伴合作[40]，因为这样更容易获取评估的信息，也更容易对合作伙伴的声誉施加影响以控制合作关系。第三，潜在合作伙伴的行业地位。企业偏好选择行业地位较高的伙伴合作[40]，从而获得合作优势。第四，相似性。企业倾向于具有同质性的合作伙伴，这样的合作伙伴在管理理念、业务流程等方面具有一定的兼容性，能够最大限度降低沟通协调的成本[45]，可以获得最大化合作利益。

1.2.2.2　企业动态联盟合作伙伴选择标准

动态联盟合作伙伴选择的评价指标应根据目标任务来确定[46]。赵金辉等以服务能力、低能耗、合作可持续性、合作动机、良好的声誉作为智能制造企业选择合作伙伴的评价指标[47]。刘雷认为企业动态联盟合作伙伴选择的一般标准为和谐一致、能力和承诺，并构建以战略管理绩效（包含环境整合能力、市场反应能力、战略规划能力）、组织管理绩效（项目整合能力、界面整合能力、分支机构整合能力）、职能管理绩效（研究开发能力、生产制造能力、市场营销能力、财务管理能力、人力资源管理能力）三个维度十一个指标来构建动态联盟合作伙伴综合评价指标体系[48]。曹杰等从企业规模、企业环境、地域限制、设备状况、技术水平、生产能力、产品质量、信息化程度、服务水平、财务状况、协作能力、应变能力、响应速度、柔性化程度、客户满意度、信誉等级等方面构建企业动态联盟合作伙伴综合能力的评价指标体系[49]。游佳等以网络化制造动态联盟的兼容性和稳定性最大化为决策目标，通过时间、质量、成本三个指标，以及用联结性、频率性、兼容性来衡量的依赖度四个维度来构建联盟合作伙伴组合选择模型[50]。通过对 1999 ~ 2020 年国内核心期刊关于动态联盟合作伙伴选择的文章进行分析，梳理出动态联盟合作伙伴选择的评价指标包含技术性指标、文化类指标、财务类指标、质量指标、生产性指标、外部环境指标和弹性指标，如表 1.1 所示。其中，最重要的指标是技术性、文化类和财务类的指标。选择什么样的评价指标，取决于每一个动态联盟所处的行业以及所承担任务的需要[47]，应以核心企业的合作需求满意度最大化为目标来选择动态联盟的最优合作伙伴[6]。

基于风险管理的原则，企业动态联盟成员选择的标准可以概括为候选企业能够贡献联盟所需的核心资源能力、敏捷性、成本优势、风险承受能力，

表 1. 1 企业动态联盟合作伙伴选择的评价指标类别

指标类别	指标说明	所占比例（%）
技术性指标	与技术相关的软硬件或知识	94
文化类指标	可以抽象反映企业内部环境和整体形象的软性指标	87
财务类指标	包含评价企业财务状况和衡量经营成果的指标	71
质量指标	包含产品质量和服务质量指标	65
生产性指标	反映企业生产经营能力和成果的指标	55
外部环境指标	包含企业相关的政策法规、市场和技术、自然地理和社会文化等方面	52
弹性指标	企业适应复杂多变市场环境的一种灵活可调性	45

以及良好的适应性和信誉[51]。企业动态联盟合作伙伴应具有敏捷性、核心能力和兼容性[52]。

1.2.2.3 合作伙伴对房地产项目开发合作的影响

首先，房地产开发企业之间的距离、是否有合作经验，以及悬殊的企业背景和行业地位都不能阻碍他们之间的项目开发合作，这并不符合古拉蒂等[38]总结的合作伙伴选择标准。我国很多大中型房地产开发企业具有全国化布局与区域深耕并行的特点[53]。这些企业打破地域的限制，通过收并购[54]或参与招拍挂的方式在每一个新进城市获取土地，并在一些经济发达、市场规模较大的城市进行深耕。只要项目存在足够的合作价值，来自全国各地的开发企业都能够形成合作。另外，在收并购的项目合作中，被收购方往往行业地位较低，资金不足或开发水平较低，品牌影响力较弱等劣势[55]，与收购方也未必有合作经验，但并不影响大中型企业与他们进行项目开发合作。此外，市场上也存在不少没有成熟开发团队的投资商或小型开发企业以纯财务投资的方式与大中型品牌开发企业进行项目合作开发[5]。

其次，房地产项目开发合作中需要各个合作伙伴共同决策或者协调的事项较多，导致合作出现众多问题和挑战[5]。房地产项目开发各环节相互关联、环环相扣，要求各职能要有较好的协调性，当多个经营理念不同、管理模式各异的合作伙伴共同参与管理，难免出现管理死角和冲突。此外，合作项目融资需要协调各股东的授信额度和担保，资金的投入和分配需各股东的协调一致，团队管理更需要各股东协同组织。先行研究认为，具有同质性或相似的合作伙伴，在管理理念和业务流程等方面具备的兼容性能够最大限度降低沟通协调的成本[45]，并且具有共同的命运和利益诉求[56]，从而能够减少或避免合作中出现的相关问题和挑战。管理理念、业务流程都是归属于企业商业模式的内容[57]。因此，为了弄清楚合作伙伴对房地产项目开发合作的影响作用，有必要对房地产开发企业的商业模式进行深入分析。

根据以上文献研究可见，住宅用地拍卖竞买联盟成员的选择标准应根据目标任务来确定。通过分析联盟在土地拍卖竞价和项目开发阶段实现目标的条件，对联盟成员的属性特征提出要求，可以制定住宅用地拍卖竞买联盟成员的选择标准。

1.2.3　联盟治理的相关研究

住宅用地拍卖竞买联盟是开发企业开展土地竞买和项目开发的合作，根据契约理论[58-60]，其本质也是一种不完全契约交易行为。联盟是为了共享资源、实现共同的价值[18]，但不同治理方案的组织成本存在差异[58]，合作过程中不可避免会出现各种问题和挑战。为了实现最大化的联盟价值，合作各方有必要对联盟治理进行精心设计，对联盟成员之间的契约关系进行合理的制度安排[61]。

1.2.3.1　联盟治理的宗旨

联盟治理的第一宗旨是充分发挥每个联盟成员的资源和能力优势，产生强大的合作优势。三国时期的孙权认为"能用众力，则无敌于天下矣；能用众智，则无畏于圣人矣"[62]。合作关系强调联盟成员之间的利他性、信任和互惠机制，从而形成合作优势[63]。经济实体之间的合作可以形成资源互补、成本节约、共同学习、规模效应等优势[64]。合作可以解决单个企业发展中面临的资源瓶颈问题，包括资本、市场、技术、设备、人力、知识、品牌、公共关系等。合作是介于市场和企业之间的资源配置方式，在某些条件下可以减少市场交易费用。合作汇集先进的技术和经验，可以为合作伙伴汲取新的技能和知识提供平台。合作能够创造规模经济和范围经济，让企业在聚焦核心业务的同时保持发展的灵活性。通过联盟成员之间的资源共享和优势互补形成合作优势，使得每个联盟成员都能够获得比单干时更多的收益[65]。

联盟治理的第二宗旨是要规避联盟产生的劣势。合作目标的实现依赖各联盟成员的共同努力，但联盟成员的不合作或者能力不足都将导致联盟治理问题的出现[64]。首先，根据委托－代理理论，在每个联盟成员都追求自身利益最大化的情况下，由于信息不对称，联盟成员个体的行为难以被直接观察，并且监督和激励机制缺乏，导致出现偷懒、"搭便车"、机会主义、损害其他联盟成员的利益等败德行为的出现[66]。其次，联盟成员在合作中是独立的个体，资产的专用性使得不完全契约的合作当事人在事后再谈判中存在被"敲竹杠"的风险[67]，造成边际投资收益的损失，从而损害事前的投资激励[68]。再其次，联盟成员之间的合作关系打破了传统的企业边界，凸显外部协调的重要性[69]，联盟的组织管理成本必然高于单个企业。最后，因企业战略目标、经营理念、管理模式和员工素质等方面的差异，联盟成员个体在复杂多变的环境下可能出现与联盟集体和其他联盟成员的利益冲突，采取机会主义行为，违背合作承诺，导致联盟成员之间关系风险的产生[64]。联盟成员之间存在上述问题，需要建立一套正式或非正式的有效协调、制衡和监督机制，以保障投资激励和规避败德风险[60]。

1.2.3.2　联盟治理的主要影响因素

联盟治理结构的选择以交易成本最小化为原则[58]，交易成本的各项影响因素决定了合作交易匹配的治理结构。影响交易成本的因素为激励强度、行政控制、适应性及合同的适用差异[70]。此外，关系形成、关系保持、关系终止的过程也将影响交易成本的大小[71]。交易成本的决定因素可以归纳为六个方面，即交易关系的形成成本、协调成本、资源浪费情况、控制性、激励性和监督成本[72]。交易关系的形成，需要投入较大的人力和时间进行谈判，制定富有激励且能够防止"敲竹杠"的契约条款，因而产生形成成本[73]。在协调性（或称为适应性）问题方面，垂直一体化的企业可以通过内部行政命令来解决。但市场治理结构下的交易双方存在利益冲突，协调问题难以解决，存在较大的协调成本[61]。治理结构的经济性可以用其适应性水平和避免浪费的程度来衡量，权力关系下的适应性较有优势，官僚层级治理结构较可能产生浪费[70]。控制性是治理结构的一个重要因素，控制机制和手段对协调问题和纠纷解决的成本起着决定性作用[71]。激励方面，市场治理结构的产权主体清晰，具有较高的激励，而层级组织间的责任存在交叉，易于产生官僚成本[70]。不同治理结构的监督过程存在差异，监督成本也不尽相同。市场结构的监督主要依靠法律体系，监督成本较高。混合治理结构的监督主要依靠第三方，如仲裁机构，监督成本相比市场治理结构低。层级治理结构具有信息和知识获取的便捷优势，监督成本最低[70]。由于有限理性和机会主义的存在，契约越是不完全，治理结构就越是应该具有更小的激励强度和适应性，更多的行政控制和官僚主义特征[60]。

1.2.3.3　联盟共同治理方式

股权型联盟需要强化内部的共同治理关系。首先，是确定合理的股权结构，以及相应的股东会和董事会表决机制，明确联盟成员的责权利。股权结构很大程度上决定了资产的收益分配，很大程度上影响联盟成员的行为准则，进而对治理结构产生影响[74]。股东会和董事会的表决机制是权力制衡和监督机制的基础。股东会和董事会的表决权未必就与股权占比相对等。联盟成员之间的平等地位可以在股东会和董事会的表决机制中进行体现，如一票否决制。但在一股独大的情况下，联盟成员则难以取得平等地位，权力制衡基础薄弱，内部人操纵的风险难以避免。其次，是建立公平、有效的激励机制。动态联盟中的激励机制应包含两个方面，即股东激励和团队激励。当股东之间采用固定的收益分配比例时，股东的努力程度因其公平偏好程度增加而减小，道德风险随之加大。股东的公平偏好程度越大，要求的收益分配比例也越高，从而对激励机制提出更高的要求[75]。联盟团队的工作人员，归属于多个股东，在执行联盟工作任务的同时还得履行所在企业的岗位职责[76]，激励机制应避免让他们顾此失彼。

联盟的外部治理可以通过声誉机制和合同机制建立信任保障机制[77]。首先，先前直接或间接的业务联系中形成的声誉，是企业基于防止合作交易风险和维持合作承诺角度选择合作伙伴的依据[78]。企业保持良好的声誉有助于拓展新的合作业务，有明显的正向激励作用。另外，联盟中工作人员对未来职业生涯的关注也能够激发他们的工作积极性，帮助他们在人才市场建立良好的声誉[79]。其次，合同是联盟成员之间信任关系的主要保障[77]。合同对于联盟成员之间权责利的约定，以及设定的违约损失赔偿或保护性条款，是在法律层面建立的信任保障，既可以防止机会主义造成的损害，又能够规避"敲竹杠"的风险[67]。

联盟需要建立有效的信息共享和决策支持系统。建立高效的信息共享系统，才能解决联盟成员之间的信息不对称问题。需要共享的信息包含各项任务相关的人员、技术、成本、价格、进展等等。及时又充分的信息共享才能提高联盟成员之间的协调效率，推导联盟的快速决策，保证合作业务的运营效率[80]。

1.2.3.4　联盟治理设计

联盟的组织设计是联盟形成前谈判的内容，包括联盟的框架和行为准则的安排[38]。依靠社会机制，例如，先前直接或间接的业务联系、声誉等，可以防止合作的交易风险和维持合作的承诺[78]。同时，一些合作伙伴已形成的协调机制可能会成为非正式实施的惯例[81]。但企业联盟的合作关系，若没有正式的治理结构和详细的合同是难以保证合作约定的顺利履行[82,83]。

正式的合同约定是各方权益的保证，是联盟设计的总体法律架构，在法律层面明确合作各方的权益和责任。企业动态联盟合作的架构更多的是纯粹合同管理[84]。在更细的层面上，合同对专业分工、利益分配机制和引发联盟重新谈判或惩罚、退出的机制等作出详细的规定。合作经验有利于制定详细的合同[85]，在起草联盟合同时，各合作伙伴也可能寻求解决预期的协调挑战[81,86]，具体规定任务、角色和责任[87]，制定应急计划和反应[88]，以及建立信息共享和反馈渠道[89]，等等。正式合同约定可以为联盟提供强有力的权力结构和执行机制、专门的工作人员以及设计符合联盟目的的制度和流程来促进工作协调[90]。谈判、实施和执行高度详细的合同需要耗费大量的人力物力，但为了联盟的顺利推进不得不制定详细的合同以清晰的等级治理结构进行更正式的合作治理。

联盟治理机制与行业的成熟度相关，若联盟所在行业具有较高成熟度，联盟的合作风险将占主要位置，应采用正式控制治理机制；若联盟所在行业成熟度较低，则联盟的绩效风险占主要位置，应采用关系控制治理机制[91]。关系契约治理应对环境波动更有效，而正式契约治理在竞争环境下能取得更好的治理效果[92]。

1.2.3.5　房地产项目开发合作的主要治理模式

不同开发企业之间进行项目开发合作，普遍采用签订合作协议约定股权占比、决策表决机制、职能管理分工等条款，成立具有独立法人的合资项目公司作为合作经营主体，并形成四种主要合作治理模式[5]。这些治理模式包含：第一，一个股东负责全部业务职能管理，其他股东纯财务投资；第二，一个股东负责全部业务职能管理，其他股东参与审批；第三，两个或两个以上的股东共同负责全部业务职能管理，各自分管不同职能；第四，两个或两个以上的股东分别负责不同业务职能管理，全部股东参与审批。

1.2.4　联盟风险的相关研究

1.2.4.1　联盟风险

联盟在演进过程中将出现特有的风险[88]。首先，在联盟成员的竞合关系中，大量的时间与资源被占用，核心技术和关键资源存在被盗取或被习得的风险，使得原本占据优势的企业失去核心竞争能力，却强化了对手的竞争优势[93]。其次，为实现协同效应而在联盟内部进行的专业化分工，尽管提高了合作效率，却增加了联盟成员对其他伙伴的依赖性增强，长此以往将导致企业灵活性降低乃至相关能力的丧失，最终被伙伴全部接管或兼并[94]。再其次，联盟成员之间利益冲突导致机会主义行为、信任缺乏，造成高额的协调和控制成本，产生不满意的合作绩效[95]。最后，联盟成员各自的经营理念和管理模式存在差异，使得联盟内部的业务分工管理产生不兼容[45]。联盟的合作风险可以归为四类，即能力损失风险、不灵活风险、不协调风险和生存风险，并以专用性资产投入、占用资源、依赖性、"敲竹杠"、目标不一致、管理不兼容、缺乏信任、丧失核心技能、关键人才流失、强化了对手实力、被排挤出市场、被伙伴接管兼并等指标来测量合作风险[96]。

达斯（Das）和腾（Teng）提出很大程度上会导致联盟失败的两种风险，即关系风险和绩效风险[97,98]。联盟成员的"搭便车"、歪曲信息等行为难以监控，导致了联盟成员不确定性的产生[99]，从而引发关系风险。若是感知到联盟成员的行为具有不确定性，则该联盟成员发生机会主义行为的概率更高[100]。绩效风险则是外部环境不确定性所引发，在排除关系风险的基础上，仍存在一些外生因素使得联盟无法达成预期的目标。联盟外部的环境不确定性越大，也就是政策、市场等外部因素的变动越快，联盟面临的绩效风险越大[101]。联盟外部环境不确定性具有外生性，但联盟成员之间交换关系中必然存在特有的行为不确定性，使得完善合作契约的签订和执行变得更加有难度[100]。

1.2.4.2 联盟风险对策

许多先行研究对联盟风险对策进行了深入探讨。大部分研究提出在联盟形成之前就应采取有效的合作风险控制措施[95]，主要包含选择恰当的合作伙伴[9,102]、采取股权联盟形式[103]、设定合理的治理机制[95]、控制联盟的合作范围等[104]。此外，一些研究认为应在联盟形成后，从建立联盟成员之间的信任关系[105,106]、提高联盟内部的信息共享水平[107]等措施来加强联盟风险管理。在实践中，企业一般会综合采取多种互补的措施来控制联盟的各类风险[44]。

1.2.4.3 联盟成员选择风险对策

基于风险防范的视角，企业动态联盟成员选择风险管理可以概括为以下四个原则[51]：第一，核心资源能力互补原则，即联盟成员能够贡献的核心资源能力，可以满足联盟的业务需要，且联盟成员之间的核心资源能力具有互补性[108]；第二，成本最小化原则，即动态联盟的形成和运行成本应低于单个企业独立完成的全部成本[108-110]；第三，敏捷性原则，即要求联盟成员对来自联盟内外的请求能够快速地作出反应[109]；第四，风险最小化原则，动态联盟具有高风险的特征，联盟成员的选择应充分考虑动态联盟整体运行风险的控制[110]。此外，为了规避联盟成员选择错误的风险，应在事前调查评估候选联盟对象的关键资源、核心能力、经营目标、企业信誉和合作意愿等方面的信息，制定科学合理的联盟成员选择依据和标准[111]。

住宅用地拍卖竞买联盟形成阶段的成员选择决策不当，将对联盟的顺利实施及拍卖竞价、项目开发两个阶段联盟目标的实现带来风险。识别和分析联盟成员选择的潜在风险，提出相应的风险控制对策，有助于联盟取得成功。

1.3 研究目标与研究意义

1.3.1 研究目标

在房地产调控新政下，住宅开发企业债务融资受限、经营风险加大，组建联盟共同竞买土地、共同开发是开发企业实现股权融资和风险分担的重要方式，但很多联盟在实施过程中遭遇共同竞买失败，或在成功竞得土地后的开发过程出现管理冲突、运营效率降低等问题和挑战。这些联盟的不利后果主要源于联盟成员选择不当，但由于相关信息的获取难度较大，学术界对相关问题的了解和研究甚少。因此，本书的研究目标在于借鉴相关理论开展实证研究，分析住宅用地拍卖竞买联盟成员的选择策略，为联盟成员选择主体构建一套对潜在联盟对象进行量化评价的研究框架，包含标准、流程和方法等，并对联盟成员选择的潜在风险进行识别和验证，提出风险控制对策。

1.3.2 研究意义

1.3.2.1 理论意义

首先，本书将联盟成员商业模式匹配、竞价阶段联盟稳定性和开发阶段联盟治理价值纳入住宅用地拍卖竞买联盟成员选择的研究框架，阐释了住宅用地拍卖竞买联盟成员选择策略。尽管住宅用地开发具有独特性，但商服用地的出让同样以增价拍卖交易为主，合作开发也涉及经营理念和共同治理问题，因此住宅用地拍卖竞买联盟成员选择的研究框架也能够用于分析商服用地拍卖竞买联盟，具有一定的理论普适性。

其次，本书构建了住宅用地拍卖竞买联盟成员商业模式匹配、竞价阶段联盟稳定性、开发阶段联盟治理价值和联盟成员选择风险的量化分析模型，提出对联盟成员进行初步筛选、二次选择和最终选择的决策方法，拓展了联盟成员选择的方法论，丰富了商业模式、联盟稳定性、联盟治理和联盟风险等领域的理论知识。

1.3.2.2 实践意义

在实践方面，本书提出住宅用地拍卖竞买联盟成员选择主体对联盟对象基于商业模式匹配进行初步筛选、基于竞价阶段联盟稳定性进行二次选择和基于开发阶段联盟治理价值进行最终选择的决策方式，有助于房地产开发企业完善住宅用地拍卖竞买联盟成员选择的决策体系，也能够为商服用地拍卖竞买联盟成员选择提供决策参考，同时能够为行政主管部门进行土地出让市场管控提供新的视角，维护行业的健康发展。

1.4 研究内容

住宅用地拍卖竞买联盟成员选择是一个亟待解决的学术命题，为实现研究目标，按照提出问题—分析问题—解决问题的研究思路，本书设置四个研究内容。

（1）联盟成员初步筛选：基于商业模式匹配维度。通过识别和分析开发企业的商业模式构成要素对住宅用地拍卖竞买联盟成员组建和实施的影响，选取商业模式匹配关键指标，然后以此为参数对联盟成员选择主体与潜在联盟对象进行聚类，缩小联盟对象的选择范围，并构建候选组合的商业模式匹配量化评价模型，最后通过实际案例分析探讨联盟成员选择主体与潜在联盟对象之间的商业模式关键要素匹配程度。

（2）联盟成员二次选择：基于竞价阶段联盟稳定性维度。通过对联盟成员的竞价模拟分析探讨竞价阶段联盟稳定性的条件，构建竞价阶段联盟稳定性量化评价模型，并结合商业模式匹配模型构建联盟成员二次选择模型，以实际案例分析探讨商业模式对出价能力的影响，以及商业模式匹配与竞价阶段联盟稳定性之间的关系。

（3）联盟成员最终选择：基于开发阶段联盟治理价值维度。通过识别住宅用地拍卖竞买联盟在开发阶段的联盟治理要素，分析联盟治理方式和联盟治理价值，构建联盟治理价值量化评价模型，并结合商业模式匹配和竞价阶段联盟稳定性评价模型构建联盟成员最终选择的标准与方法，最后以实际案例分析比较联盟治理与联盟成员选择主体独家治理价值差异，以及探讨商业模式匹配、竞价阶段联盟稳定性和开发阶段联盟治理价值在联盟成员最终选择中所起的不同作用。

（4）联盟成员选择风险控制。通过识别住宅用地拍卖竞买联盟成员选择的潜在风险，提出风险因果关系假设，构建风险理论模型，通过问卷调研数据，采用偏最小二乘法－结构方程模型（PLS-SEM）检验模型的有效性，既验证各项风险与其影响因素之间的关系，又验证联盟成员选择研究维度的合理性，最后根据研究结果提出风险控制对策以完善联盟成员选择决策。

1.5　研究方法和技术路线

1.5.1　研究方法

1.5.1.1　文献研究法

文献研究法是通过搜集、分析和整理文献对客观事物进行科学认识的方法。通过查找符合研究目的的文献，可以全面地了解相关领域的先行研究成果，获得所要研究问题的概貌。通过对文献进行归纳总结，有助于明确问题的理论研究方向，为研究工作的开展提供理论依据。本书梳理和总结了商业模式理论、拍卖理论、竞合理论、契约理论和动态联盟理论等五个理论体系，以及住宅用地、拍卖、竞买联盟和成员选择四个概念的相关文献，明确界定了本书的研究对象和研究边界，构建了理论分析框架。此外，将理论基础与本课题的研究问题相结合，对土地拍卖竞合、联盟成员选择标准、联盟治理、联盟风险四个部分进行专门的文献综述研究，进一步明确本课题的理论研究意义和目标。在核心章节中，通过对可能性 C-均值聚类、土地估价、价值管理、PLS-SEM 等领域进行文献研究，为研究目标的达成提供了坚实的理论支撑。

1.5.1.2　案例分析法

案例分析法是对有代表性的研究对象采用科学方法进行研究从而获得总体认识的方法。本书以连续多年市场占有率位居福州市主城区前列的全国性开发企业 Q 为住宅用地拍卖竞买联盟成员选择主体，以 2020 年 7 月～2021年 6 月参与福州市主城区住宅用地拍卖的其他 26 家开发企业为联盟对象，并以福州市 CL 号地为标的物进行案例分析，探讨联盟成员选择主体与潜在联盟对象之间的商业模式关键要素匹配程度，分析商业模式对出价能力的影响、商业模式匹配与竞价阶段联盟稳定性之间的关系，比较联盟治理与联盟成员选择主体独家治理价值差异，以及探讨商业模式匹配、竞价阶段联盟稳定性和开发阶段联盟治理价值在联盟成员最终选择中所起的不同作用。此外，本书以该企业通过住宅用地拍卖竞买联盟在全国获得的 15 个项目为例，对开发合作协议的内容进行分析、归纳和总结，识别住宅用地拍卖竞买联盟在开发阶段的联盟治理要素，分析相应的联盟治理方式。

1.5.1.3　问卷调研法

问卷调研法通过受访者填写调查问卷的控制式测量方式，能够收集到可靠的研究资料，并经过统计分析可以得出所需的研究结果。本书通过以全国性开发企业 Q 集团及各区域公司与住宅用地拍卖竞买工作相关的专业人员为调研对象，进行两轮的问答获得数据，验证住宅用地拍卖竞买联盟成员选择风险与其影响因素之间的关系。

1.5.1.4　定量模型分析法

定量模型分析法是通过数学模型来量化分析和预测经济决策结果的方法。本书以商业模式匹配关键指标为参数，采用逐步可能性 C-均值聚类算法对潜在联盟对象进行初步筛选；构建住宅用地拍卖竞买联盟成员商业模式匹配、竞价阶段联盟稳定性和开发阶段联盟治理价值的评价模型，量化联盟成员选择标准；构建住宅用地拍卖竞买联盟成员选择风险理论模型，采用 PLS-SEM 量化风险的路径系数和显著程度，验证模型的有效性。

1.5.2　技术路线

图 1.6 为本书的研究技术路线图。根据研究问题提出研究目标，从而确

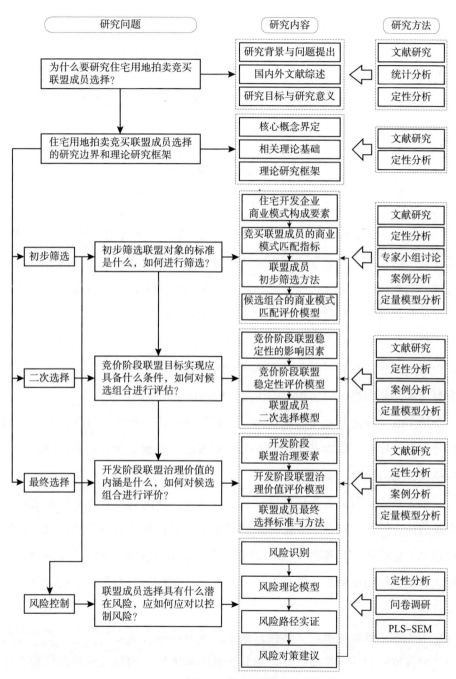

图 1.6　技术路线

定主要研究内容，并采用适合的研究方法。本书以商业模式理论、拍卖理论、竞合理论、契约理论和动态联盟理论为基础，综合运用文献研究、案例研究、问卷调研和定量模型分析等多种研究方法，对住宅用地拍卖竞买联盟成员的初步筛选、二次选择、最终选择及选择的风险控制进行深入研究。

1.6 章 节 安 排

本文共分为 7 章，第 1 章提出研究问题，第 2 章为理论基础与研究框架，第 3 章、第 4 章、第 5 章、第 6 章分别对住宅用地拍卖竞买联盟成员的初步筛选、二次选择、最终选择和选择风险控制进行研究，第 7 章总结论文的研究结论和创新点、并进行研究展望。各章节的具体安排如下：

第 1 章，绪论。本章梳理住宅用地拍卖竞买联盟成员选择的研究背景，提出研究问题，然后根据研究问题进行文献综述，在此基础上提出论文的研究目的和研究内容，给出相应的研究方法和技术路线。

第 2 章，理论基础与研究框架。本章对相关核心概念及其内涵特征进行界定，系统梳理支撑本书研究的五个基础理论，并根据研究内容构建理论分析框架，为后续章节提供理论支撑。

第 3 章，联盟成员初步筛选：基于商业模式匹配维度。本章对住宅开发企业的商业模式进行概念界定并识别其影响因素，分析商业模式匹配对住宅用地拍卖竞买联盟组建和实施的影响，选取联盟成员商业模式匹配的指标，提出联盟成员初步筛选思路和方法，并以实际案例进行分析，最后对研究结果进行深入讨论。

第 4 章，联盟成员二次选择：基于竞价阶段联盟稳定性维度。本章对竞价阶段联盟稳定性进行概念界定并分析其影响因素，构建竞价阶段联盟稳定性评价模型和联盟成员二次选择模型，以实际案例进行分析，最后对研究结果进行深入讨论。

第 5 章，联盟成员最终选择：基于开发阶段联盟治理价值维度。本章识别和分析开发阶段联盟治理因素，构建开发阶段联盟治理价值评价模型，提出联盟成员最终选择的标准和方法，并以实际案例进行分析，最后对研究结果进行深入讨论。

第 6 章，联盟成员选择风险控制。本章识别竞买联盟成员选择的潜在风险，提出风险因果关系假设，构建风险理论模型，然后对风险路径进行实证研究和验证，并根据研究结果提出风险控制对策以完善联盟成员选择决策。

第 7 章，结论与展望。本章对全书的研究结论进行归纳总结，对本书的主要创新点进行提炼，并对本书可能存在的不足进行梳理，展望未来可能的研究方向。

| 第 2 章 |

理论基础与研究框架

本章首先对研究主题相关的核心概念及其内涵进行详细界定，明确研究边界。其次，根据研究目的和研究内容，引入商业模式理论、拍卖理论、竞合理论、契约理论和动态联盟理论，通过对这些理论进行系统的梳理和归纳总结，为本书研究打下坚实的理论基础。最后，根据研究内容构建理论分析框架，为住宅用地拍卖竞买联盟成员选择研究提供理论依据和支撑。

2.1　概念界定

本书的研究对象为住宅用地拍卖竞买联盟成员选择，其中的住宅用地根据我国法律具有独特的属性特征。拍卖也具有多种方式，不同方式的拍卖具有不同的规则，因此有必要对住宅用地和拍卖的概念进行明确的界定。竞买联盟有别于一般的企业联盟，具有其独特的性质，通过对竞买联盟的概念进行明确界定，并梳理其特征，有助于研究的展开和深入。联盟成员具有多元性，各成员在联盟中的角色和地位不同，成员选择具有不同的视角，通过对成员选择的概念进行界定以明确研究边界。

2.1.1 住宅用地

住宅用地是一种土地用途，因而首先分析土地的概念和属性。土地在《现代汉语词典》（第 7 版）中的解释为"田地或疆域"[112]，这也是人们对于土地的一般概念。地理学家普遍认为土地是综合自然地理的概念[113]。联合国粮食及农业组织（FAO）认为，土地包含地球特定地域表面及其以上和以下的大气、土壤与基础地质、水文与植物，还包含这一地域范围内过去和现在人类活动的种种结果，以及动物就人类目前和未来利用土地所施加的重要影响。赵松乔等认为土地是地表某一地段包括地质、地貌、气候、人文、土壤、植被等多种自然因素在内的自然综合体[114]。姜爱林通过文献综述，总结认为土地具有多维的概念，是地表的自然、经济、社会、历史综合体[115]。经济学则把土地当成是一种生产资料[116]。

从土地丰富的概念中可见，土地具有自然特征和派生特征[115]。土地具有位置固定、面积有限、质量差异和永续利用的自然特征。同时，土地还具有生态、经济、社会和法律的派生特征。土地的自然综合属性，决定了土地的生态特征，人类在土地上的社会经济活动与土地生态环境系统相互依存、相互制约。土地具有供给稀缺性、报酬递减性、用途变更困难性、利用方式分散性、损失补偿性、投入增值性等经济属性。此外，土地不仅是生产资料，还是社会关系的客体。人们一方面合理利用土地，另一方面在对土地的占有、使用和处置的过程中产生社会关系。土地的生态、经济和社会属性都由土地的法律属性进行约束和调节，世界各国都制定相关法律约束对土地的利用和保护。土地的法律特征强调土地相关利益方的权利和义务，如土地所有权、土地使用权、规划要求、使用年限等。

《中华人民共和国宪法》规定土地实行社会主义公有制，城市的土地属于国家所有，农村和城市郊区的土地属于农民集体所有（法律规定属于国家所有的除外）。为了维护土地的社会主义公有制，保护和合理利用土地资源，我国颁布了《中华人民共和国土地管理法》，规范土地资源的开发和利用[117]。

我国实行土地用途管制制度，土地资源由政府规划，按照用途分类利用。《中华人民共和国土地管理法》将土地分为农用地、建设用地和未利用地三大类。另外，全国自然资源与国土空间规划标准化技术委员会发布《土地利用现状分类》（GB/T 21010—2017）提供了土地利用的标准分类，将土地分为共 12 个一级类、73 个二级类[118]。其中，一级类为耕地、园地、林地、草地、商服用地、工矿仓储用地、住宅用地、公共管理与公共服务用地、特殊用地、交通运输用地、水域及水利设施用地和其他土地。从《土地利用现状分类》与《中华人民共和国土地管理法》"三大类"对照表可见，建设用地包括商服用地、工矿仓储用地、住宅用地、公共管理与公共服务用地、特殊用地、交通运输用地、水工建筑用地及空闲地。

中国城镇国有建设用地的使用权实行有偿使用制度。1988 年第七届全国人民代表大会第一次会议通过《中华人民共和国宪法修正案》，规定"土地的使用权可以依照法律的规定转让"。随后出台的《中华人民共和国土地管理法》《城镇国有土地使用权出让和转让暂行条例》《城市房地产管理法》进一步确立了中国的城镇国有土地使用权出让制度。到 20 世纪 90 年代初，中国已建立起城镇国有土地交易的有偿使用制度，这个阶段的土地交易以协议出让为主。然而，协议出让方式的交易过程不公开，缺乏竞争，市场秩序不规范，寻租行为普遍，国有资产流失严重。为此，国土资源部于 2002 年颁布实施《招标拍卖挂牌出让国有土地使用权规定》（招标拍卖挂牌简称为"招拍挂"），明确规定包括商业、旅游、娱乐、商品住宅用地的经营性用地必须通过招拍挂方式出让。2004 年，国土资源部发布《关于继续开展经营性土地使用权招标拍卖挂牌出让情况执法监察工作的通知》，规定 2004 年 8 月 31 日以后全国所有经营性用地出让全部实行招拍挂制度。经过十多年的实践，为了体现公开、公平、公正的交易原则，竞买人为二人及以上的一般经营性用地出让最后普遍都采用拍卖的竞价方式完成土地出让。

本书研究的住宅用地，特指城镇住宅用地，或带有少部分商服用地、教育等配套用途的城镇住宅用地。根据《土地利用现状分类》的定义，城镇住宅用地指"城镇用于生活居住的各类房屋用地及其附属设施用地，不含配套的商业服务设施等用地"[118]。城镇住宅用地属于经营性土地，都应依法采用招拍挂方式出让。根据国家统计局发布的 2020 年国民经济和社会发展统计公报显示，2020 年全年全国房地产投资 141443 亿元，其中住宅投资占比 73.84% 达到 104446 亿元①，可见购买城镇住宅用地进行投资开发是大部分开发企业的主业。

2.1.2 拍卖

"拍卖"一词最早来源于罗马语"auctio"，意为渐增、递增[22]。《辞海》将"拍卖"解释为"竞买"，是一种商业买卖方式[119]。《中华人民共和国拍卖法》给"拍卖"的定义是"以公开竞价的形式，将特定物品或者财产权利转让给最高应价者的买卖方式"[120]。

拍卖是一种古老的交易方式，是通过明确的拍卖规则来决定资源的配置

---

① 国家统计局 . 2020 年国民经济和社会发展统计公报。

和价格的市场制度[121]。通过拍卖的竞争规则，将资源分配给出价最高的竞买者，体现市场的效率优先原则，是一种有效的价格发现机制[122]。拍卖的整个流程一般包含拍卖决定、公告、竞价、结算和标的物交付五个阶段[123]。拍卖一般要求竞买人先缴纳竞买保证金，才能给予参与拍卖的竞买资格，若最终未竞得则退回竞买保证金。同时，拍卖交易应具备一定的条件，必须要有两个或以上的竞买人，并进行公开的竞价交易[22,124]。在拍卖过程中，竞买人按照事先制定的拍卖交易规则，对拍卖标的物进行竞价，获胜的竞买人与商品出售者订立买卖契约[123]。

按照交易规则，拍卖可以分为增价拍卖、减价拍卖、第一价格密封拍卖、第二价格密封拍卖四种标准拍卖方式[22,122-124]。在增价拍卖中，拍卖师首次以较低价位进行邀价，竞买人的出价持续增加，直到没有竞买人愿意再出价，交易以最高价完成。增价拍卖也称为英式拍卖，是用得最多的拍卖方式。中国的古董、艺术品、土地使用权、出租车运营拍照等基本都是采用这种拍卖方式。减价拍卖与增价拍卖的运作方式相反，竞买人出价从竞买规则约定的某个高位价格开始，然后出价持续下降，直到有竞买人大喊"我的了"。减价拍卖起源于荷兰，也称为荷式拍卖，常被用于拍卖数量大且不易保存的商品，如鲜花、鱼、烟草等。第一价格密封拍卖，是一种封闭式竞价拍卖，也称为密封式拍卖，要求每个竞买人递交一份报价，但不能看别人报价，所有竞买人到场当众开标，出价最高的竞买人以其报价获胜。第二价格密封拍卖与第一价格密封拍卖的方式较为相似，差别在于第二价格密封拍卖中，出价最高的竞买人是以第二高价获得拍卖标的物。增价拍卖和减价拍卖被称为公开式拍卖，而第一价格密封拍卖、第二价格密封拍卖被称为密封式拍卖。

拍卖包含参与者、拍卖标的物、支付和策略四个要素[122]。拍卖的参与者，包含卖方、代理销售的拍卖人和竞买人。卖方选择拍卖的形式和规则，拍卖人则是买卖双方的召集人。竞买人根据能够获得的拍卖标的物信息进行估价，这些信息包含标的物的类型、物理特征、数量等。支付不仅取决于获胜的竞买报价，还可能涉及附加在标的物上的费用，以及竞买人参与竞买应缴纳的资料费、进场费、拍卖费。策略则是指竞买人如何执行他的竞买工作。

本书所研究的"住宅用地拍卖"及文中出现的"土地拍卖"中的"拍卖"特指增价拍卖，标的物的最终成交价为全部竞买人的最高报价。我国各地包含住宅用地在内的经营性土地出让通常采用增价拍卖的方式，并且规定不能设定排他性条件，以保证公平公正的交易环境。

2.1.3　竞买联盟

"联盟"在《现代汉语词典》（第 7 版）中解释为"指个人、集体或阶级的联合体"[112]。本书的研究对象为企业的联盟，是一种企业间的合作组织。企业联盟是"两个或两个以上的企业组织或它们的特定事业部门及职能部门为实现共同的战略目标，通过协议或联营等方式而结成的联合体"[125]，是实力相当或互补的企业，为了达到共同拥有市场、共同使用资源等战略目标，通过各种契约或股权方式而结成的优势相长、风险共担、要素双向或多向流动的网络组织，开展研发、采购、生产、销售方面的合作活动[126]。

2.1.3.1　联盟形成条件

企业联盟的形成须具备三个条件：第一，两个或两个以上的企业为了一系列目标进行联合，并且联合后仍保持各自的独立性；第二，联盟的企业控制联盟的业务绩效，分享联盟收益；第三，联盟企业在技术、产品等一个或多个关键领域持续作出贡献[127]。

2.1.3.2　联盟治理结构

从契约视角来看，联盟可以看作两个企业或者多个企业的一个不完全契约交易[125]。在这种契约关系中，由于联盟的参与企业都保持各自的独立性，每一个参与企业的控制权都是有限的，他们的利益和行动难以全部趋于一致。在复杂的市场环境中，联盟需要联合决策，但联盟的契约安排难以做到完全。从联盟参与企业的独立性和联盟的联合决策需求来看，联盟是市场和企业特征兼具的混合契约。联盟的治理结构是介于市场与企业之间的多种组织形式，如图2.1所示，包含固定的供应商和分销商网络、松散的合作网络、中心转包人、许可协议和战略联盟等。

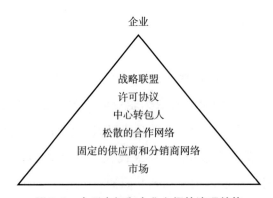

图2.1 介于市场和企业之间的治理结构

资料来源：D. 福克纳，C. 鲍曼. 竞争战略 [M]. 北京：中信出版社，1997。

2.1.3.3 联盟形式

企业及其所处的环境具有多样性，企业联盟的形式也多种多样。根据参与联盟的企业在产业链中所处的位置，企业联盟可以分为横向联盟和纵向联盟。产业链中的同类企业组成横向联盟，而处于产业链上下游的不同企业组成纵向联盟。根据联盟实现的形式和合作的范围，联盟可以分为非正式合作、契约性协议、合资、股权参与和国际联合[128]。根据主导的企业不同，联盟进行划分为中小企业联盟、强强合作的企业联盟、龙头企业主导的企业联盟[126]。按照合作的职能，联盟可以分为研发联盟、设计联盟、采购联盟、生产联盟、营销联盟等。依据自身的需求，企业选择参与合适类别的联盟，并且可能同时参与多个类别的联盟。根据合作的时长可以分为阶段性动态联盟和长期性战略联盟。

2.1.3.4 企业动态联盟

企业动态联盟是当前经济中普遍存在企业联盟形式，是"企业为快速响应市场机遇而采取的相互联合、优势互补的合作方式"[111]，是具有不同资源和能力优势的企业组成的一个阶段性联盟。参与动态联盟的企业可以实现资源和信息共享、优势互补，能够快速响应市场挑战，联合参与竞争[130]。

根据联盟成员的主导性作用和动态联盟的运行规则，企业动态联盟可以分成三类组织形态，即星型模式、民主联盟组织模式和联邦模式[84]。星型模式由具有关键技术或资源，以及行业领导地位的盟主企业主导，联合一些相对固定的合作伙伴，适合具有垂直供应链的企业采用。盟主企业统领联盟的权利结构，发挥制定联盟运行规则、协调联盟成员关系的主导作用。民主联盟模式中没有盟主企业，所有联盟成员保持平等的合作关系。联邦模式则是在民主联盟模式的基础上，设立一个共同的协调机构，统一调度和管理联盟内不同企业的资源和技术力量。这种模式具有较高的组织效率，有利于联盟内资源的优化使用。

在经济全球化，新经济不断出现，市场多变且充满不确定性的大环境下，企业为了实现价值最大化参与动态联盟，主要的动因如下：第一，企业动态联盟可以适应复杂多变的外部环境并迅速作出反应，有利于抓住市场机遇[84]。有限的资源和能力，使得企业在应对复杂多变的市场需求和日趋激烈的市场竞争时，经常感到力不从心。采用动态联盟的组织形式和管理模式，企业可以整合外部分散的资金、技术、人力、知识经验和客户积累等资源，实现资源和信息共享，敏捷响应市场的需求变化，捕捉稍纵即逝的市场机会，加快产品研发速度，缩短产品生产周期，提升企业的经济效益。第二，企业动态联盟可以实现联盟成员之间的资源共享和优势互补[84]，形成链式竞争效应[131]。单个企业不可能在市场竞争的每个环节都有最强的竞争优势，但动态联盟可以让企业实现这个目标。企业的投资和管理可以聚焦于自身的核心能力建设[132]，而自身暂时不具备的核心能力可以由动态联盟伙伴提供，实现优势互补。根据市场机遇和竞争情况，将产业上下游中具有不同资源和能力优势的企业组成一个阶段性的链式组织，可以实现共享资源、专有技术、知识经验和信息，共同研发、生产和销售，共同参与竞争。链式组织的形成，提高了企业的生产力，增强了企业的竞争力。第三，企业动态联盟可以实现成本和风险分担[84]。企业动态联盟能够有效应对当前频繁波动的经济环境下，技术更新迭代速度加快、重资产投资给企业带来的经营困境。一些高成本、高风险的项目，如高新技术的研发，投入大、周期长、见效慢，会给企业带来极大的资金压力和经营风险。特别是企业将自己有限的资源投入不熟悉的新领域，不仅内部管理成本上升，经营绩效也将面临较大的风险。企业动态联盟通过合理分工和高效协作，不仅可以减少重复创新带来的人力、物力和技术资源浪费，而且可以实现成本和风险在联盟成员之间的分配。正是由于可以让企业适应复杂多变的市场环境，敏捷反应抓住市场机遇，实现联盟成员的资源共享和优势互补，取得链式竞争效应，并能够实现成本和风险的分担，企业动态联盟呈现出强大的生命力，在学术界广受关注。

　　出于不同的动机和任务需求，企业动态联盟具有多种类型。典型的企业动态联盟有供应链式动态联盟、插入兼容式动态联盟、业务外包式动态联盟、策略联盟式动态联盟、虚拟合作式动态联盟[133]。供应链上下游的企业组成供应链动态联盟是最常见的企业动态联盟。供应链动态联盟围绕产品质量、价格和交货及时性建立相对稳定的合作关系，共同响应市场需求。插入兼容式动态联盟是指盟主企业在本身拥有稳定的核心员工队伍的基础上，借用外部多个企业的人力资源来弥补自身团队的不足，具有很强的可塑性和灵活性。业务外包式动态联盟是盟主企业把自身不具有优势的部分工作，包含设计、生产或者销售等，向其他企业发包的合作方式，这种合作方式提高了盟主企业的整体效率。策略联盟式动态联盟是由占据不同关键资源且占有的市场存在某种区隔的企业组成。这些企业通过组成策略联盟，交换彼此资源来共同开发市场，不仅可以取得规模经济和范围经济，还能抑制过度的市场竞争。虚拟合作式动态联盟是集合分布在不同地方、归属于不同企业的人员和设备资源，借助外部具有优势的功能资源弥补自身某些功能方面的不足，从而完成特定机遇的生产经营活动，是最高合作形式的企业动态联盟。

从组织类型和形成的特征可见，企业动态联盟也是介于市场与企业之间的一种中间组织，具有其显著特征：第一，企业动态联盟的成员广泛分布于全产业链，各自具有不同的资金实力，以及独特的资源和专业技术优势，行业地位不尽相同，企业文化存在差异，具有多元化的特征。第二，尽管承担某些经济实体性的功能，但以契约为纽带的动态联盟不存在资本关系下强制的行政命令系统，联盟成员之间保持平等的互动关系[84]。第三，动态联盟组织相对松散，联盟成员保持独立性，行动决策的主要依据还是自身的价值最大化[134]。第四，企业动态联盟是多个企业的动态组合，具有明显的生命周期，为敏捷应对市场的变化、完成特定任务而设立，伴随任务的完成而解散[84]。第五，企业加入动态联盟，虽然获得了市场灵活性，但也面临成员选择不当、联盟体制不合理、管理困难等风险[135]。

2.1.3.5 "竞买联盟"定义

本书中的"竞买联盟"是指由两家或两家以上的开发企业快捷组成的横向企业联盟，以共同获取政府出让的某一宗或某一批住宅用地，并共同开发为目标的临时性联合组织。竞买联盟的成员企业具有多元性，可能在专业能力、管理水平和经营理念等方面存在较大差异。联盟成员为土地竞买和获胜后项目开发的合作关系订立明确而详细的合作协议，但联盟成员仍保持平等地位和独立性，各自独立决策，组织关系较为松散。若竞买联盟未成功竞得土地，临时性的竞买联盟在土地拍卖结束后即自行解散。若竞买联盟成功竞得土地，继续参与合作的竞买联盟成员以股权合作的方式形成经济实体，共同出资完成项目开发。住宅用地拍卖竞买联盟是一种企业动态联盟，可以让联盟的参与者快捷地整合资金资源和专业能力，提升土地市场的竞争力。

2.1.4　成员选择

"成员选择"的一般含义是联盟中的任一成员对其他联盟成员的选择，没有明确的选择主体与选择对象。行业地位高的企业通常主导联盟组建，成为联盟成员选择主体[136]。被选择的联盟对象具有多元性，可能与联盟成员选择主体一样具有较高的行业地位，也可能是行业内的普通企业。另外，被选择的联盟对象同样存在选择的问题，选择是否参与联盟，以及是否与联盟成员选择主体合作，或者加入其他联盟。

企业之间具有不同的经营理念、资源和竞争力，不可能所有企业之间都建立合作关系[137]。成员选择主要取决于目标任务的需要[46]，以分享资源、共担风险为目的，既要考虑合作各方管理理念、业务流程的相似性及资源互补性，又不能忽视成员之间的协调性[38]。此外，联盟成员选择主体与联盟对象之间的选择与被选择关系，是基于彼此的联盟意愿和合作诉求得到满足为前提，并且以自身利益最大化为标准择优选取[136]。

本书所研究的"成员选择"，是以住宅开发行业龙头企业作为联盟成员选择主体，并从联盟成员选择主体的视角，对住宅用地拍卖竞买联盟对象进行选择的决策过程。住宅用地拍卖竞买联盟成员选择涉及一系列标准、流程和方法，以联盟的顺利实施及土地拍卖竞价与项目开发两个阶段的目标实现为准则，既要考虑联盟对象具有足够的竞争力以共同竞得土地，又要评估联盟成员选择主体与联盟对象之间经营目标与业务标准的匹配程度使得成功竞得土地后的项目合作开发过程具有较好的协调性，还应权衡联盟成员选择主体与联盟对象各自合作诉求对合作绩效的潜在影响。

2.2 理 论 基 础

2.2.1 商业模式理论

奥斯特沃德（Osterwalder）等[138]研究发现商业模式（business model）作为学术术语最早出现在贝尔曼（Bellman）、克拉克（Clark）和马尔科姆（Malcolm）合作于 1956 年发表在《运筹学》（*Operations Research*）的论文《论多阶段、多人商业游戏的构建》（*On the Construction of a Multi-Stage, Multi-Person Business Game*）[139]。根据佐特（Zott）等的统计，学术界对商业模式的研究文献从 1990 年以后逐渐增多，进入 21 世纪更是成为研究热点[140]。在 Web of Sciences 中以"business model"作为主题的检索词进行检索，发现关于"business model"的年出版文献数量依然呈增加的趋势，详细如图 2.2 所示，说明商业模式依然是当前学术界的热门话题。

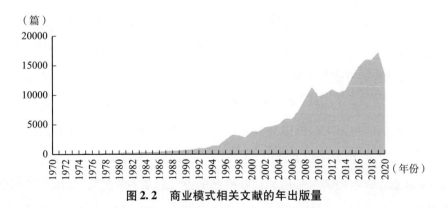

图 2.2 商业模式相关文献的年出版量

商业模式的概念出现在各行各业的相关研究中，学术界对商业模式难有统一的定义和解释[141]。蒂默尔斯（Timmers）研究电子市场，认为商业模式是产品、服务和信息流的一种架构，包括在商业经营中各种参与者的角色和作用、潜在利益及收入来源渠道[142]，张乐乐和张林认同这种定义[143]。阿米特（Amit）和左特分析电子商务行业的商业模式，认为其是旨在开拓商业机会创造价值的交易内容、结构和管理[144]。切斯布洛（Chesbrough）和罗圣朋（Rosenbloom）在研究施乐公司的基础上提出商业模式是将技术潜力与经济价值的实现联系起来的启发式逻辑[141]。马格雷塔（Magretta）认为商业模式解释企业如何运作。一个好的商业模式可以回答彼得 - 德鲁克的老问题：谁是客户？而客户看重的是什么？它还回答了每个经理人必须要问的基本问题[145]：如何在这个行业赚钱？以适当的成本向客户提供价值的基本经济逻辑是什么？莫里斯（Morris）等认为商业模式简明扼要地表述了如何处理风险战略、架构和经济领域一系列相互关联的决策变量，以便在确定的市场中创造可持续的竞争优势[146]。约翰逊（Johnson）等提出商业模式由客户价值主张、盈利模式、关键资源和关键流程等四个相互关联的要素组成，这些要素共同创造和提供价值[57]。卡萨德苏（Casadesus）和理查德（Ricart）认为商业模式是企业实现战略的反映[147]。蒂斯（Teece）认为商业模式阐明了支持客户价值主张的逻辑、数据和其他证据，以及提供该价值的收入和成本的可行结构[148]。王晓明等提出所谓商业模式是指在特定的环境下，以企业及其相关利益者的价值创造和价值获取（实现）为目标，围绕企业的商业活动（业务活动）而进行的一系列整体性、结构性、功能性的设计、安排或选择[149]。韩倩倩和谢明磊提出理性定位视角将商业模式视为企业有目的设计的活动系统，它代表了"管理层对组织必须如何运作的决策以及这些决策的后果"，是"价值创造、交付和捕获机制的设计或架构"[150]。从以上先行研究可见，商业模式探讨的内容主要是围绕企业如何实现价值创造，涉及内容包含客户、产品、资源、能力、技术、流程、组织架构等。

  商业模式的研究是以结构为核心[151]，关注商业模式的构成要素及其相互作用关系可以更好地理解商业模式的本质。学者们对商业模式构成要素的认知也没有达成一致的意见。构成商业模式的基本元素到底是什么？针对这个问题，李东等[152]认为"几乎所有"研究都采取绕道走的处理方式：一是转向对商业模式功能的描述；二是落脚于某个抽象概念而不是具体要素。表2.1 汇总了商业模式构成要素的主要观点，印证了李东等的看法。国内外学者对这个问题有很多持续的探讨，他们普遍基于某个具体行业，或某种经营方式的视角，其中存在的异质性必然导致得出的结论不尽相同。约翰逊等在《哈佛商业评论》（*Harvard Business Review*）上发表的《重塑您的商业模式》（*Reinventing your business model*）提出商业模式由客户价值主张、盈利模式、关键资源和关键流程等四个环环相扣的模块构成[57]，是众多先行研究中具有代表性的成果，具有较好的普适性和操作性。

表 2.1   **关于商业模式构成要素的观点**

文献	商业模式的构成要素
霍洛维茨 （Horowitz，1996）	价格、产品、分配、组织特征和技术（price, product, distribution, organizational characteristics, and technology[153]）
马基德斯 （Markides，1999）	产品创新、客户关系、基础设施管理和财务（product innovation, customer relationship, infrastructure management, and financial aspects[154]）
阿普尔盖特 （Applegate，2001）	观念、能力和价值（concept, capabilities, and value[155]）
贝茨（Betz，2002）	资源、销售、利润和资本（resources, sales, profits, and capital[156]）
莫里斯等 （Morris et al.，2005）	价值理念、客户、内部流程及能力、外部定位、经济模式、个人及投资者因素（value proposition, customer, internal processes/competencies, external positioning, economic model, and personal/investor factors[146]）
约翰逊等 （Johnson et al.，2008）	客户价值主张、盈利模式、关键资源和关键流程（customer value proposition, profit formula, key resources, and key processes[57]）

文献	商业模式的构成要素
马基德斯和奥永 （Markides and Oyon, 2010）	策略、文化、流程（strategy, culture, processes[157]）
德米尔和莱科克 （Demil and Lecocq, 2010）	资源和能力、组织架构、价值理念（resources and competences, organizational structure, value propositions[158]）
王晓明等（2010）	资源要素是商业模式的基本单元[149]
李东等（2010）	定位、利益、收入和成本四个功能板块[152]
巴登 - 富勒和海夫利格 （Baden-Fuller and Haefliger, 2013）	客户识别、客户参与（价值理念）、价值交付和联系、货币化（价值获取）[customer identification, customer engagement（value proposition）, value delivery and linkages, monetization（value capture）[159]]
阿斯帕拉等 （Aspara et al., 2013）	业务单元、价值创造、市场环境、收入和/或生产成本（business units, value creation, market environment, revenue and/or costs production[160]）
布恩斯和吕德克 - 弗罗因德（Boons and Lüdeke-Freund, 2013）	价值主张、供应链、客户接口、财务模式（value proposition, supply chain, customer interface, financial model[161]）
博恩萨克等 （Bohnsack et al., 2014）	价值理念、价值网络、收入与成本模型（value proposition, value network, revenue and cost model[162]）
赖姆等 （Reim et al., 2015）	价值创造、价值交付、价值获取机制（value creation, value delivery, value-capture mechanisms[163]）

借鉴各行业对商业模式及其构成要素的概念定义，本书可以对住宅开发企业的商业模式进行概念界定，识别和分析住宅开发企业的商业模式构成要素。

2.2.2　拍卖理论

拍卖的开创性论文，是由劳伦斯·弗里德曼（Lawrence Friedman）于1956年发表的《竞争性投标策略》（*A Competitive Bidding Strategy*）[164]，以及

由威廉·维克里（William Vickrey）于 1961 年发表的《反投机、拍卖和竞争性密封投标》（*Counter-Speculation*, *Auctions*, *and Competitive Sealed Tenders*)[165]。弗里德曼采用决策理论的运筹学分析方法，构建求解第一密封投标规则下投标人的最优竞价策略模型，他意识到用博弈视角研究拍卖问题的前景，这个竞价策略模型也被认为是博弈理论拍卖模型的前兆。维克里的论文，首次以博弈理论分析拍卖问题，研究拍卖的配置效率和收入问题，被称为拍卖理论的开山之作。

维克里认为四种标准拍卖方式的基本都是具有帕累托效率的配置机制。增价拍卖中，无论竞买人对称与否，每个竞买人的占优策略就是保持竞价，直到报价达到自己对标的物的估价为止，估价最高的竞买人将以略高于次高估价的价格竞得拍卖标的物。在竞买人对称的减价拍卖中，每个竞买人的报价都严格控制在自己的估价之内，估价最高的竞买人也将最终获胜。另外，竞买人在第一价格密封拍卖中，与减价拍卖面临的局势完全形同，两种拍卖方式在战略上完全等价。基于同样的逻辑，维克里开创性地提出增价拍卖的密封等价形式，即第二价格密封拍卖。这个拍卖方式中，每个竞买人的占优策略是"说真话"，按照竞买人的真实支付意愿出价。由此可见，四种标准拍卖方式中，最终获胜者都是支付意愿最高的竞买人，也就是具有帕累托效率。

拍卖机制的绩效分析基于一定的假设框架，最先也是由维克里提出，后来由迈克菲（McAfee）和麦克米伦（McMillan）[121]进一步发展，形成"基准模型"（benchmark model）。这些假设包含：第一，拍卖单一标的物；第二，拍卖标的物对每个竞买人都有一个独立的私人价值，也就是每个竞买人仅凭自己掌握的私人信息对拍卖标的物进行估价，而不必参考其他竞买人的估价信息；第三，每个竞买人的最大支付为其私人价值；第四，所有买卖各方都是风险中性；第五，所有竞买人存在不完全信息对称，估价服从相同概率分布；第六，不存在竞买人合谋；第七，没有交易费用。该模型也成为"私人价值模型"，这些假设现实并不能完全满足，需要逐步放松或替代这些假设条件，分析结果才能更贴近真实世界。

维克里在论文中还提出著名的"收入等价定理"（revenue equivalence theorem），认为四种标准拍卖方式能够给卖方带来相等的期望收入。在竞买人对称的情形下，增价拍卖和减价拍卖两种方式的期望价格相等。减价拍卖与第一价格密封拍卖战略完全等价，增价拍卖与第二价格密封拍卖也是战略完全等价。迈尔森（Myerson）[166]，莱利（Riley）和萨缪尔森（Samuelson）[167]在1981都证明了维克里提出的期望收益等价的一般性。

按照"收入等价定理"，四种标准拍卖方式除了规则细节之外似乎没有差别，但事实并非如此。在实践中，增价拍卖和第一价格密封拍卖明显更受推崇[13]。这是因为"收入等价定理"具有严格的研究假设，当某些假设被放松之后，"收入等价定理"将失灵，某些拍卖方式的优势就会体现出来。

2.2.2.1　风险态度

若放弃买卖各方的风险中性假设，第一价格密封拍卖的均衡价格占优于第二价格密封拍卖的均衡价格，对卖方而言具有收入优势，风险厌恶型卖方倾向于选择第一价格密封拍卖。另外，风险中性的卖方，可以在第一价格密封拍卖中利用其在风险承受方面的比较优势，提高竞买人低报价的风险以促进竞买人高报价，卖方还可以通过隐瞒竞买人的数量信息提高期望收入[168]。

2.2.2.2　独立私人价值与共同价值

独立的私人价值假设是一种极端情况，实际上拍卖同时具备私人价值和共同价值两个方面的因素。共同价值是指拍卖标的物具有的一个客观价值（如油田的储油量），对所有竞买人都是相同的，但没有竞买人能够准确地知道这个信息，只能根据每个竞买人掌握的私人信号进行估计。若竞买人了解到竞争者的估价信息则有可能调整自己原来的估价。米尔格罗姆（Milgrom）和韦伯（Weber）建立了一个一般化的"关联价值模型"，将理想的极端假设

"独立私人价值模型"和"公共价值模型"纳入其中,并分析得出四种标准拍卖方式的期望收入排序:增价拍卖≥第二价格密封拍卖≥第一价格密封卖=减价拍卖[169]。该结论解释了增价拍卖在实践中更受推崇的原因。增价拍卖的优势在于公开竞价信息的传递,可以让竞买人修改自己原来的估价,同时这些共享信息减轻了"赢家的诅咒"效应(赢家因成交价过高而导致亏损),鼓励竞买人高报价。基于共同价值的原理,卖方应事先诚实地向竞买人披露与标的物的真实价值有关的任何信息。

2.2.2.3 非对称性

若竞买人的估价不是服从相同概率的分布,第一价格密封拍卖中,卖方将歧视性地将标的物卖给来自较弱估价分布,但报价更有进取性的竞买人,从而不能保证资源配置的帕累托效率。来自较强估价分布的竞买人更愿意选择第二价格密封拍卖,而来自较弱估价分布的竞买人更愿意接受第一价格密封拍卖[170]。若估价中考虑共同价值的信息,竞买人不对称性的影响将更显著。若一个竞买人以略高的私人估价优势大胆出价,在共同价值的增价拍卖中将会有巨大的间接效应。竞买人的对手因面对更大的"赢家的诅咒"效应而更加保守出价,而竞买人自己的"赢家的诅咒"效应则因此下降,从而可以更大胆地出价。拍卖的结果是优势竞买人以极低的出价获胜,表明共同价值环境中的增价拍卖对卖方极为不利[171]。

2.2.2.4 竞买人合谋

基准模型假设拍卖中竞买人没有合谋行为,但拍卖实务并非如此。事实上,竞买人很可能相互勾结并达成口头或正式的合谋协议。罗宾逊(Robinson)研究认为,第二价格密封拍卖方式下的合谋协议比第一价格密封拍卖更好维持[172]。第二价格密封拍卖的合谋策略应该是指定赢家报天价,其他合谋者报零价,这样其他合谋者都没有动机去破坏合谋协议。然而,在第一价格密封拍卖中，合谋协议是指定赢家报任意低的价格，其他竞买人则递交零价，这时其他合谋者都存在破坏协议的激励。另外，在增价拍卖中，合谋者只需做到不相互抬价即可实现合谋目标，指定赢家可以实时出价应对破坏协议的行为。合谋的特征往往由拍卖标的物的属性和拍卖的详细规则决定[173]。实际上拍卖的合谋行为难以鉴别，但卖方或拍卖人可以通过改变拍卖规则以限制合谋行为的有效性，例如，设定保留价[174]，以及在密封拍卖中只公布最终赢家而不公布所有竞买人的报价等[13]。

2.2.2.5 败德行为

维克里在其论文中指出，若卖方是政府机构或大型团体，密封拍卖容易产生负责销售代理的拍卖人与竞买人勾结，损害卖方利益的败德行为[165]。例如，第一价格密封拍卖中，拍卖人可以告诉报价最高的竞买人，让其将报价向下修改到接近次高报价并重新提交；第二价格密封拍卖中，拍卖人可以告诉报价最高的竞买人谁是次高报价，并行贿次高报价的竞买人让其向下修改报价并重新提交。这两种败德行为都降低了卖方的收益。另外，卖方和拍卖人也可能存在损害竞买人利益的败德行为。在第二价格密封拍卖中，拍卖人可以谎称次高价格仅略低于最高报价，尽管实际上最高报价与次高报价相差甚多[175]。在增价拍卖中同样会存在败德行为，卖方或拍卖人可能安排自己人参与竞价哄抬价格。减价拍卖，能够披露的信息较少，是四种标准拍卖中最能防止合谋或败德行为的拍卖方式[13]。

本书所研究的土地增价拍卖，是最普遍的一种拍卖方式。拍卖理论基准模型的条件假设，能够为分析土地拍卖中竞买人的竞争与合作策略提供理论借鉴。

2.2.3 竞合理论

多伊奇（Deutsch）首次将合作与竞争放在一起讨论，借鉴群体动力学的思想，提出以个体性、竞争性和协作性三种目标结构来构建合作竞争的分析框架[11]。他认为个体的依赖方向决定个体的互动方式。在个体性结构中，个体之间没有相互依赖则没有发生互动，个体指向目标的动力并不关联到他人的目标实现。在竞争性结构中，反向依赖导致个体之间反向互动，个体为实现目标的努力会妨碍他人目标的实现。在协作性结构中，正向依赖导致个体之间正向互动，个体为实现目标的努力会促进他人的目标实现。

合作竞争理论后来被进一步讨论。哈梅尔（Hamel）等认为企业之间的合作竞争就是竞争对手之间的合作，学习对方的长处以提升自己的竞争优势[176]。这种状态下的合作竞争，企业需要防止自身的核心优势外溢[177]，沿袭了竞争导向的思想。

在勃兰登堡（Brandenburger）和纳尔波夫（Nalebuff）提出"竞合"（co-opetition）的概念[178]之前，竞争与合作被当作两种对立的企业关系[7]，但实际上不同企业之间存在相互依赖关系[179]，不存在纯粹的竞争或合作[180]。不同企业之间存在既竞争又合作的行为，是可以实现共赢的非零和博弈。竞合的概念在于不同企业在创建市场时进行合作，在进行市场分配时则展开竞争[178]。竞合的思想大大拓展了理论研究边界，使竞合行为的研究对象从竞争对手扩展到供应商、销售商、产品互补的企业等行业上下游企业[181]。学者们对竞合本质的理解也更加深入，厄夫（Afuah）认为一个企业的竞合者是其能力和制胜的源泉，如组织学习和创新、互补产品和核心资源等[182]。

竞合具有多方面的参与主体。勃兰登堡（Brandenburger）和纳勒布夫（Nalebuff）认为消费者、供应商、竞争者和互补者都是企业竞合的参与主体，他们之间复杂的竞合关系形成竞合行为的价值网络[178]。项保华和李庆华拓展波特的"五力模型"，提出分析企业竞合行为的"六力互动模型"，即其中的参与主体包含行业内现有竞争者、潜在进入者、替代品生产者、供应商、购买者和互补品生产者[183]，该模型更清晰地表达企业与现有竞争者、替代品生产者、互补品生产者和潜在进入者的竞合关系。古拉蒂（Gulati）、罗利亚（Nohria）和查希尔（Zaheer）认为竞合的参与主体应包含与企业发生业务往来的全部组织[184]。厄夫则将竞合主体分为消费者、供应商、互补品生产者和联盟伙伴[182]。

多方面的竞合参与主体，使得竞合的表现模式非常丰富。企业与现有竞争者、替代品生产者、互补品生产者和潜在进入者的横向竞合，以及企业与供应商、消费者（经销商）等上下游的竞合关系，都被纳入竞合分析的框架。企业契约合作的管理形式体现在其追求其多样化的发展目标，例如，战略联盟、合谋、特许经营、共同研发和多样化的网络组织[185]。按照企业竞合行为中的竞争与合作强度，以及竞合企业间的联系紧密程度，任新建将竞合行为的表现模式归结为合资企业、战略联盟（合作伙伴）、上下游关系、特许经营（外包协议）和社会网络[64]，如图2.3所示。

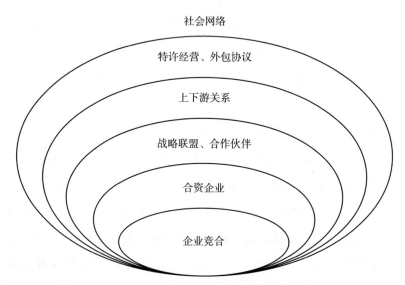

图2.3 企业竞合行为的多种表现模式

资料来源：任新建. 竞合论［M］. 上海：格致出版社，2012：54。

刘衡文献综述总结认为，竞合理论研究主要聚焦于四个方面的问题，即竞合动机、竞合演化过程、竞合策略类型和竞合结果[19]。

2.2.3.1 竞合动机

企业的竞合动机可以概括为企业的外部和内部因素，以及企业之间的关系因素三个方面[7]。首先，外部动机因素即环境条件，如行业的环境特征、技术需求，或者企业外部的利益关联影响。若行业具有不确定性和不稳定性[186]，或者知识密集型行业具有动态复杂性[10,187]，或规模较小的行业集中度高且规范[188]，这些外部环境更容易促进企业竞合。若行业的技术更新迭代速度快，且技术复杂，没有一个企业可以轻松独自应对，这种行业环境也容易促成企业竞合[189]。另外，行业中具有影响力的买家更希望卖家能够展开合作，甚至主动促成卖家合作[24,190]。其次，企业竞合的内部动机方面，企业通过竞合可以弥补自身的资源或能力不足，进入新市场，或者开拓更大的市场、进阶高端价值链等[25,191-193]。最后，企业所处关系网络的相关因素也将影响企业的竞合决策。嵌入各种网络中的企业，根据网络的结构特征和网络成员之间相互依赖关系决定竞合行为。社会网络中的人际信任、互惠互利、相互依赖是促成合作的重要因素[31,194,195]。竞合初始是由经济利益和评估的信任驱动，然后演变成基于经验和能力的信任关系，最终的稳定取决于基于价值的承诺和信任关系。

2.2.3.2 竞合演化过程

竞合组织间关系的演化过程，即竞争与合作之间的转化、与外部环境共变及平衡的过程[19]。企业的竞合演化过程动态变化且复杂。首先，企业之间通过竞合可以实现竞争与合作的相互转化。在竞合的演化过程中，竞争与合作此消彼长，甚至可以相互替代。竞争会削弱合作的倾向，合作同样会降低竞争的激烈程度[10]。此外，竞合的演化存在时空差异[7,64]。时间上的差异表现为企业在共同创造价值时合作，分配价值时展开竞争[178]。空间上的差异则表现为竞合伙伴在某些经营领域进行竞争，但在另外一些经营环节开展合作[7]。其次，竞合伙伴之间的需求矛盾将触发紧张关系[18]，潜在的冲突是竞合的核心问题[14]。竞合伙伴们既追求共同利益，又不放弃个体利益[15]。无论合作程度有多高，他们仍然会企图牺牲伙伴或者合作的利益来追求自身的利益最大化[16]。企业的自利行为产生竞争[17]，也鼓励了机会主义行为，诱发冲突。企业可以在价值网络中通过合作更好地整合资源，从而为自己及合作伙伴创造更大的利益回报[180]。企业可以从三个方面着手促进合作[196]：一是加强伙伴之间对未来合作重要性的共同认知；二是让决策者认识到合作的长期激励大于竞争的短期效益；三是增强决策者促进合作的技能。

2.2.3.3　竞合策略类型

根据竞争与合作的相关特征，竞合关系可以进行相应的归类。企业采取什么样的竞合策略，取决于竞合对象，以及竞合中竞争与合作程度的高低[7,19]。有关竞合的模型构建普遍采用 2×2 的矩阵模式，将竞争与合作作为二维结构变量，根据竞争与合作的高低程度划分竞合策略，如表 2.2 所示。此外，也有学者将竞合策略分为竞争主导型和合作主导型[194]，或积极竞合行为和消极竞合行为[197]。根据竞合的不同分类，可以考察每种类型的特点、管理手段和关键问题等，但相关文献较少且缺乏深度[19]。

表 2.2　　　　　　　　　　　　　竞合策略类型

作者	竞合策略类型			
	高合作高竞争	高合作低竞争	低合作高竞争	低合作低竞争
威尔金森和杨 （Wilkinson and Young）[20]	竞合型	伙伴型	冲突型	依赖型
拉多等（Lado et al.）[21]	融合寻租	协作寻租	竞争寻租	垄断寻租

续表

作者	竞合策略类型			
	高合作高竞争	高合作低竞争	低合作高竞争	低合作低竞争
罗（Luo）[198]	网络领导者	热心贡献者	争斗挑起者	沉默实施者
罗（Luo）[199]	配合型	伙伴型	争斗型	孤立型
罗（Luo）[199]	网络型	关联型	分散型	聚集型

2.2.3.4 竞合结果

企业通过竞合获得的积极结果可以概括为传统绩效、知识绩效、创新绩效和关系绩效[7]。首先，竞合可以给企业带来诸如经济效益、市场地位、竞争优势等积极结果[24-26]。竞合建立的稳定交易关系，降低了企业的外部交易成本。合作伙伴之间的信息互通，减少了信息费用，有助于降低企业内部的管理成本[27]。整合伙伴的优势资源、技术和能力，可以为企业带来正向的经济收益，这也是企业竞合的直接目标。其次，竞合可以分享知识，从而增强企业的价值创造能力[200]和提升企业的竞争力[29]。帕克（Park）等认为合作促进创新知识共享[28]，李（Li）等则认为竞争中产生的建设性冲突有助于知识共享[201]，但刘（Liu）等的研究认为竞争主导型竞合最有利于知识共享[25]。再次，竞合与纯粹的竞争或合作更能增加创新绩效[202]。竞争增加企业的创新紧迫感[28]，与上下游伙伴及竞争对手的合作能够更好地获得创新所需要的技术溢出和管理知识[202]。最后，成功维持企业与竞争对手、上下游合作伙伴的竞合关系，如信任、承诺，对竞合关系的发展非常重要[203,204]。

然而，并非所有的竞合结果都是积极正面的，竞合过程充满了风险和挑战[10]。竞合容易发生机会主义行为，资源、技术、知识外溢，甚至产生各种冲突[30]。研究表明竞合行为的失败概率很高[18]，企业应小心谨慎地处理竞合关系[31]。

为了取得更好的竞合绩效，有必要采取争取积极结果、规避消极结果的管控措施。在竞合中应重视合作治理结构与合同管理[205]，加强企业的关系管理能力[206,207]，以及提升承担不同角色和快速应对变化的能力[204]。改善竞合绩效的分析框架，也就是改变企业竞合博弈的五大因素（PARTS）[208]：一是改变竞合的参与主体，包含所有的竞合参与者；二是增加价值，增加自己的价值或减少其他参与人的价值；三是更改游戏规则，使自己处于更有利的地位；四是修改战术，为控制不确定性而调整对策；五是调整博弈范围，扩大或者缩小竞合博弈的边界。

企业竞合成功应具备三大要素：贡献、亲密及远景[27]。贡献是指合作伙伴在价值网络中整合资源、创造机会，提升整体的生产力，是竞合成功的根本要素。成功的竞合超越一般的交易关系达到亲密程度，伙伴之间能够彼此信任、信息共享、高效合作。明确的远景目标是激发竞合成功的导向因素。

参与土地拍卖的竞买人，可能在商品房销售市场和土地拍卖市场同时存在竞争关系，但他们可以在某些宗地的土地拍卖中展开竞买合作，形成竞买联盟。采用竞合理论分析土地拍卖中竞买人的竞争合作关系，能够剖析竞买人参与竞买联盟的动机、策略和可能取得的结果，从而分析竞买联盟成员的选择策略。

2.2.4　契约理论

契约理论以契约关系来分析各种经济交易行为，是现代微观经济学的一个重要分支，在学术界广受关注。奥利弗·哈特（Oliver Hart）和本特·霍姆斯特伦（Bengt Holmström）因为对契约理论的卓越贡献，成为2016年诺贝尔经济学奖的得主。其中，本特·霍姆斯特伦的主要贡献在于完全契约理论，而奥利弗·哈特的主要贡献在于不完全契约理论[209]。

契约理论的发展经历了三个主要阶段：古典契约理论、新古典契约理论和现代契约理论[210]。古典契约理论强调市场自由竞争和秩序，提出类似于古典经济学的理论假设：第一，交易当事人具有完全自主选择性，不考虑第三方的参与；第二，契约是个别的，不具有持久性；第三，契约是标准化的，条款全面且明确，能够明确约定交易各方的权利和责任，且契约的谈判、签订和履行具有即时性，不考虑契约订立之后的修改和调整。新古典契约理论是对古典契约理论的发展，二者都认为契约是完全的，契约条款能够准确地描述未来交易可能发生的各种情况及交易各方相应的权利和责任，但新古典契约理论认可环境的复杂性和不确定性，契约的签订是交易各方反复讨论和调整的结果，契约履行不是即时完成，履行过程可能出现争端或者违约，以致造成损失，且当纠纷产生时第三方仲裁机构可以保证契约条款的强制执行。在现实经济中，契约一般都是不完全的，交易各方难以把未来可能发生之事全部准确地纳入最初签订的契约之中。

在对古典契约理论和新古典契约理论诸多假设不足进行反思的基础上，学者们开创了现代契约理论。现代契约理论则是基于完全契约的假设条件，为更贴近现实而放松假设条件，建立非完全契约的研究模型，分析契约设计遇到的各种现实问题。基于不同的研究视角和理论逻辑，现代契约理论形成了委托代理理论、不完全契约理论和交易成本理论等几个主要理论学派。

2.2.4.1 委托 – 代理理论

委托 – 代理理论是在研究企业所有权和经营权分离问题的基础上产生的，是在信息不对称和利益冲突的条件下，为有效激励代理人，研究委托人如何进行最优的契约设计。委托 – 代理理论放松了新古典契约理论的完全信息假设，即采用信息不完全或不对称的替代假设条件，但未来可能发生的全部之事都可以被估计，并将与之对应的当事人权利和责任都纳入契约设计。信息不对称的委托 – 代理理论也因此被称为完全契约理论，代表性学者为本特·霍姆斯特伦。

委托人与代理人的典型关系表现为：第一，代理人的行为无法被委托人直接观察，可能存在损害委托人利益的道德问题；第二，委托人的所有权与代理人的控制权（经营权）相分离，代理人的决策行为可能增加自己的收益，但会违背委托人的利益。为了解决其中的道德风险问题，可以对代理人实行绩效工资制，代理人的报酬与他的绩效挂钩，这些绩效可观察、可证实。

现实中，用于评价代理人绩效的指标，如公司利润或股票价格，很大程度上不受代理人控制，而是受宏观经济和行业环境影响。代理人的报酬应过滤掉代理人无法掌控的行业可观测的成本、需求和价格水平等外生因素的影响[211]。

代理人往往是接受多任务的委托，但在精力分配上可能存在不平衡，有些工作不易被委托人监督到。然而，委托人对代理人的奖励在于可观察、可证实的方面，这会导致代理人把更多的精力分配给可以获得回报的行为上[212]。代理人的短期逐利行为，可能牺牲那些短期效益低但未来收益高的长线投资项目[213]。当总裁们持有用于补偿薪酬的大量股票和期权，他们更愿意进行短期的盈利操纵，推高股权和期权的价格然后出售[214]。代理人的决策权在多任务模型中也是一种必要的补充激励[215]。由此可见，在多任务模型中，代理人根据是否有激励，以及激励的大小来分配他们的精力。若是某些重要任务的绩效难以进行评估，其他任务的激励也应该弱化，否则将影响这些重要任务的执行效率。

为了规避代理人在多任务间的套利行为，可以根据任务之间的关系提出了解决方案[216]。若是替代关系的任务，委托人应降低这些任务的激励程度，甚至采用固定工资的方式。由于激励程度都较低，代理人没必要把精力集中放在某项任务上，可以兼顾到各项任务。若是互补关系的任务，各项任务的完成相互依赖，委托人不用担心代理人的这种套利行为，可以提高可考核任务的激励强度。代理人为了从可考核任务中获得高激励回报，必然会努力完成不可考核的其他相关任务。

另外，实际的生产经营是由众多的代理人进行分工与协作。如果绩效评估只是测度联合产出效果，往往容易出现"搭便车"行为[66]，但这种不努力的欺骗行为较难被识别，以致产生道德风险，且不能对每个代理人进行最优激励。涉及联合产出的代理人激励，将会出现低效率。在设计激励合同时，应考虑超出个人努力的团队潜在利益的重要性，如果团队成员的产出都受同样的外部因素影响，那么他们之间的相对绩效比绝对绩效更能体现个人努力[217]。

代理人努力工作的动力并不全部来源于委托人的激励，对未来职业生涯的关注也能够激发他们的工作积极性[79]。代理人今天表现好，代表其良好的工作能力，对当前的委托人和其他雇主都是具有吸引力[217]。职业关注产生的自驱力能够缓解道德风险问题，甚至无须明确的激励规定[218]。然而，在职业生涯的不同阶段，代理人的职业关注是不同的，职场新人的职业关注激励非常高，但职场老人的职业关注激励则较弱，甚至不存在。为了避免低职业关注激励的代理人低效率，绩效激励是必要的手段[219]。

随着研究的深入，委托－代理理论侧重于企业在制定激励契约时考虑的结构性问题，主要包含道德问题和逆向选择两种情形[216]。委托人监督不到的代理人道德风险问题，可以通过契约条款向代理人提供内部化激励，促进代理人做出与委托人利益一致的行动。委托人不清楚代理人属于什么类型，可以通过提供多种激励契约方案让代理人作出选择，引导代理人披露自己是什么类型的私人信息。

2.2.4.2 不完全契约理论

完全契约理论假设未来可能发生的全部之事都可以被准确估计，且能将与之对应的当事人权利和责任都明确写入契约条款，但现实做不到如此。科斯（Coase）是第一个谈及契约不完全性的经济学家，他认为商品或服务供给的合同期限越长，买方就越不可能、也越不合适去明确规定对方该做什么，因为未来难以预测[58]。威廉姆森（Williamson）[211]、沙维尔（Shavell）[220]、克莱因（Klein）[221]和戴尹（Dye）[222]等也在他们的研究中都明确提出契约的不完全性。

经济学家们意识到，由于存在一定程度的有限理性和交易成本，契约具有不完全性，具体原因可概括为[59,60]：首先，现实世界复杂而难以预测，人们无法去预测未来要发生的全部情况或事件；其次，难以用当事人都满意的共同语言将预测到的全部情况或事件都写入契约；最后，当契约纠纷发生时，第三方（如法院）难以对全部契约条款加以证实。不完全契约理论依然假设契约当事人具有信息对称性，每个契约当事人都能获得交易过程的全部信息，只是都不能明确知道其他当事人的行为，也无法确切预计自己的行为后果，从而契约不能在事前对各种或然状态下的权责进行明确规定。因此，不完全契约理论聚焦于契约交易中一些不可验证的变量导致的契约不完全性问题[210]。

不完全契约的结果是导致投资无效的问题出现。当交易再谈判的自然状态出现后，资产的专用性就会使投资方有被"敲竹杠"的风险[67]，投资方将会损失一定的投资边际收益。当存在这种预期时，投资方将会失去事前的高投资激励[68]。

赔偿措施被当作弥补契约不完全的手段[220]。不完全契约交易中，可能出现事后成本大于价值的情况，有时违约也是当事人帕累托改进的策略。为了规避当事人的违约行为，不完全契约中的赔偿措施显得很有必要。赔偿措施通常分为期望损失赔偿（expectation damages）和信任损失赔偿（reliance damages），前者是指违约方要赔偿守约方的投资机会损失，后者是指违约方补偿守约方的专用性投资。在期望损失赔偿条款下，投资方相当于获得了某种投资保险，他可以从赔偿中获得大于边际社会收益的边际私人收益，是对投资的高激励。在信任损失赔偿条款下，投资方的所有专用性投资都可以得到补偿，因而比期望损失赔偿条款下具有更高的投资激励。这两种赔偿措施的高投资激励，都容易导致过度投资[220]，即使事前契约允许再谈判也会出现同样的情况[223]。然而，实践中赔偿措施的障碍在于相关变量的证实，这也是契约不完全性本身的问题。

格罗斯曼（Grossman）和哈特（Hart）的《所有权的成本和收益：纵向和横向一体化理论》（*The Costs and Benefits of Ownership*：*A Theory of Vertical and Lateral Integration*）、哈特和摩尔（Moore）的《产权和企业性质》（*Property Rights and the Nature of the Firm*）两篇论文（以下简称 GHM 模型）首次从产权理论或企业理论视角提出解决投资无效的问题[60]。产权理论认为，不完全契约交易中存在两个部分的权利，一是契约能够明确规定的"特定权利"（specific rights），二是无法在事前契约中规定的"剩余控制权"（residual rights of control）[224]。当出现事前契约没有明确规定的事项时，剩余控制权就开始显示其重要性。启动再谈判后，拥有剩余控制权的当事人将拥有更大的谈判优势，可以更好地保证其事前的专用性投资激励。反之，没有剩余控制权的当事人的事前投资激励就会减弱。由此可见，剩余控制权决定了契约当事人的投资激励和产出。由此可以进一步推断，通过向一方当事人配置决策权可以使其取得投资的所有边际回报，获得最优水平的投资激励，但容易产生"敲竹杠"的问题[210]。显然，为了激励投资，剩余控制权应分配给投资重要的一方。从社会福利的角度出发，剩余控制权应由产权或所有权来行使，产权或所有权决定剩余控制权。GHM 模型建立了纵向一体化模型，认为给一方当事人更多资产所有权，可以增加其无法被契约条款规定的投资激励，但是以降低其他当事人的激励为代价[224,225]。不完全契约理论的本质是研究不同财产权分配对交易双方盈余分配的影响，并进而激励他们投资的问题[210]。哈特重新考察不完全契约中的"敲竹杠"及资产所有权等核心问题，提出可以将交易价格与行业指数进行捆绑，或者以资产所有权的分配来增强契约当事人的外部选择权，从而防止"敲竹杠"问题[226]。

不完全契约中存在投资激励和"敲竹杠"两难问题，解决的办法是采用简单的选择性契约或交易在自然状态实现后进行再谈判，重心在于事前契约对相关权利的机制设计和制度安排[60]。由于环境不确定性的存在，若契约当事人不能在原始契约的基础上再谈判，则契约的最优水平无法实现；若可以再谈判，则能够实现契约的帕累托最优。具体而言，若具有优势的当事人获得垄断权利，且事后没有再谈判时，契约能够实现帕累托最优水平；但若买卖双方可以事后再谈判，买方可以进行讨价还价，通过谈判拿走剩余，此时卖方的投资激励并没有得到提升，则契约不能实现帕累托最优[227]。假设卖方投资影响买方收益，而买方投资影响卖方成本，且双方的这种影响关系足够重要，通过再谈判和调整双方的投资可以实现双方的帕累托最优，但若没有再谈判则不能实现帕累托最优结果[228]。在契约再谈判的框架方面，主要包含两个契约条款：一是赋予当事人的谈判权利，二是若再谈判不能达成一致时仍执行事前契约以保持默认激励[229]。当买方存在可替代的外部投资时，排他性的再谈判契约是有益的；当买方存在可互补的外部投资时，排他性的再谈判契约则是有害的，但若卖方存在可互补的外部投资时，排他性的再谈判契约则有益的[230]。

2.2.4.3　交易成本理论

以威廉姆森和克莱因为代表的新制度经济学家以治理结构的视角提出解决不完全契约中的"敲竹杠"问题。治理结构的选择是基于最小化交易费用的原则，因此也称为交易成本理论。交易成本理论源于科斯《公司的性质》（*The nature of the firm*）中"交易成本"的思想，认为每个交易都是一份契约，每份契约都有其对应的交易成本，应根据不同的交易成本匹配相应的治理结构，主要研究企业的纵向一体化和契约事后交易的适应与调整问题[231]。

交易成本泛指为促成交易而发生的所有成本。威廉姆森将交易成本分为搜寻成本、信息成本、议价成本、决策成本，以及监督成本[232]。达尔曼（Dahlman）将交易成本归为信息搜寻成本、协商与决策成本、契约成本、监督成本、执行成本与转换成本等几类[233]。威廉姆森进一步将交易成本归为事前和事后两大类，即包含签约、谈判、保障契约等事前交易成本，以及契约不能适应导致的事后交易成本[67]。将企业的组织成本纳入交易成本的分析范畴，发展了科斯交易成本的思想，为比较企业和市场两种契约治理结构创造了前提条件。

威廉姆森提出影响交易成本大小的三个交易特征，即资产专用性、交易不确定性和交易频率[67]。资产专用性是指交易的资产本身不具有市场流通性，或者契约一旦终止，投资于资产上的成本难以收回或转为其他用途。在具有资产专用性的交易中，最小化生产成本和交易成本两个条件共同决定最优契约，但最佳的治理结构仅取决于资产专用性的交易成本[210]。交易不确定性是指由于有限理性、信息不对称等导致人们无法完全准确预测未来，交易过程中不得不面对的外部冲击和行为不确定性。交易不确定性越高，监督成本、议价成本则会增加，从而造成交易成本增加。交易频率增加，相应的议价成本和组织管理成本也会升高，这会促使企业将高频率的交易内部化以节省交易成本。

先行研究以不同视角对基于交易成本的治理结构选择进行深入的探讨。科斯认为企业与市场可互为替代，交易采用何种方式以及企业的规模都是由交易成本的大小决定[58]。张（Cheung）进一步指出企业的设立并非为了替代市场，企业和市场的本质是两种不同形式的交易契约，二者的交易对象分别是生产要素和产品[234]。威廉姆森认为企业是非完全契约导致的纵向一体化组织形式，能够在资产专用性条件下减少机会主义，降低交易成本[67]。杨小凯和黄有光构建企业一般均衡的契约模型，以定价成本视角分析企业所有权的内部结构，并且分析企业的均衡组织形式与交易效率的关系，认为企业是促进劳动分工的生产组织方式，尽管交易成本高于自给经济，但收益大于交易成本[235]。

交易成本理论中的契约不完全性，原因不在于不可验证性的问题，而是由于代理人的有限理性和环境的不确定性导致的[60]。在这种情况下，契约的执行效率还应该依靠一定的决策权分配，并配套相应的监督机制。为了规避契约执行中的机会主义风险，交易成本理论认为契约应设计交易行为的保证条款，提供保证金或者保证期限，并且应建立理性的冲突解决机制[210]。

交易成本理论将契约关系的治理看作一种多维现象，包括多个主体间相互关系的产生、终止和进行[71]，是在合同起草、商议、监督、修改和终止的过程中关于制度框架的简短表达[236]，合同也可以看作组织之间的一种"交换"[72]。契约关系的治理结构就是合作或者竞争的经济实体之间契约关系的制度安排[61]。"治理结构"是交换的组织形式[61]，交换应该具有经济性。治理结构包含市场、企业或科层、混合形式（抵押、互惠、特许经营等）和官僚组织等多种形式[60]。

根据资产专用性和交易频率，不同的契约关系应采用匹配的治理结构[61]。交易频率分为偶然和经常两种情况，资产专用性分为非专用性（通用性）、高度专用性、混合型（介于非专用性和高度专用性之间）。如表2.3所示，在交易频率和资产专用性的矩阵关系中，存在与六种交易类型匹配的四种治理结构，分别为市场治理、双边治理、三边治理和一体化治理[237]。

表2.3 不同类型契约交易的治理结构

交易频率	投资特点		
	非专用性（通用性）	混合型	高度专用性
偶然性交易	市场治理	三边治理	三边治理
经常性交易	市场治理	双边治理	一体化治理

资料来源：Williamson O E. Transaction-cost economics: the governance of contractual relations [J]. Journal of Law and Economics, 1979, 22: 223 – 261。

对于非专用性（通用性）资产的投资交易，无论交易频率是偶然性还是经常性，都是采用市场治理结构。通用性资产的价值，不会因用途和交易对象改变而造成损失，转换交易对象无须支付较高的代价，交易当事人没有必要为此去维持长期的关系。市场治理结构的适应性调节以价格机制为主，当纠纷产生时辅以法院裁决。

具有经常性交易频率的混合型资产投资交易，采用双边治理更为现实。稳固的长期双边契约关系能够降低因交易频率提升而增加的交易成本。事前订立的契约可信任，并考虑契约执行中根据环境变化可以作出适当调整的适应性问题，如特许经营、战略联盟及长期契约等。这种治理结构凭借交易双方的能力解决交易中存在的各种问题，而交易双方具有平等且相互依赖的长期稳定关系。

在偶然交易中，当资产具有一定的专用性时，应该采用三边治理。具有一定专用性的资产，转移到其他供应者将出现巨大的资产估价困难，不宜直接向市场购买。交易频率有限使得建立专用性资产治理结构的成本得不到有效补偿，只能借助第三方仲裁来解决适应性问题。资产专用性说明交易双方存在一定的相互依赖关系，不能通过对簿公堂（法院）的方式解决适应性问题，否则将破坏这种关系。

具有经常性交易频率的高度专用性资产投资，应该采用一体化治理结构。由于高度专用性资产的用途单一化，将此类交易纳入同一个组织内部进行一体化治理，交易双方都可以实现规模经济。交易的高频率足以抵消设置一个专用性资产治理结构的成本。在一体化治理的企业内部，价格的调整比市场或企业间的交易更加安全，并且不受交易频率的限制。一体化治理结构下的适应性问题，依靠行政命令及内部非正式组织支持就可以得到解决。

公司是一体化治理结构的现代组织形式。公司治理结构是股东、董事会、经理和其他相关利益人之间相互作用的机制和制度[238]。只要存在代理导致的利益冲突，并且无法通过事前契约完全解决，当新的状态出现时就需要再谈判。因此，公司治理结构也是一个决策机制，决定公司的剩余控制权（人力资本除外），但这些决策无法在事前契约中进行明确设定[239]。

住宅用地拍卖竞买联盟成员之间以契约关系为纽带，在成功竞得土地后共同出资、以公司为合作实体完成项目开发和取得利润回报。通过契约理论分析竞买联盟关系的形成和缔结，以及联盟的契约治理，能够为选择合适的联盟成员和实现联盟价值最大化提供解决思路。

2.2.5　动态联盟理论

1991 年，美国里海大学的艾克卡研究所（Iacocca institute，Lehigh University）完成的报告《21 世纪制造业企业战略：产业主导视角》（*21st Century Manufacturing Enterprises Strategy：An Industry-Led View*），以制造业为背景，提出敏捷制造战略和虚拟企业的构想[84]。1992 年达维多（Davidow）和马龙（Malone）的理论专著《虚拟企业：构建和振兴 21 世纪的企业》（*The Virtual Corporation：Structuring and Revitalizing the Corporation for the 21st Century*），指出虚拟企业几乎没有边界，可以在企业、供应商和顾客之间建立连续和可渗透的接口[240]。1993 年拜恩（Byne）发表的文章《虚拟企业》（*The Virtual Corporation*），首次明确指出虚拟企业是为了追求最大的适应性，快速把握市场机遇，由多个企业快速形成的临时性企业联盟[241]。1994 年高曼（Goldman）等的著作《敏捷竞争对手和虚拟组织》（*Agile Competitors and Virtual Organization*），强调虚拟企业形成中互联网和通信技术发挥的作用，进一步扩大了虚拟企业的概念范围[242]。这些经典著作的完成，标志着企业动态联盟概念的形成[108]。在此后的二十多年来，国内外学者对企业动态联盟进行了深入的探讨，理论研究成果广泛应用于世界各地的各行各业。

动态联盟是以企业的核心能力资源为基础，通过优化整合外部联盟合作伙伴的资源和能力，补足自身的非核心能力或短期内无法具备的核心能力[131]。先行研究对企业动态联盟成员选择、联盟设计、联盟治理、联盟风险等方面进行了广泛而深入的探讨，形成了一系列理论成果。

2.2.5.1　联盟成员选择

企业选择合适的联盟成员，可以降低自身的风险并提高合作的绩效[243]。企业动态联盟形成的关键因素是选择敏捷、有能力和兼容的联盟成员[244-247]。选择合适的联盟成员，关系到企业动态联盟的绩效和成败[248,249]。联盟成员选择的重要影响作用，贯穿于企业动态联盟的全生命周期——识别、形成、设计、运营和解散等五个阶段[52]。

联盟成员选择可以划分成标准制定、量化和评价选择三个阶段[250]。古拉蒂等[38]通过对联盟文献的综述研究，认为企业对未来合作失败的前瞻性担忧通常会影响其联盟成员的选择标准，从而企业不仅要考虑潜在联盟对象的互补资源，而且还试图评估他们的声誉和可能的合作承诺。在制定企业动态联盟成员选择标准时，不仅重视潜在联盟对象的资源、能力、财务、信誉等定性和定量的评价指标，并应结合联盟的合作需求[6]。在对评价指标进行量化之后，国内外学者主要采用数学规划、多属性决策与模糊决策、精确算法和启发式算法等四种决策分析方法，对联盟成员的选择评价进行研究。

2.2.5.2　联盟治理

企业动态联盟是由契约为纽带，多个企业组成的利益共同体，可以视为多个联盟成员之间的不完全契约交易。动态联盟打破了传统的企业边界，单个企业需要同时协调企业内部和外部的关系，外部协调的重要性大于内部治理[69]。动态联盟成员之间存在利益冲突、机会主义、"搭便车"，需要建立一套正式或非正式的有效协调、制衡和监督机制，以保障投资激励和避免"敲竹杠"问题[60]。

企业动态联盟由多个交易主体组成，契约治理结构主要有如下三种形式[77]：第一，股权式联盟，由联盟成员共同出资设立经济实体，拥有股东会、董事会、监事会和经营管理层，按照公司规则运行，实行内部治理；第二，非股权式联盟，按照合作协议约定的条款行事，接近市场治理形式，但需要有信任保障机制；第三，股权与契约结合的混合式联盟。采用何种组织形式，取决于资产的专用性、不确定性和交易频率[61]。

联盟正式契约治理的研究以交易成本理论为基础，侧重于契约型和股权型（合资、并购等）联盟形式之间的选择[90,251,252]，形成交易成本理论、资源依赖理论和企业能力学习理论三种不同的研究视角。联盟采用的治理结构形式取决于交易成本的大小[231]。资产专用化程度提高，机会主义风险也随之增大，采用层级化的股权联盟形式可以节约交易成本，否则联盟应采用非股权的形式[67,70]。资源依赖理论强调资源共享类型的差别决定联盟的治理结构形式，联盟成员提供互补性资源宜采用柔性的契约联盟，而资源相同、为了协同目标的联盟则采用股权的形式[194]。企业能力学习理论认为以学习吸收技术为目标的联盟，存在的机会主义风险很大，采用股权形式的治理形式能够降低应对机会主义的脆弱性[253]。采用股权形式的技术联盟，能够更有效地应对技术开发、转移和利用当中存在的挤占和契约风险，但若联盟成员处于同一技术领域时，非股权的契约形式则是被普遍采用的联盟治理模式[253]。

除了正式契约治理之外，联盟还应重视关系契约治理[254]。联盟关系契约治理是基于联盟成员之间的社会关系治理，能够将合作协议转化为有效的社会关系[43]，具有隐性、非正式、非约束性和自制的特点[255]。一方面，社会网络可以让联盟成员之间相互了解和彼此熟悉，从而产生"基于知识的信任"，形成推荐机制；另一方面，联盟成员会担心失去声誉，影响与合作伙伴的重复交易关系，甚至进一步影响到与其他方的潜在交互关系，从而产生"基于威慑的信任"，形成威慑机制。这两种信任产生机制能够有效地降低交易成本，保证了联盟交易的顺利执行[256]。信任也因此成为联盟成功的一个关键因素和主要治理机制[257]。

综合正式契约治理和关系契约治理的理论观点，联盟治理包含治理结构和治理机制[77]。治理结构是指股权式联盟中，合资企业的股权结构、股东会和董事会表决机制、监事会和经营管理层的职权和人员委派等。治理机制可以包含外部的行业组织或政府监管，以及联盟内部的用人机制、激励机制、监督机制等。联盟治理结构和机制的建立，应理顺各参与者的权责关系，确保合理的剩余控制权分配，依靠监督和信任机制约束各方的行为，保证联盟治理的效率和预期目标的实现。

2.2.5.3 联盟风险

风险的概念丰富而广泛，至今没有统一的标准定义，不同学者对风险有不同的理解和认识，具体可归纳为三类：一是认为风险是将来所要发生事情的不确定性，可用事件结果概率分布的方差衡量[258]；二是认为风险是一种损失，且具有不确定性，可以损失概率描述[259]；三是认为风险是指未来可能发生损失的损害程度大小[260]。从这些观点可见，风险定义的关键词主要包含不确定性、损失、可能性。

风险由风险因素、风险事件和风险结果三个基本构成要素相互作用的结果[261]。风险因素是风险产生和存在的必要条件。风险事件是外部环境发生始料未及的变化导致风险结果发生的事件。风险事件对风险因素和风险结果起中介作用。风险是三个因素的统一体，风险因素导致风险事件的发生，造成风险结果。

企业在生产经营过程中存在的风险，既有来自企业内部，也有来自企业外部。企业内部风险主要源于企业内部的人、财、物和信息等要素的流动性和交互性。外部风险则主要源于外部环境的复杂性和不确定性[262]。在这些因素的共同作用下，企业在生产经营过程中将面临诸多具体风险，包含市场风险、财务风险、投资风险、技术风险、生产风险和组织风险等[263]。

与单个企业相比，企业联盟内部各项要素纵横交错，涉及的人、财、物和信息来自多个企业，机会主义、信息不对称使得联盟产生风险更为纷繁复杂。达斯（Das）和腾（Teng）将联盟中可能出现的信任缺乏、成员间的机会主义行为、冲突和合作绩效低下视为联盟风险，并将这些风险归为关系风险和绩效风险[97,98]。这两类风险被认为是联盟失败的主要原因[95]。其中，关系风险是因联盟成员的机会主义行为，违反合作协议约定引起，而绩效风险则是在排除关系风险的基础上，仍存在一些外生因素使得联盟面临的风险损失。

动态联盟将在不同阶段面临不同的风险问题[135,264]，包含组建阶段风险、运作阶段风险、解散阶段风险、传递风险和全程性风险[108]。在组建阶段，潜在的风险包括机会识别错误、联盟成员选择错误、合作方案和联盟治理机制设计欠妥、合同条款不利等。在运作阶段，存在的质量、成本、工期、技术、联盟稳定性等各种风险面临爆发。在解散阶段，企业投资是不是能获得正向利润回报以及退出时产生额外税收负担风险。组建和运作阶段的风险可能进行相应的传递，产生的破坏性可能导致联盟整体功能的削弱或联盟成员个体能力的损害。全程性风险则包含联盟成员间的信任、协调和沟通风险，以及市场变化风险。

住宅用地拍卖竞买联盟是为获取政府出让的某一宗或某一批土地而临时成立的企业联合，是一种企业动态联盟。竞买联盟具有成员多元化、成员地位相对平等、组织相对松散、明显的生命周期和高风险等企业动态联盟的典型特征，因此采用动态联盟理论能准确分析竞买联盟成员的选择问题。

2.3　理论框架构建

根据联盟理论，联盟成员选择应根据潜在联盟对象的特征对其事后可能的行为进行预判[265]，联盟成员的评价指标根据目标任务而定[46]。因此，住宅用地拍卖竞买联盟成员选择应根据联盟成员选择主体与联盟对象的属性特征，并结合联盟实施阶段的目标任务进行决策。

首先，商业模式是企业价值实现战略的反映[147]，是企业在经营方式、客户、产品、业务流程和标准等方面的设计和安排[149]，决定企业的经营理念和行为模式，是企业的根本属性特征，不会因单个项目合作而改变。具有不同商业模式的企业组成联盟，经营理念和行为方式存在冲突风险，并且难以通过管理进行改善，对联盟的顺利实施和联盟绩效造成极大的负面影响，直接关系到联盟成败[266]。与商业模式不同的住宅开发企业，具有的资源条件和项目开发运营思路可能存在较大差异，难以在同一项目上进行合作。由此可见，住宅用地拍卖竞买联盟成员之间的商业模式应具有匹配性，才能具备合作的基础条件。以商业模式匹配为标准，对数量众多的潜在联盟对象进行初步筛选，能够选出一定数量范围内、满足基本合作前提条件的联盟对象以供详细深入的合作评估和洽商，有助于联盟成员选择主体工作聚焦。

其次，在土地拍卖竞价阶段，联盟易受外部竞争的影响而失去稳定，外部报价超过部分或者全部联盟成员导致联盟共同竞买失败。联盟稳定性涉及联盟成员对合作过程和结果的满意度，以及继续合作愿望等方面[265]，是联盟成员之间相互协调与合作的结果[267]，联盟成员特征与选择直接关系到联盟稳定性[268]。竞买联盟的第一个阶段性目标是联盟成员在土地拍卖中共同获胜，否则联盟就出现不稳定状态，共同竞买土地、共同开发的联盟愿景就被破坏，股权融资的联盟动机就不能实现。由此可见，以竞价阶段联盟稳定性作为评价标准进行联盟成员选择显得尤为重要。

最后，拍卖竞价获胜后进入开发阶段，是联盟经营目标的实现过程。在这个阶段联盟成员之间以契约为纽带成立经济实体共同治理，治理方案应充分体现联盟成员之间的权利分配和保障机制[77]。联盟成员选择主体与每个联盟对象的合作诉求都得到满足是合作的前提[82,83]。在联盟成员选择过程中，联盟成员选择主体需与初步筛选后的联盟对象进行沟通和初步谈判，确定联盟意愿及彼此的合作条件。若联盟对象与联盟成员选择主体的合作诉求存在明显冲突，必然要被排除在选择范围之外。不同联盟对象各自提出合作诉求，与联盟成员选择主体共同形成的联盟治理方案对应的治理价值存在差异，对联盟的目标实现产生重要影响。在联盟成员选择主体与联盟对象的合作诉求都能得到满足的条件下，应对联盟成员选择主体与不同联盟对象形成候选组合的治理价值进行评价，作为联盟成员最终选择的依据。

基于以上联盟成员选择的决策逻辑，本书提出住宅用地拍卖竞买联盟成员应基于商业模式匹配维度进行初步筛选，基于竞价阶段联盟稳定性维度进行二次选择，基于开发阶段联盟治理价值维度进行最终选择。因此，本书需要构建住宅开发企业商业模式、竞价阶段联盟稳定性、开发阶段联盟治理价值的理论分析框架，并以此为基础构建住宅用地拍卖竞买联盟成员选择的研究框架。

2.3.1　住宅开发企业商业模式

引用第2.2.1节商业模式理论构建住宅开发企业商业模式分析框架。商业模式是在特定的环境下，企业为实现价值目标创造[145][57,148,150]而对其业务进行的一系列主动安排[149]，决定企业的经营理念和行为模式，是企业的根本属性特征。具有不同商业模式的企业组成联盟，经营理念和行为方式可能存在冲突，造成合作不匹配。约翰逊等提出商业模式由客户价值主张、盈利模式、关键资源和关键流程等四个环环相扣的模块构成[57]，该理论框架具有较好的普适性，本书以此识别分析住宅开发企业的商业模式构成要素，如图2.4所示。

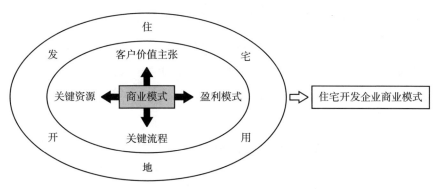

图 2.4　住宅开发企业商业模式的分析框架

2.3.2　竞价阶段联盟稳定性

引用第 2.2.1 节商业模式理论、第 2.2.2 节拍卖理论及第 2.2.3 节竞合理论构建竞价阶段联盟稳定性分析框架。土地拍卖竞争、竞买人商业模式及竞买人竞合共同影响竞价阶段联盟稳定性,分析框架如图 2.5 所示。土地拍卖中竞买人的数量及出价能力决定了竞争的强度。商业模式体现企业的资源、能力和经营理念[149],决定收入和成本的可行结构[148],而开发企业的商业模式决定其对每一宗土地的成本承受能力。住宅用地拍卖竞买联盟是一种企业

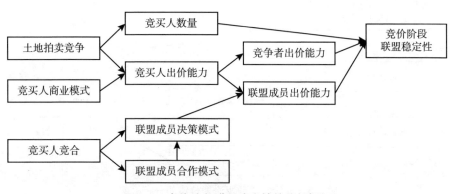

图 2.5　竞价阶段联盟稳定性的分析框架

动态联盟形式，组织关系较为松散，联盟成员保持平等地位和独立性，各自独立决策[84]，以致联盟成员之间难以形成统一的土地拍卖最高报价。在增价拍卖的价高者得规则下[22,122-124]，当联盟外部的竞买人报价超过任一联盟成员可接受的价格时，该成员将退出联盟竞价，联盟的不稳定状态出现。

2.3.3 开发阶段联盟治理价值

引用第 2.2.3 节竞合理论、第 2.2.4 节契约理论和第 2.2.5 节动态联盟理论构建开发阶段联盟治理价值分析框架。联盟成员选择应以提升联盟治理功能、降低联盟治理成本为原则，联盟治理价值的分析框架如图 2.6 所示。住宅用地拍卖竞买联盟是以契约为纽带形成的横向企业联盟，在土地拍卖阶段可以纯契约形式进行合作，若成功竞得土地进入开发阶段则需要根据契约组建合资公司作为合作经济实体。契约是对联盟成员责权利及其保障机制的明确约定，规定联盟治理方案[255]，决定联盟实施阶段的治理功能。另外，联盟在实施过程中，不仅要协调联盟团队的日常工作，更要沟通协调各股东共同决策，产生的组织成本明显高于单个企业内部的日常管理[67,233]。联盟实

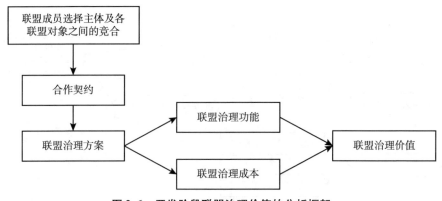

图 2.6　开发阶段联盟治理价值的分析框架

施的工作人员根据联盟治理分工由各股东委派，不同团队之间的工作协调也会产生一定的组织成本[269]。

2.3.4 住宅用地拍卖竞买联盟成员选择

在住宅开发企业商业模式、竞价阶段联盟稳定性和开发阶段联盟治理价值三个理论分析框架的基础上，本书形成住宅用地拍卖竞买联盟成员选择的理论分析框架，如图2.7所示。根据商业模式理论分析识别住宅开发企业的商业模式构成要素，选取商业模式匹配指标，以商业模式相似性为联盟成员初步筛选标准。初步筛选出的联盟对象与联盟成员选择主体形成多个候选组

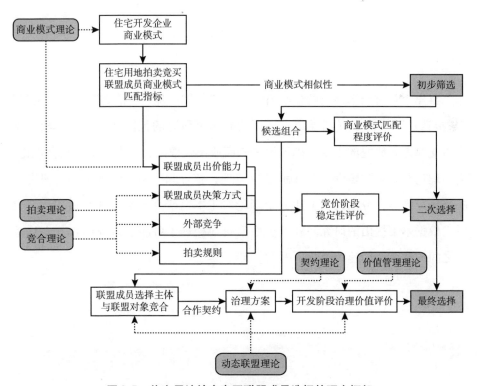

图 2.7 住宅用地拍卖竞买联盟成员选择的研究框架

合，构建候选组合的商业模式匹配量化评价模型。结合商业模式理论、拍卖理论和竞合理论，分析竞价阶段联盟稳定性的影响因素，构建候选组合的竞价阶段联盟稳定性量化评价模型，并结合商业模式匹配量化评价模型对联盟成员进行二次选择。结合竞合理论、动态联盟理论、契约理论和价值管理理论，分析联盟成员选择主体与联盟对象的合作诉求，量化评价不同候选组合的开发阶段联盟治理方案，从而确定联盟成员最终选择。商业模式匹配、竞价阶段稳定性和开发阶段联盟治理价值等三个维度构成了住宅用地拍卖竞买联盟成员选择决策的有机整体，更好地解释了合适的联盟成员在联盟实施的土地拍卖竞价阶段和开发阶段发挥的关键作用，发展了联盟成员选择理论，为开发企业选择住宅用地拍卖竞买联盟成员的实践提供了有益参考。

2.4　本章小结

首先本章对全书涉及的核心概念——"住宅用地""拍卖""竞买联盟""成员选择"进行了详细界定，从而明确本书研究的范围和边界。其次，本章对支撑课题研究的主要基础理论——商业模式理论、拍卖理论、竞合理论、契约理论与动态联盟理论的文献进行梳理、整合和分析，结合本书的研究目的与研究内容，分别说明上述五个理论对于本书研究的必要性和适用性。最后，根据本书提出的研究问题，全面系统地梳理了各主要研究内容与上述理论之间的联系，构建理论分析框架。

联盟成员初步筛选：基于
商业模式匹配维度

本章从住宅开发企业商业模式匹配的维度，探讨住宅用地拍卖竞买联盟成员的初步筛选。首先，借鉴其他行业研究成果对住宅开发企业商业模式进行定义，采用专家小组讨论法识别住宅开发企业的商业模式构成要素。其次，通过定性分析每个要素差异对联盟成员在拍卖竞价和项目开发两个阶段合作的影响，确定合作匹配的关键影响要素，在此基础上选取商业模式匹配的关键指标。再次，以商业模式匹配指标来表征企业属性，采用可能性 C-均值聚类算法对潜在联盟对象进行初步筛选，得到联盟成员候选组合，并构建候选组合的商业模式匹配量化评价模型。最后，以实际案例分析探讨联盟成员选择主体与潜在联盟对象之间的商业模式关键要素匹配程度。

3.1 住宅开发企业商业模式及其构成要素识别

3.1.1 商业模式

商业模式是企业价值实现战略的反映[147]，是企业对经营方式、客户、产品、业务流程和标准等方面的设计和安排[149]，决定企业的经营理念和行为模式，是企业的根本属性特征。借鉴其他行业研究成果，住宅开发企业的商业模式可以定义为企业在投资购买住宅用地进行开发的过程中，组织团队整合各项资源，按照有利于自身利益最大化的方式进行开发建设和产品销售以取得投资回报，并实现自身生存和发展的模式。

每个开发企业因其自身存在不可避免的资源能力和经营理念差异，实现经营目标的手段和方式存在不同，商业模式存在差异。具有不同商业模式的企业组成联盟，经营理念和行为方式存在冲突的风险，对联盟的顺利实施和联盟绩效造成极大的负面影响，直接关系到联盟成败[266]。商业模式不同的住宅开发企业，具有的资源条件和项目开发运营思路可能存在较大差异，难以在同一项目上进行合作。因此，住宅用地拍卖竞买联盟成员之间的商业模式应具有匹配性，才能具备合作的基础条件。

在数量众多的同行中选择联盟对象是一件富有挑战的工作。各个大中型城市的市场规模较大，分布的住宅开发企业数量众多，潜在参与住宅用地拍卖竞买的开发企业数量也很多。联盟成员选择主体应缩小联盟对象的选择范围，才能进行有效的合作沟通。以商业模式匹配为标准，对潜在参与住宅拍卖竞买的开发企业进行初步筛选，可以选出一定数量范围内、满足基本合作前提条件的潜在联盟对象以供详细深入的合作评估和洽商，有助于联盟成员选择主体工作聚焦。

3.1.2　构成要素识别

商业模式具有结构性特征[151]，约翰逊等提出的商业模式理论框架，如图 3.1 所示，认为商业模式由客户价值主张、盈利模式、关键资源和关键流程等四个环环相扣的模块构成[57]，具有较好的普适性和操作性。按照此分析框架，通过系统地识别商业模式所有的构成部分，企业管理者可以了解如何使用某些关键资源和关键流程以盈利的方式实现有力的客户价值主张；面对市场出现新的机会，企业管理者同样能够知道他们需要做什么来构建一个新的客户价值主张，并且分析新主张的实现路径。本书按此分析框架，结合目前中国房地产开发行业的特点，识别住宅开发企业的商业模式构成要素。

3.1.2.1　识别方法

为了更贴近行业的现实背景，2021 年 6 月在福州邀请 5 位大型住宅开发企业的投资总监通过专家小组讨论的方式来识别住宅开发企业的商业模式构成要素。这 5 位专家分别来自全国销售额排前 10 名的碧桂园、龙湖、世茂，以及排前 20 名的阳光城、旭辉，都具有 10 年以上从业年限，经验丰富。

在研究开始之前，图 3.1 的商业模式分析框架被打印发给 5 位专家，并要求专家独自按照分析框架写出住宅开发企业的商业模式构成要素。待全部完成后，5 位专家的意见被汇总在一起。然后，5 位专家组成讨论小组，对汇总的意见进行逐条讨论，专家们认为：

（1）以"客群定位"代替"客户价值主张"更符合行业习惯；

（2）基于目前开发企业普遍利润率下降，很多企业面临先求生存再谋发展的现实困境，应以"发展模式"代替"盈利模式"；

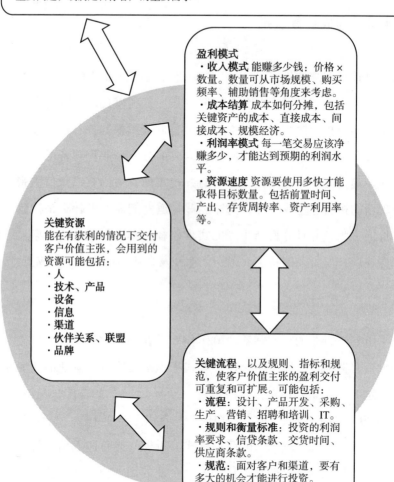

图 3.1　商业模式的分析框架

资料来源：根据 Johnson M W，Christensen C M，Kagermann H. Reinventing your business model ［J］. Harvard Business Review, 2008, 86（12）：50－59 翻译整理。

（3）住宅开发是成熟的行业，商业模式应侧重考察关键业务标准而非流程，应以"关键业务标准"代替"关键流程"；

（4）住宅开发企业的融资并不受限于渠道，关键资源中的"融资渠道"应修改为"资金实力"；

（5）删除一些对商业模式不具影响力的相关因素，如"办公自动化系统OA""交房标准"等。

3.1.2.2 识别结果

专家小组讨论的最终结果如图3.2所示，住宅开发企业的商业模式构成要素分为客群定位、发展模式、关键资源、关键业务标准共四个模块。其中，关键资源包含开发管理团队、资金实力、产品系、供应商资源、客户资源、开

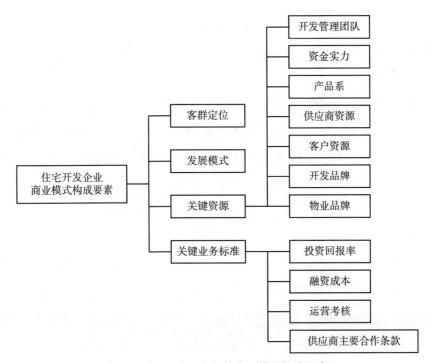

图3.2 住宅开发企业的商业模式构成要素

发品牌、物业品牌，关键业务标准包含投资回报率、融资成本、运营考核、供应商主要合作条款。

（1）客群定位。

客户群体定位是企业明确服务对象，并执行营销策略的基础[270,271]。住宅产品的客户群体可以分为刚性需求和改善需求客户[272]。刚性需求客户的购买力相对较低，能接受的产品价格较低，但该类客户基数较大，产品可以较快的速度完成销售。重点服务这类客群，可以帮助企业实现自有资产的高周转、迅速扩大规模效益。近十年来，聚焦服务刚性需求客户的开发企业特别多，也正是这种高周转模式使得企业迅速做大，典型如中梁、阳光城等。改善需求客户的购买力相对较高，可以接受较高的产品价格，但该类客户基数相对较少，产品一般以较慢的速度完成销售。为改善需求客户提供高品质的产品和服务，可以成就企业的品牌美誉度，典型如绿城、滨江、金茂等企业。每个企业对于拟定开发产品满足的客户群体都有战略性倾向选择，这与市场的客户结构有关，也与企业的能力和发展需求高度相关。

（2）发展模式。

住宅开发是资金密集型行业，开发企业的发展模式普遍聚焦于净资产的增长模式。净资产增长速度很大程度上取决于销售利润率、周转速度和权益乘数[273]。其中，权益乘数直接关联企业的负债比例，由企业决策者对举债发展的态度决定，但目前已受政策约束。在整体市场环境和企业土地储备不变的情况下，销售利润率和周转速度是一对此消彼长的矛盾体，因此企业的发展模式需要在其中进行取舍。

在住房销售市场整体处于景气周期、量价齐升的阶段，企业主要表现为追求高销售利润率或追求合理销售利润率下高周转两种发展模式。追求高销售利润率的发展模式，企业通常将目标客群定位为改善性需求客户，建造高品质产品，以较高的价格进行销售而取得较高的利润率。市场上也存在一些开发企业，无论开发的是刚性需求产品还是改善性需求产品，都要达到较高预期利润的价格才会进行产品销售，若非市场价格快速上涨，整个项目的销售周期会拉得很长。与此同时，另外一类企业不仅关注销售利润率，也重视周转速度，以具有竞争力的价格、较快的速度进行项目开发销售，现金流回收后购置新的土地，实现企业规模的快速发展，取得较好的规模效益。这些企业通常选择向市场提供刚性需求产品，平价快速销售，提高资产周转率的同时节省借贷成本支出。当然，改善性需求产品若土地成本较低，在保证一定利润的情况下，也是可以采用有竞争力的价格快速销售。高周转企业能够快速做大经营规模，伴随着规模的快速扩张，企业往往带有高财务杠杆，从而企业能够取得较高的净资产收益率。

在住房销售市场整体处于非景气周期，市场竞争激烈，销售价格滞涨、销售去化速度下降。此时，大部分企业的利润率趋于下降，继续追求高利润已不切合实际。自身资金实力不足、高财务杠杆的企业往往面临严峻的资金压力，保障现金流动性比销售利润更为重要，不得不去牺牲利润转向追求现金流而高周转的发展模式。对于自身资金实力雄厚的企业，则能够有条件去固守合理的利润，在周转速度与销售利润率之间取得较好的平衡。

（3）关键资源。

关键资源既是企业生存的根本，也是企业商业模式赖以运行的基础[274]。开发企业的关键资源主要包含开发管理团队、资金实力、产品系、供应商资源、客户资源、开发品牌和物业品牌。

第一，开发管理团队。团队是企业的专业能力、各类公共关系等资源的载体，是开发企业最重要的资源。高效的团队才能支撑高周转发展模式，具有工匠精神的团队才能打造高品质的产品。住宅开发各个环节的成功推进都有赖于团队的贡献。

第二，资金实力。住宅开发企业的资金实力涉及企业的资产规模、负债率水平、现金流状况等方面。一般而言，资金实力雄厚的企业具有的资产规模较大，负债率较低，现金流充沛，财务稳健。资金实力弱的企业，具有的资产规模可能较小，也可能较大。有些资产规模很大的企业，负债率高，现金流状况较差，偿债能力差，容易出现经营风险。

第三，产品系。大型开发企业具有强大的产品研发能力，普遍都有成熟的产品线，根据不同的客户或开发地块条件设定相应的产品体系，无论是户型功能、还是建筑风格都具有较好的市场竞争力。中小型开发企业则未必形成稳定的产品体系，产品竞争力不突出。

第四，供应商资源。一般而言，包含工程总包和各类分包的供应商资源都是全社会共享，但开发企业可以和资金实力强、专业水平高、配合度好的优质供应商达成战略合作，在新项目启动时能够快速配合推进工作。

第五，客户资源。老客户带动新客户已成为成本最低、效果最好的商品住宅营销方式，开发企业积累的老客户是新项目营销的宝贵资源。

第六，开发品牌。每一家开发企业就是一个开发品牌，每个开发品牌承载着客户对企业实力、产品品质和服务的信任。

第七，物业品牌。很多大中型开发企业都在内部成立物业服务团队，打造物业服务品牌，具有良好口碑的物业品牌能够创造产品溢价，带动产品销售。小型开发企业则通过引入外部的物业管理公司服务于自身开发的项目。

（4）关键业务标准。

为了达成相关的经营目标，企业一般都会设定相关的业务标准[275,276]。住宅开发企业的关键业务标准主要包含投资回报率、融资成本、运营考核及供应商主要合作条款。

第一，投资回报率。住宅项目投资回报率的测量指标众多，动态指标如内部收益率（IRR）、自有资金年化投资利润率等，静态指标如总投资利润率、销售利润率等[273]。

第二，融资成本。开发企业可以通过企业层面发债，项目层面办理开发贷款、信托融资、保理等方式进行债务融资，都需要支付一定的融资成本，而企业一般都会对单项融资和整体融资的成本进行控制。

第三，运营考核。对项目运营过程进行考核是开发企业通行的做法，主要包含相关许可证取证时间、工程施工及竣工节点、销售指标、财务指标等几类指标。

第四，供应商主要合作条款。每个企业与供应商的合作条件存在一定差异，如工程总包的范围、进度款支付比例等。

3.2　联盟成员商业模式匹配的指标构建

3.2.1　商业模式匹配的影响分析

通过定性分析住宅开发企业的每个商业模式构成要素差异对联盟组建及联盟实施的土地拍卖竞价和项目开发两个阶段合作的影响，从而获知对竞买联盟起关键作用的商业模式构成要素及其匹配关系。

3.2.1.1　客群定位

住宅的客群定位主要由土地的综合质素条件决定。住宅产品的价值不仅受产品本身的品质影响，更重要的是土地的综合质素条件，如土地周边的交通条件、自然景观、人文环境、教育和商业配套等[277]。在土地拍卖竞争激烈的市场环境下，土地的综合质素条件在价格上得到了充分的反映。质素好的土地则价格高，只有打造高品质、满足改善需求的产品以高价销售才能实现利润。反之，质素差的土地则价格相对较低，适合建造满足刚性需求的产品。对于同一宗地块，项目的目标客群定位受到企业属性的影响较小，从而客群定位差异并不是影响企业在具体宗地拍卖的竞买合作。

3.2.1.2 发展模式

住宅开发企业的三种发展模式及其相应的营销策略，详见表 3.1。追求利润率的企业，目标客户可以是刚性需求客户或改善性需求客户，但其产品定价普遍较高，整体的销售速度也较慢。追求周转速度的企业，主要开发满足刚性需求客户的平价快销产品、通过追求每个项目的周转速度从而追求整个企业集团的规模效益，或者定位满足改善性高品质需求客户的产品，但普遍定价有竞争力，仍然能够以较快的速度销售。两种发展模式最大的差异在于产品定价的相对水平和产品销售的速度，一慢一快，两者不可兼容。以下通过案例说明这两种极致发展模式的不可兼容性。

表 3.1 住宅开发企业的发展模式及其营销策略

发展模式	营销策略		
	目标客户	产品相对价格水平	销售节奏
追求利润率	刚性需求客户	较高	较慢
	改善性需求客户	较高	较慢
追求周转速度	刚性需求客户	平价或较低	较快
	改善性需求客户	平价或较低	较快
追求周转与利润平衡	刚性需求客户	保证一定利润的价格	适当放慢速度
	改善性需求客户	保证一定销售速度的价格	适当加快速度

案例背景：2020 年 6 月 30 日 L 市本地开发商 DX 通过招拍挂的方式取得 L 市工业路 1 号地块的土地，成交楼面地价较高，溢价率 30.8%，达到 6280.13 元/平方米，彼时周边可比项目的商品住宅的售价为 11000 元/平方米，若以此价格销售则开发利润很低。土地拍卖成交后，该地块内原来的工业厂房仍未搬迁，政府的拆迁协议约定安置的新厂房建成、土地成交后 6 个月内完成搬迁，该工业厂房

的业主为全国性开发商 YGC 的兄弟公司，安置的新厂房由 YGC 负责建设管理，若由 YGC 推动拆迁则事半功倍，可以实现早日交地。

合作分歧：该土地成交后，YGC 借由工业厂房搬迁优势与 DX 洽谈合作事宜。DX 不追求发展规模，但对每个项目的开发利润都有一定要求。由于土地成交价较高，为了达到开发利润要求，DX 对项目的售价预期为均价 13000 元/平方米，但当时周边可比项目的商品房售价仅为 11000 元/平方米，按照当时市场的走势，要实现预期的价格需要比较长的时间。DX 财力雄厚，资金成本较低，较长的开发周期对其项目开发利润的影响较小。然而，YGC 以追求高周转著称，且资金成本相对较高，对项目的售价预期为均价 12000 元/平方米，希望以较快的时间取得预售证，通过快速销售实现快速回款。

合作商谈结果：因两家公司对项目开发周期和销售价格的预期差异较大，未达成合作。

以上案例，DX 拥有土地，YGC 对土地的拆迁有很大的优势，两者合作可以实现资源互补，但两家公司的发展模式不同，导致两家公司对项目的开发销售思路存在较大差异，可以预见若合作则未来将存在不可协调的矛盾。由此可见，追求高周转与追求较高利润这两种发展模式的企业难以合作开发项目，也就难以形成住宅用地竞买联盟。

3.2.1.3 关键资源

关键资源在一定程度上反映企业的资源优势和核心竞争力[274]，一般在合作中能够通过资源互补产生合作优势，较少产生合作冲突。

（1）开发管理团队。

目前中国住宅开发是一个高度成熟的行业，龙头企业拥有的专业化开发管理团队既可以独立开发项目，也能够比较好的适应多企业合作开发项目。

专业化的开发管理团队具有共同的专业语言，并且行业人才流动性较大，专业人才容易熟识和共事。不同企业的开发管理团队必然存在优势和劣势，多团队合作可以取长补短。

（2）资金实力。

开发企业的资金实力难以在土地竞买与项目开发合作中形成互补关系，每个联盟成员都应具有足够的资金实力。住宅用地拍卖竞买联盟成员之间按照约定的股权比例支付土地竞买保证金、土地款及项目启动资金，项目开发所需的其他资金主要通过项目销售回款解决。土地竞买保证金、土地款及项目启动资金的支付在较短的时间内就要完成，若联盟成员没有足够的资金预算则一般不会参与联盟。此外，开发过程中合作项目的资金都是实行封闭管理，只有保证项目正常开发运营所需之后的富余资金才能按股权比例向各联盟成员进行分配，联盟成员的财务状况对项目影响较小。

（3）产品系。

中国目前大型的住宅开发企业，如万科、龙湖、世茂、旭辉等，普遍都有一套成熟的产品体系。这些成熟的产品系，从目标客群、所在城市价格段位、项目营销案名、建筑风格、标准化户型，甚至对应的土地条件都有明确的标准。不同的产品体系受市场欢迎的程度可能存在差异，不同产品体系各自的优点可以相互借鉴，两家具有各自产品体系的开发企业合作则可以研发出集合两家优点的产品。

（4）供应商资源。

优质供应商是开发企业的关键资源，对项目开发的运营管理起着重要作用，并且供应商资源具有共享性。开发企业的供应商包括设计、施工、材料供应等商家，这些商家的股权普遍独立于开发企业，能够同时服务于多个开发企业和多个开发项目。另外，开发企业可以共享其优质供应商资源，绿城甚至利用自身庞大的优质供应商资源开设"绿诚购"平台，公开供应商的合作评价，其他开发企业可以加入其集中采购。在项目开发合作中，合作各方可以引进各自的优质供应商参与工程投标。新进入某个城市的开发企业，一般都需要从头建立自己的本地供应商资源，若与本地开发企业合作，则能够快速解决这个问题。

（5）客户资源。

重视客户资源的潜在价值能够帮助开发企业在激烈的市场竞争中取得优势[278]。雅各布（Jacob）等[279]认为通过客户资源的管理，能够进一步扩展客户市场和渠道，提高企业绩效。已经成交的老客户资源，对开发企业及其提供的产品和服务最有发言权，是企业美誉度的最佳传播渠道，客户黏性有助于对企业提供产品的二次购买。合作开发项目进行营销推广，能够共享合作各方的客户资源。新进城市的开发企业与在当地深耕的开发企业合作，可以实现"搭便车"，分享深耕企业的客户资源红利。因此，与具有良好客户资源的企业进行项目开发合作，能够取得较好的合作效益。

（6）开发品牌。

企业的品牌实力和价值在于客户的信息反馈[280,281]，对品牌的资源投入和客户的认可构成了品牌的经济价值。不同开发企业的品牌实力和价值存在差异，合作各方自身的开发品牌对合作项目的影响，更多的是客户对这些企业在过往开发经验方面的认可。强势的品牌一起合作，就是所谓的强强联合，也是企业在选择合作伙伴时的一个原则[41]。弱势品牌与强势品牌合作的情况下，为了保证合作品牌的强势性，可以采取隐匿弱势品牌的做法，从而弱化对合作的影响。通过灵活的处理，开发品牌的影响力差异对项目合作开发的影响并不明显。灵活处理强弱开发品牌合作的案例①如下：

  2017 年万科在温州市获得 2017 - 42 号土地后与碧桂园、阳光城、德信、时代等四家企业共同出资进行合作开发。这五家企业的品牌影响力差异较大，中国房地产 Top10 研究组主办的 "2017 中国

---

① 资料来源：中指研究院发布的《2017 中国房地产品牌价值排行榜》，https：//www.sohu.com/a/192150812_415900。

房地产品牌价值研究"成果发布,万科、碧桂园入选"2017年中国房地产行业领导公司品牌",阳光城进入"2017年中国房地产公司品牌价值Top10(混合所有)",德信与时代则未上榜,并且万科、碧桂园、阳光城的母公司在当时都是世界500强企业。合作开发的项目公司为温州万贤置业有限公司,通过企查查进行查询获悉合作的五家企业在项目公司的股份占比分别为万科26%、碧桂园20%、阳光城20%、德信19%和时代15%。合作项目在政府的备案名为"沁璞园",推广案名为"理想之城",在推广上只采用万科、碧桂园和阳光城三家强势品牌,最终品牌推广案名为"万科碧桂园阳光城•理想之城"。

(7)物业品牌。

合作项目中可以同时采用多个开发品牌,但一个项目只能采用一家物业管理公司、一个物业管理品牌。尽管合作各方可能都拥有自己的物业管理品牌,但基于项目利益最大化原则,应采用最有品牌优势的物业品牌。若合作各方拥有的物业管理品牌都具有市场领先优势,则需要协商确定优先采用的物业管理品牌。

3.2.1.4 关键业务标准

关键业务标准反映企业对项目的投资和运营管理要求,各方的关键业务标准是否兼容在很大程度上决定了能否匹配合作。

(1)投资回报率。

投资是企业发展的必然行为,对投资项目设定投资回报率是企业投资决策的基本要求。每个企业都会根据对资本的投资回报要求、市场竞争和战略发展需要[282],制定每个项目的投资回报率要求。多个企业合作开发项目,投资回报率必然要满足联盟各成员的要求。仅就单个投资回报率测量指标而言,达到较高要求者的标准也就必然能满足较低要求者,反之则未必能满足。

面对拍卖结果和土地成交价的不确定性，投资回报率要求相近的竞买联盟成员接受同一个结果的可能性更高。经过拍卖的充分竞价之后，一般土地成交价较高，项目只能取得较低的利润率，对投资回报率要求差异较大的企业显然无法进入项目开发合作环节。

（2）融资成本。

住宅合作项目有多个股东，且行业的资金高周转特性决定了合作项目融资的复杂性。行业通常做法是非合作项目的融资回款后即将资金归集到母公司，合作项目的融资回款在保证项目正常开发运营所需后，富余资金将向各股东按照股权比例分配，因此合作项目融资需要各股东按照股权比例提供相应担保。金融机构根据合作项目的土地条件，以及合作项目公司各股东的股权占比、股东的资信审批融资方案。合作项目公司的股东及股权结构如图 3.3 所示，金融机构将根据各集团公司的资信情况，以及在合作项目公司的实际股权占比审批合作项目的融资方案。

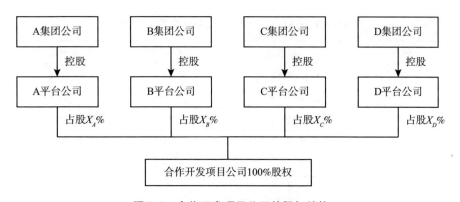

图 3.3　合作开发项目公司的股权结构

然而，资信差异将导致企业获得金融机构融资的优先顺序、担保条件和成本存在较大差别。金融机构根据开发企业集团公司的资信给定一个相应的总授信额度，且可能从风控角度给以融资优先顺序排名，例如，金融机构普遍实行的白名单制度将使进入白名单的公司优先办理融资。特别是金融机构的融资额度紧张时，若股东没有都在白名单上，则合作项目的融资将困难重重。与此同时，金融机构明确不同集团公司的融资担保条件，资信优良的集团公司直接担保即可，否则追加集团公司的实际控制人进行担保。从表3.2可知，中国的开发企业融资成本相差较大，在融资成本最低的30家企业中，排名前三十位的中梁控股融资成本比排名第一位的中海地产高一倍以上。当不同资信集团公司的合作开发项目对外向金融机构进行融资时，资信较劣者很可能影响合作项目不能按照资信优者本来可以取得的较优融资方案，或者金融机构要求资信优者承担全额担保责任，从而损害资信优者的利益，产生不可调和的合作矛盾。企业间融资成本差异是企业在日常经营中已有的知识，且融资成本将直接影响项目的开发利润，企业自然不会寻求与其融资成本差异较大者进行项目合作开发。因此，只有融资成本差异在可接受的较小范围内，也就是融资成本相近的企业才能顺利开展项目开发合作。

表3.2　　　　　　　2019年中国房地产开发企业融资成本前三十位

排名	企业名称	融资成本（%）	企业背景
1	中海地产	4.21	国企
2	华润置地	4.45	国企
3	龙湖集团	4.54	民企
4	招商蛇口	4.92	国企
5	越秀地产	4.93	国企
6	中国金茂	4.94	国企
7	保利发展	4.95	国企
8	金地集团	4.99	国企
9	绿城中国	5.30	国企
10	远洋集团	5.50	国企
11	滨江集团	5.60	民企

续表

排名	企业名称	融资成本（%）	企业背景
12	世茂集团	5.60	民企
13	美的置业	5.87	民企
14	旭辉集团	6.00	民企
15	龙光地产	6.10	民企
16	碧桂园	6.34	民企
17	合景泰富	6.40	民企
18	富力地产	6.60	民企
19	中骏集团	6.70	民企
20	新城控股	6.73	民企
21	融信集团	6.90	民企
22	雅居乐集团	7.10	民企
23	禹州地产	7.12	民企
24	正荣集团	7.50	民企
25	奥园集团	7.50	民企
26	华夏幸福	7.86	民企
27	融创中国	8.10	民企
28	佳兆业	8.80	民企
29	新力控股集团	9.20	民企
30	中梁控股	9.40	民企

资料来源：刘勇. 2019 年房企融资成本 Top30：融资成本分化加剧 ［EB/OL］. http：//hn. house. hexun. com/2020-05-01/201217790. html。

（3）运营考核。

每个企业对项目运营考核的要求存在差异，追求周转速度的企业要求开盘销售的时间比较早，每个考核周期的销售额比较高；追求利润率的企业则需要在保证利润的情况下对销售价格和销售周期进行安排。当联盟成员按照自身的标准对合作项目的运营考核进行严格管控时，则很可能与其他联盟成员出现冲突。例如，当某一方要求项目的现金流回正时间较快时，则不得不在销售上以价换量，降低了项目的销售利润率，从而与对项目销售利润率严格管控的其他联盟成员产生冲突。

（4）供应商主要合作条款。

每家企业都有自己的供应商资源及与供应商合作的习惯做法，例如，设定优质供应商为战略供应商可快速定标进场施工，以及进度款的付款比例等。合作各方可以引入各自的优质供应商参与投标，具体的合作条款可通过协商确定。在实际操作中，合作项目一般都是采用招标采购业务模块管理方提供的合作条款，但合同价款应控制在董事会确定的目标成本范围内。

3.2.2　商业模式匹配的指标选取

对第 3.2.1 节商业模式匹配对联盟组建及实施影响的定性分析结果进行归纳总结如表 3.3 所示，发现联盟成员商业模式匹配主要取决于拟合作各方的发展模式、投资回报率、融资成本、运营考核等四个关键要素的相似程度，印证了古拉蒂等[38]、纳楚姆（Nachum）[45]对于联盟成员选择应基于管理理念、业务流程与标准等具有相似性的观点。首先，发展模式相似的企业才能够匹配合作，反之在合作中必然会产生较大的冲突。其次，项目的投资回报率应达到拟合作各方的要求，若合作各方对项目投资回报率要求相差较大则难以达成合作。再次，由于融资规则限制，企业只能选择融资成本相近的合作伙伴，否则难以达成一致的融资方案。最后，运营考核要求相近的企业合作不易产生冲突。因此，联盟成员商业模式匹配的指标应从发展模式、投资回报率、融资成本、运营考核四个方面选取。为了便于数据采集和计算，以销售净利率、现金流回正时间分别作为投资回报率和运营考核的测量指标。最终，选取发展模式、销售净利率、融资利率、现金流回正时间作为联盟成员商业模式匹配的指标。

表 3.3 　　　　　　**联盟成员商业模式匹配的关键要素**

要素模块	构成要素	要素匹配对联盟组建及实施的影响	是否关键匹配要素
客群定位	—	主要根据土地质素而定，不影响合作	×
发展模式	—	相似则匹配合作，反之则不可合作	√
关键资源	开发管理团队	多团队合作可取长补短	×
	资金实力	无资金预算不会竞买土地，更不会有合作意愿	×
	产品系	不同企业的产品系可相互借鉴	×
	供应商资源	不同企业的供应商资源可以择优选用	×
	客户资源	联盟成员的客户资源可为合作项目带来效益	×
	开发品牌	开发品牌推广可灵活处理，不影响合作	×
	物业品牌	只选用一个物业品牌	×
关键业务标准	投资回报率	投资回报率要求相差较大则一般无法合作	√
	融资成本	融资成本差距较大则无法达成一致融资方案	√
	运营考核	运营考核要求差异较大将导致运营管控冲突	√
	供应商主要合作条款	可协商解决合作条款差异	×

注："√"代表是；"×"代表否。

3.3　联盟成员初步筛选方法

3.3.1　初步筛选算法

根据前文分析，发展模式、销售净利率、融资利率、现金流回正时间越相似的企业，越适合作为联盟成员。因此，本书以这四个指标表征企业属性，按照企业之间的相似性，将联盟成员选择主体与潜在竞买联盟对象放在一起进行聚类分析，然后考察联盟成员选择主体的类别归属，并将所在类别的企业数量控制在一定范围之内，从而为联盟成员选择主体初步筛选出候选联盟对象。

本书采用可能性 C-均值聚类（possibilistic C-means cluster，PCM 聚类）算法为基础对研究对象进行分类。该算法放松了模糊 C-均值聚类算法中要求每个样本对各个聚类中心的隶属度之和为 1 的约束，克服了样本集中出现孤立点被分配较大的隶属度导致错误分类的缺陷，具有收敛速度快、计算精度高的优点，适合对未知样本进行聚类分析[284]。PCM 聚类算法的基本原理是事先设定 C 个聚类中心，根据样本与聚类中心的距离，计算每个样本与各个聚类中心的隶属度，然后重新计算每个聚类中心，如此重复迭代计算，直到目标函数达到最小值。

PCM 聚类算法可以描述为：给定样本集 $X = (x_1, x_2, \cdots, x_n)$ 是一组有 n 个样本的 l 维特征向量，研究目标是形成 X 的 C 个分类，也就是样本集 X 划分为 C 个子集 $X_1, X_2, \cdots, X_C$ 使得目标函数 $J_m(U, V)$ 取值最小[285]。

$$J_m(U, V) = \sum_{i=1}^{C} \sum_{j=1}^{n} u_{ij}^m d_{ij}^2 + \sum_{i=1}^{C} \eta_i \sum_{j=1}^{n} (1 - u_{ij})^m \qquad (3.1)$$

其中，C 为聚类中心数目；n 为样本量；m 为加权指数；d_{ij} 表示样本 j 到聚类中心 i 之间的距离；η_i 为聚类 i 的惩罚因子；u_{ij} 表示样本 j 在聚类 i 的隶属度；$U = \{u_{ij}\}$ 表示 $C \times n$ 隶属度矩阵；$V = (v_1, \cdots, v_C)$ 表示 C 个聚类中心，v_i 为与样本同维向量。

为了使目标函数 $J_m(U, V)$ 取值最小，式（3.1）前半部分要求各样本到聚类中心的 d_{ij} 应尽可能小，后半部分要求隶属度 u_{ij} 尽可能大，从而避免无效解干扰，造成错误分类。

d_{ij} 采用平方欧几里得距离，按式（3.2）计算。由于样本各个维度的数据量纲不一致，将样本数据按式（3.3）标准化后再进行聚类计算，克服采用欧式距离 PCM 聚类容易造成一致性聚类的缺陷，减少错误分类。式（3.3）中，μ 是样本均值，φ 为样本标准差。

$$d_{ij} = \sqrt{\sum_{l=1}^{4} (x_{il} - x_{jl})^2} \qquad (3.2)$$

$$x = \frac{Y - \mu}{\varphi} \qquad (3.3)$$

η_i 决定某个聚类范围的大小，按式（3.4）[285] 计算。

$$\eta_i = \frac{\sum_{j=1}^{n} u_{ij}^m d_{ij}^2}{\sum_{j=1}^{n} u_{ij}^m} \qquad (3.4)$$

式（3.1）两边对 u_{ij} 求一阶导数后，令 $J_m(U, V)$ 一阶导数等于零，则可得 u_{ij} 的计算式（3.5）[285]。$u_{ij} = 1$ 表明样本完全隶属于聚类中心，$u_{ij} = 0$ 表明样本完全不隶属于聚类中心。数据标准化之后，样本协方差为单位矩阵。取 $m = 2$，η_i 用样本协方差代替，式（3.5）经过式（3.6）演算，u_{ij} 可按式（3.7）计算。按照贝尔西马斯（Bertsimas）和波佩斯库（Popescu）[286] 提出的最大最小概率优化，每次迭代后根据隶属度最大原则对样本进行类别划分。

$$u_{ij} = \frac{1}{1 + \left(\dfrac{d_{ij}^2}{\eta_i}\right)^{\frac{1}{m-1}}} \qquad (3.5)$$

$$u_{ij} = \frac{1}{1 + \left(\dfrac{d_{ij}^2}{\eta_i}\right)^{\frac{1}{m-1}}} = \frac{1}{1 + \left[\dfrac{(x_j - v_i)^T (x_j - v_i)}{\eta_i}\right]} = \frac{1}{1 + (x_j - v_i)^T \eta_i^{-1} (x_j - v_i)}$$

$$(3.6)$$

$$u_{ij} = \frac{1}{1 + d_{ij}^2} \qquad (3.7)$$

PCM 聚类初始化的聚类中心随机设置，迭代后的新聚类中心 $v_i^{(k)}$ 按式（3.8）计算。

$$v_i = \frac{\sum_{j=1}^{n} u_{ij}^m x_j}{\sum_{j=1}^{n} u_{ij}^m} \qquad (3.8)$$

按照距离最小原则，选择每类中样本点到聚类中心的最小距离 d_i，根据式（3.9）计算每一类的误分下界，即最大误分率，从而判定聚类的有效性。

$$1 - \frac{1}{1 + d_i^2} \qquad\qquad (3.9)$$

基于研究目的，本书的算法是首先设定聚类中心的数目 C，按照 PCM 聚类算法进行聚类，聚类结束后查看主体样本所在的类，若该类的样本数大于控制数，则对该类样本再次进行 PCM 聚类，如此重复计算，直到主体所在类的样本数量在控制范围内。

本书的研究目标是为联盟成员选择主体筛选出不大于 Z 个潜在竞买联盟对象，以发展模式、销售净利率、融资利率、现金流回正时间 4 个变量表征联盟成员选择主体与联盟对象的属性，具体筛选步骤如下：

步骤一，对样本数据按照式（3.3）进行标准化，令聚类数目 $C = 2$，设置迭代次数 k 的最大值 K，迭代终止误差 ε；

步骤二，初始化隶属度矩阵 $U^{(0)} = \{ u_{ij}^{(0)} \}$；

步骤三，按式（3.8）计算新的聚类中心 $v_i^{(k)}$，根据隶属度最大原则对样本进行类别划分；

步骤四，按式（3.2）计算样本点到新的聚类中心的距离，按式（3.7）计算新的隶属度矩阵 $U^{(k)} = \{ u_{ij}^{(k)} \}$；

步骤五，$k = k + 1$；

步骤六，若 $k > K$，或者 $\max_{ij} = \{ | u_{ij}^{(k)} - u_{ij}^{(k-1)} | \} < \varepsilon$，算法结束，输出 $U^{(k)} = \{ u_{ij}^{(k)} \}$ 和聚类结果；

步骤七，根据式（3.9）计算每一类的误分下界，判断聚类的有效性；

步骤八，找出联盟成员选择主体的样本数据所在的类，若主体所在类中样本数量不大于 $Z + 1$，计算结束，否则对该类中的全部样本，按照步骤一至步骤七进行再次聚类。

3.3.2　商业模式匹配评价模型

尽管经过初步筛选后被归为同一类别，联盟成员选择主体与候选联盟对象之间仍然存在一定的商业模式差异。不同候选联盟对象与联盟成员选择主体形成的候选组合，具有的商业模式匹配程度也存在差异。候选组合的商业模式匹配程度越好，联盟成员选择的优先级越高。

以候选组合 i 中联盟对象与联盟成员选择主体的商业模式整体偏离程度 σ_i 来评价候选组合 i 的商业模式匹配程度，按式（3.10）进行计算。

$$\sigma_i = \sqrt{\frac{1}{n-1}\sum_{j=1}^{n-1}(E_j^* - E_0^*)^T(E_j^* - E_0^*)} \tag{3.10}$$

其中，$E_j^* = (Dm_j, R_j, W_j, T_j)$ 表示联盟对象 j 的商业模式特征向量，Dm_j、R_j、W_j、T_j 分别表示联盟对象 j 的发展模式、销售净利率、融资利率和现金流回正时间；$E_0^* = (Dm_0, R_0, W_0, T_0)$ 表示联盟成员选择主体的商业模式特征向量，Dm_0、R_0、W_0、T_0 分别表示联盟成员选择主体的发展模式、销售净利率、融资利率和现金流回正时间；n 为候选组合 i 的成员数量。

偏离程度 σ_i 的数值越小，则候选组合 i 的商业模式匹配度越高。具体计算时，由于量纲不同，需要将商业模式相关数据按式（3.3）进行数据标准化再代入公式进行计算。商业模式匹配指标的取值说明如下：第一，发展模式，在追求周转速度与销售利润率之间取舍，取值范围（0，1），取值小于0.5 表示倾向于追求周转速度，取值越低则对周转速度的要求越高、对利润率的要求相应放低，取值大于0.5 表示倾向于追求利润率，取值越高则对利润率的要求越高、对周转速度的要求放低；第二，销售净利率，指企业在当期参与住宅用地拍卖的竞价决策标准；第三，融资利率，以企业上一会计报表周期内的融资成本占融入资金的比例作为取值；第四，现金流回正时间，将项目融资作为现金流入考虑，指从缴纳土地竞买保证金到项目现金流持续取得正值的时间。

3.4　实例分析

3.4.1　实例背景及样本数据

二线城市福州的主城区，2020 年 7 月 ~ 2021 年 6 月参与住宅用地拍卖的企业数量为 27 家，对应样本编号为 E_0，E_1，$\cdots$，E_{26}。这些企业大部分是全国性开发商，都是上市公司，年度销售额大多排名全国前 100 名以内，并且以前 30 名企业居多，资金实力普遍较强，且在当地都有开发过项目。该城市的住宅用地拍卖竞争非常激烈，土地成交价普遍较高，企业拿地的投资利润率普遍预期较低。另外，当地新增一手商品住宅供应量大于需求量，市场竞争激烈，整体销售去化速度较慢，尽管所处城市的项目融资较为便捷，但项目的现金流回正时间普遍较长。

销售额排在全国前 20 名的房地产开发企业 Q（对应样本编号为 E_0），在福州主城区的市场占有率连续多年位居前列，在住宅用地拍卖中一般都具有较强的竞争力，具有住宅用地拍卖竞买联盟的经验，作为竞买联盟成员选择主体，拟对潜在联盟对象 E_1，$\cdots$，E_{26} 进行初步筛选。经过该企业的决策支持团队深入的调查和评估，潜在竞买联盟对象的样本数据如表 3.4 所示。其中，发展模式是对被评估企业在建项目的开发周期、投资回报率等信息收集的基础上进行的主观评估；销售净利率是对被评估企业在 2020 年 7 月 ~ 2021 年 6 月参与土地拍卖时的最后报价、产品规划与定价等信息收集的基础上，以联盟成员选择主体的投资模型进行测算获得，具有相同的计算口径；融资利率通过查询各企业财务报表获得；现金流回正时间一般不作为商业机密，通过与各企业的相关工作人员进行咨询获得，并以各企业参与土地拍卖的相关信息进行测算验证。

表 3.4　企业 Q 对潜在竞买联盟对象的关键商业模式要素调查和评估结果

样本编号	发展模式	销售净利率	融资利率	现金流回正时间（月）
E_0	0.45	0.06	0.0780	20
E_1	0.70	0.08	0.0421	30
E_2	0.40	0.05	0.0710	15
E_3	0.35	0.04	0.0880	15
E_4	0.50	0.08	0.0650	18
E_5	0.50	0.06	0.0690	20
E_6	0.15	0.02	0.0940	15
E_7	0.50	0.05	0.0625	20
E_8	0.45	0.06	0.0810	20
E_9	0.20	0.03	0.0920	15
E_{10}	0.60	0.08	0.0670	24
E_{11}	0.30	0.03	0.0445	18
E_{12}	0.25	0.03	0.0950	20
E_{13}	0.80	0.10	0.0492	36
E_{14}	0.55	0.08	0.0750	24
E_{15}	0.45	0.04	0.0610	20
E_{16}	0.50	0.05	0.0454	24
E_{17}	0.60	0.08	0.0560	27
E_{18}	0.40	0.05	0.0600	20
E_{19}	0.40	0.05	0.0580	18
E_{20}	0.30	0.03	0.0499	18
E_{21}	0.35	0.04	0.0493	20
E_{22}	0.45	0.05	0.0870	20
E_{23}	0.30	0.06	0.0980	18
E_{24}	0.45	0.05	0.0770	20

续表

样本编号	发展模式	销售净利率	融资利率	现金流回正时间（月）
E_{25}	0.50	0.06	0.0587	24
E_{26}	0.50	0.06	0.0590	24

3.4.2　分析结果

3.4.2.1　聚类分析

按照第 3.3.1 节的筛选步骤采用 Matlab 软件计算，设定最大迭代次数 $K=50$，设定初步筛选的联盟对象数量 Z 控制在 10 个以内，每次的聚类数目 $C=2$，经过 4 次 PCM 聚类逐步计算，得到满足要求的结果，如表 3.5 所示。最后一次聚类后，样本 E_0 所在类的样本数共 8 个，也即初步筛选联盟对象的数量为 7 个，分别是 E_2、E_3、E_5、E_8、E_{22}、E_{23}、E_{24}。

表 3.5　样本筛选结果

聚类次数	类别编号	误分下界	样本
第 1 次	1	0.0286	E_1、E_{13}、E_{17}
	2	0.0068	E_0、$E_2 \sim E_{12}$、$E_{14} \sim E_{16}$、$E_{18} \sim E_{26}$
第 2 次	1	0.0104	E_6、E_9、E_{12}
	2	0.0392	E_0、$E_2 \sim E_5$、E_7、E_8、E_{10}、E_{11}、$E_{14} \sim E_{16}$、$E_{18} \sim E_{26}$
第 3 次	1	0.0325	E_7、E_{11}、E_{15}、E_{16}、$E_{18} \sim E_{21}$、E_{25}、E_{26}
	2	0.0095	E_0、$E_2 \sim E_5$、E_8、E_{10}、E_{14}、$E_{22} \sim E_{24}$
第 4 次	1	0.0041	E_4、E_{10}、E_{14}
	2	0.0459	E_0、E_2、E_3、E_5、E_8、$E_{23} \sim E_{25}$

从表 3.5 可见，根据式（3.9）计算的每一次 PCM 聚类误分下界都小于

0.05，说明聚类效果较好。将样本数据绘制成三维散点图，可以更清晰地看
到样本分类的结果。从图 3.4 中不同维度组合的散点图可见，样本的分类都
很清晰，说明采用逐步 PCM 聚类筛选样本的效果较为理想。

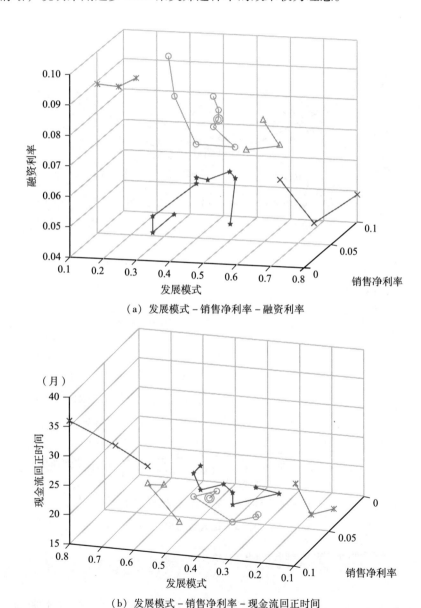

（a）发展模式–销售净利率–融资利率

（b）发展模式–销售净利率–现金流回正时间

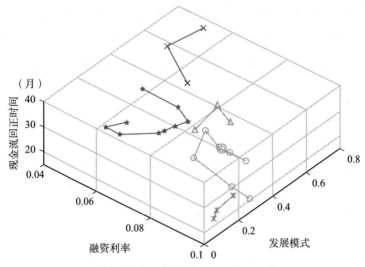

（c）发展模式－融资利率－现金流回正时间

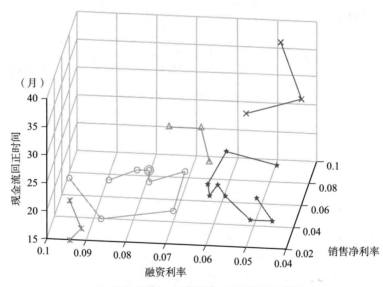

（d）销售净利率－融资利率－现金流回正时间

图 3.4　样本散点图

注：◎表示样本 E_0，由线段连接的点表示归属于同一类别。

从图 3.4（a）可见，5 个类别的样本区分较为明显，说明几个类别的样本在发展模式、销售净利率、融资利率三个维度上的差异较为明显。从图 3.4（b）可见，大部分样本的销售净利率取值比较低，但两个类别的样本对应的销售净利率和现金流回正时间的数值都比较大，说明这 2 个类别的企业能够为了保证适当的利润，能够接受更长的现金流回正时间。从图 3.4（c）可见，大部分样本的发展模式取值小于 0.4，说明在低利润率环境下企业大多转向追求周转速度。从图 3.4（d）可见，样本的融资利率差异较大，但销售净利率普遍较低，说明融资成本是所在地企业的重要竞争力。

3.4.2.2　候选组合的商业模式匹配度评价

联盟成员选择主体接受的联盟成员数量 n 不大于 3，因此只分析联盟成员数量 $n=2$ 和 $n=3$ 的情况。按式（3.10）计算每个候选组合的联盟对象与联盟成员选择主体商业模式偏离程度 σ_i。

当联盟成员数量 $n=2$ 时，存在 7 个候选组合，即 7 个联盟对象分别与联盟成员选择主体形成候选组合。每个候选组合的联盟对象与联盟成员选择主体商业模式偏离程度、优先级排名如表 3.6 所示。按优先级顺序的候选组合分别是 (E_0, E_8)、(E_0, E_5)、(E_0, E_{24})、(E_0, E_{25})、(E_0, E_2)、(E_0, E_{23})、(E_0, E_3)。

表 3.6　　　　　　　候选组合的优先级（$n=2$）

优先级排名	候选组合	σ_i
1	(E_0, E_8)	0.2668
2	(E_0, E_5)	1.1010
3	(E_0, E_{24})	1.4170
4	(E_0, E_{25})	2.3629
5	(E_0, E_2)	2.4870
6	(E_0, E_{23})	2.9705
7	(E_0, E_3)	3.7819

当联盟成员数量 $n=3$ 时，存在 21 个候选组合，每个组合都是由 2 个联盟对象与联盟成员选择主体组成。每个组合的联盟对象与联盟成员选择主体商业模式偏离程度、优先级排名如表 3.7 所示。其中，(E_0, E_5, E_8)、(E_0, E_8, E_{24})、(E_0, E_5, E_{24}) 是 3 个优先级最高的组合。从优先级排名的结果可见，每个联盟对象与联盟成员选择主体的商业模式偏离程度越低，所形成的组合整体商业模式偏离程度也越低，联盟成员选择的优先级排名也越高。

表 3.7 候选组合的优先级（$n=3$）

优先级排名	候选组合	σ_i
1	(E_0, E_5, E_8)	0.8011
2	(E_0, E_8, E_{24})	1.0196
3	(E_0, E_5, E_{24})	1.2689
4	(E_0, E_8, E_{25})	1.6814
5	(E_0, E_2, E_8)	1.7686
6	(E_0, E_5, E_{25})	1.8433
7	(E_0, E_2, E_5)	1.9232
8	(E_0, E_{24}, E_{25})	1.9482
9	(E_0, E_2, E_{24})	2.024
10	(E_0, E_8, E_{23})	2.1089
11	(E_0, E_5, E_{23})	2.2401
12	(E_0, E_{23}, E_{24})	2.3272
13	(E_0, E_2, E_{25})	2.4257
14	(E_0, E_3, E_8)	2.6809
15	(E_0, E_{23}, E_{25})	2.6839
16	(E_0, E_2, E_{23})	2.7394
17	(E_0, E_3, E_5)	2.7852
18	(E_0, E_3, E_{24})	2.8558
19	(E_0, E_3, E_{25})	3.1532

续表

优先级排名	候选组合	σ_i
20	$(E_0,\ E_2,\ E_3)$	3.2006
21	$(E_0,\ E_3,\ E_{23})$	3.4005

3.5 对研究结果的进一步讨论

3.5.1 联盟成员的初步筛选

企业联盟是由多个企业组成的利益共同体，打破了传统的企业边界，在联盟运行中单个企业需要同时协调企业内部和企业之间的关系[69]。恰当的联盟成员关系到联盟的绩效和成败[248,249]，成员选择是联盟的首要任务。实践中，企业高层管理者往往依赖自身与团队的共同经验和智慧进行决策，或者根据个人的情感偏好与逻辑制定行动计划。经验式决策和情感式决策都存在相应的局限性，容易因为信息不对称导致不良的决策后果[287,288]。在选择联盟成员时，管理者习惯性根据自身认知经验、私人关系等个体素质和情感进行决策。这种决策方式下，竞买联盟成员的选择面较小，并且组成的竞买联盟可能面临共同竞买失败，或者在竞得土地后的项目开发合作中出现组织效率低、协调难度大等问题和挑战。

国内外学者采用数学规划、启发式算法、精确算法、模糊决策、多属性决策等多种决策分析方法对联盟成员选择进行研究[6]。本书采用 PCM 逐步聚类对潜在联盟对象进行初步筛选，缩小联盟对象选择的范围，符合行业特征和任务要求，且在实践中具有操作性。

企业在选择联盟成员时，往往是基于合作的目标任务进行决策[46]。联盟成员选择采用的评价指标，取决于所承担任务的需要，但企业本身的属性匹配是联盟成员选择的最重要标准。为了满足发展需求，保证住宅用地拍卖竞买联盟的运行效率，开发企业更需要有目标和标准的主动决策。将所有潜在参与住宅用地拍卖的企业纳入竞买联盟成员的考察对象，并按照关键商业模式构成要素相似性的标准对潜在对象进行初步筛选，能够帮助企业拓宽竞买联盟对象的选择范围，并从中选出具备基本合作前提的联盟对象。

3.5.2　商业模式的关键维度

根据前面分析，发展模式、融资成本、运营考核差异较大将导致合作项目开发管理产生显著的冲突，投资回报率要求差异较大则直接导致无法进行项目开发合作，这四个维度决定联盟成员商业模式的匹配程度。与此相反，客群定位和关键资源相关要素的差异则不具有这类负面影响。联盟成员对发展模式及关键业务标准——投资回报率、融资成本和运营考核的相似性要求，验证了古拉蒂等（2012）[38]对合作伙伴选择的观点。

3.5.2.1　发展模式

企业的发展模式在项目开发运营中的体现，主要在于销售周期和销售价格的制定。为了确保在合作中能够步调一致，关键在于拟合作企业对拟合作项目的销售周期、销售价格等开发目标达成一致意见。这就要求拟合作各方要有足够的信任基础，事前进行充分交流，因而具有合作经验和信任基础的企业更易结成竞买联盟。此外，实践中并不存在单纯追求利润率或者仅追求周转速度的企业，而是在两者中进行取舍。对于追求利润率与周转速度平衡的企业，可以为了保证利润率而适当降低对周转速度的要求，同样也能够为了提高周转速度而适当降低利润率。若企业的发展模式相似，对周转速度和利润率追求的步调一致，有共同的利益诉求，在管理流程、企业文化等方面具有一定的兼容性，能够最大限度降低沟通协调的成本[45]，他们的合作可以避免很多冲突，使企业获得最大化利益。

3.5.2.2　投资回报率

投资回报率要求在很大程度上决定了拍卖中企业的出价能力。投资回报率要求越高，出价能力越低，在拍卖中获胜的可能性就越小。企业应根据市场的动态变化，适时调整对投资回报率的预期，才能在拍卖中保持竞争力。拍卖竞价结束，在土地成本已知的情况下，每家企业按照自己的口径计算出投资回报率相关指标，则很容易判断是否达到各自的要求，从而决定是否进入项目开发合作。尽管竞买联盟在拍卖中获胜，但若土地成交价对应的投资回报率没有达到联盟成员的要求，则其仍可能退出后续合作。进入合作开发阶段，市场环境变化引起的销售价格调整和开发成本变动将导致合作项目的投资回报率波动。尽管这种波动对每个股东的影响相对公平，但当波动超过某些联盟成员的承受范围时，项目开发运营计划的调整将难以得到他们的认同。考虑到这个方面的协调性，企业应选择与投资回报率要求相近的同行组成竞买联盟。

3.5.2.3　融资成本

债务融资是企业实现规模发展的助推器，是提高房地产项目自有资金收益率的重要杠杆工具，被证明能够有效提升企业的盈利能力[289]。中国的大中型开发企业普遍采用高债务融资杠杆，几乎每个开发项目都会进行对外债务融资。合作开发项目主要以合作项目公司为主体进行债务融资，主要的融资渠道为银行及信托机构。然而，民营开发企业获得融资的成本往往较高[290,291]，如表 3.3 所示。在严厉的宏观调控下，民营开发企业与国有背景开发企业相比受到的对外融资压力更大，不得不进行成本更高的融资[292,293]，如信托融资。国有背景企业的融资成本普遍低于民营企业，两种背景的企业合作在融资方面存在较大障碍。尽管如此，市场上仍然存在融资成本相差较大的企业开展合作，并且能够进行项目融资。这很可能是资信较优者提供了超额担保，资信较劣者为此提供了反担保，并支付适当的商业利益。由此可见，只要达成相应的合作条件，融资成本相差较大的企业也可以组成竞买联盟。

3.5.2.4　运营考核

项目的运营考核服务于企业的战略目标，企业根据自身的战略需求和发展模式制定每个项目的运营考核指标和要求。这些运营考核指标的实现往往与项目管理团队的绩效和报酬强相关，是项目运营管理的指南针，能够在操作层面得到较好的贯彻和执行。企业战略需求和发展模式存在的差异导致对项目的运营考核可能出现较大的不同。当这种不同出现在合作项目时，操作层面的冲突将出现，增加组织的协调成本。具有相似发展模式的企业，运营考核要求一般较为接近，在共同制定项目运营考核指标时更容易达成一致，成为竞买联盟成员选择的重要标准。

3.6　本 章 小 结

本章基于商业模式匹配维度探讨联盟成员的初步筛选。首先，本书界定了住宅开发企业商业模式的概念，采用专家小组讨论法分析识别住宅开发企业的商业模式构成要素，主要包含客群定位、发展模式、关键资源、关键业务标准等四个模块。其中，关键资源要素包含开发管理团队、资金实力、产品系、供应商资源、客户资源、开发品牌、物业品牌，关键业务标准包含投资回报率、融资成本、运营考核、供应商主要合作条款。其次，通过定性分析每个商业模式构成要素差异对联盟组建及联盟成员在土地竞价和项目开发两个阶段合作的影响，发现合作匹配的关键影响要素是拟合作企业的发展模式、投资回报率、融资成本和运营考核要有相似性，相似性越高则合作匹配度越高。为了便于计算，选取发展模式、销售净利率、融资利率、现金流回正时间作为联盟成员商业模式匹配的指标。再次，以这四个指标表征企业属性，按照企业之间的相似性，将联盟成员选择主体与潜在联盟对象放在一起，采用可能性 C-均值聚类算法进行逐步多次两分类，为联盟成员选择主体筛选出一定数量范围内的联盟对象以形成候选组合，并构建组合的商业模式匹配量化评价模型。最后，以实际案例验证了初步筛选算法的有效性，分析联盟成员选择主体与潜在联盟对象之间的商业模式关键要素匹配程度。

联盟成员二次选择：基于竞价
阶段联盟稳定性维度

在第 3 章以商业模式匹配为标准对联盟成员进行初步筛选的基础上，本章探讨基于竞价阶段联盟稳定性维度对联盟成员进行二次选择。首先，对竞价阶段联盟稳定性进行概念界定，并对其影响因素进行分析。其次，通过对联盟成员的竞价进行模拟分析，找出竞价阶段联盟稳定性的关键条件，并提出相应的评价指标。再次，推导以商业模式关键业务标准为参数的出价能力计算模型，从而计算竞价阶段联盟稳定性的评价指标，并结合商业模式匹配的要求，构建联盟成员二次选择的综合匹配评价模型。最后，以实际案例分析探讨商业模式对出价能力的影响，以及商业模式匹配与竞价阶段联盟稳定性之间的关系。

4.1　竞价阶段联盟稳定性及其影响因素

4.1.1　联盟稳定性

联盟是企业的一种不稳定合作状态，很多联盟在成立之后不久即解体，只有 40% 的联盟能够维持 4 年以上[294]。尽管如此，组织间的合作关系与竞争关系广泛共存于各行各业，甚至取代竞争关系。联盟是当今生产经营的一种重要组织模式，联盟稳定性研究成为一项重要的工作[295]。联盟稳定性涉及联盟成员对合作过程和结果的满意度，以及继续合作愿望等方面[265]。稳定的联盟意味着联盟成员对合作目标及合作的过程满意，对继续合作以取得预期的目标充满信心。联盟稳定性是联盟成员之间相互协调与合作的结果[267]，联盟成员特征与选择直接关系到联盟稳定性[268]。联盟成员的识别与选择应根据潜在联盟对象的特征对其事后可能的行为进行预判[265]。

开发企业组成住宅用地拍卖竞买联盟，是为了与联盟成员合作取得住宅用地使用权，并与联盟成员进行合作开发。竞买联盟的目标可以分为两个阶段，第一个阶段是在土地拍卖中获胜，第二个阶段是在项目开发阶段取得满意的联盟绩效。若不能在第一个阶段获胜，联盟即告失败，无须进入第二阶段的合作。在土地拍卖竞争激烈、高地价的整体市场环境下，联盟若在第一阶段获胜，土地成本在很大程度上决定了项目开发的利润，决定了联盟第二个阶段的目标实现。因此，竞买联盟成员既希望出高价在土地拍卖中获胜，又必须将最高出价控制在一定范围内才能取得预期的开发利润。

在拍卖竞价阶段，联盟外部的竞争报价可能超过联盟成员的可接受价格，导致这些成员退出竞价，竞买联盟出现不稳定。本书将竞价阶段联盟稳定性定义为：在土地拍卖的竞价阶段，竞买联盟成员无提前退出竞价，保持共同竞价的状态。在联盟处于稳定状态下，若联盟竞买获胜则联盟成员都接受土地成交价，若联盟竞买失败则联盟成员的最高出价都低于土地成交价，即联盟成员在土地拍卖中共同进退。当联盟不稳定状态发生时，共同竞买土地、共同开发的联盟愿景就被破坏。因此，以竞价阶段联盟稳定性作为评价标准，对候选组合进行二次选择显得尤为重要。

4.1.2 影响因素分析

联盟稳定性是相关复杂因素作用下联盟系统的一种状态特征，是竞争与合作两种相对张力共同作用的结果[296]。联盟稳定性状态发生变化是由联盟内部专业化分工与协作模式下的动态决策引发，稳定性边界由资产专用性、交易价格、市场交易效率和联盟内部交易效率所决定[297]。伙伴特征、联盟管理、信任机制、道德风险、机会主义、联盟绩效等都是联盟稳定性的影响因素[295]。联盟成员之间合作机制的刚性与灵活性、短期目标与长期利益之间的不平衡是联盟不稳定性产生的根源[268]。

根据第 2.3.2 节竞价阶段联盟稳定性的理论分析框架，竞价阶段联盟稳定性的主要影响因素包含土地拍卖竞争机制、联盟成员各自的竞价决策方式及联盟成员之间的竞买合作方式，如图 4.1 所示。

4.1.2.1 土地拍卖竞争机制

（1）土地拍卖竞争过程。

土地拍卖是以拍卖的竞价方式完成土地出让的交易方式，是一种竞争机制。中国城镇国有土地出让，是由卖方制定规则的竞争交易模式。拍卖作为国有土地出让最主要的交易方式，是开发企业对开发用地展开争夺的过程。拍卖是国有土地出让市场竞争过程论的现实体现，主要包含如图 4.2 所示的四个环节——出让公告、竞买报名、竞价、合同签订，涉及土地出让方（地方政府土地管理部门）、土地交易中心、拍卖人（平台）、竞买人。

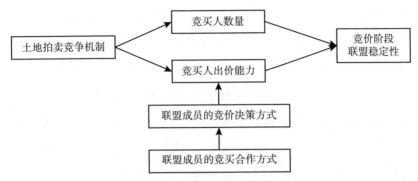

图 4.1　竞价阶段联盟稳定性的影响因素

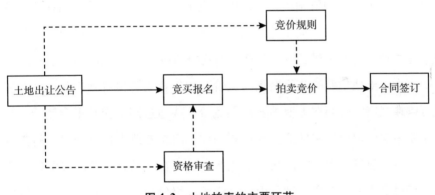

图 4.2　土地拍卖的主要环节

首先，通过竞买资格审查确立竞争主体。竞买人的资格审查是土地出让方围绕土地竞买人的专业能力、资金实力等内容，对竞买人进行资格筛选，目的在于确保竞买人达到目标地块的开发门槛。一般住宅项目的开发难度并不大，资格审查的核心内容是在土地出让文件规定的截止时间前，竞买人的竞买保证金足额缴纳到账。换言之，只要有足够的资金支付竞买保证金，就能够获得住宅用地拍卖的入场券。中国房地产开发市场繁荣，行业资金庞大，具备支付单宗土地竞买保证金的大有人在，单宗土地的竞买人往往数量众多，土地拍卖市场必然竞争激烈。

其次，土地出让文件确定竞争规则。出让文件规定竞价规则，包含土地起拍价、加价幅度、胜出规则等。中国各地的土地拍卖因城施策，出现多种拍卖规则。最早采用的住宅用地拍卖规则是"竞地价、价高者得"，由此衍生出"限房价、竞地价"，并在此基础上发展为达到土地限制最高价后竞配建保障住房面积或摇号，以及"地块出让溢价率超过100%的，项目（包含采用装配式建造的商品房项目）主体结构完工后方可申请办理商品房预售许可；溢价率达到200%以上（含）的，项目竣工验收通过后方可申请办理商品房现售备案"等。与此同时，很多地方政府给土地出让设定底价，竞买人最终报价必须高于设定的底价才能成交。另外，在个别地块出让中出现"限地价、竞房价"的独特拍卖方式，固定土地出让价款，设定商品住房平均销售起拍价格，由竞买人向下竞报住房平均销售价格，最低报价者竞得土地。纵观这些拍卖规则，尽管方式多样，但竞争的核心仍然是土地价高者得。

再次，土地拍卖的竞争聚焦在竞价过程。竞买资格得到确认后，竞买人就可以在规定的时间在土地拍卖现场竞价，或通过网上交易平台竞价。竞买人需要根据土地出让文件给定的规划条件，组织专业人员对项目进行策划和设计，并对项目的销售收入和开发成本进行测算，结合企业的投资回报率要求进行报价决策。在竞价过程中，当竞买人报价后，若无其他竞买人继续报价，则其获胜；若竞买人报出最高报价后，仍有其他竞买人继续报价，则其竞买失败。

最后，土地拍卖结束也即竞争结束。随着报价走高，不断有竞买人退出竞拍不再出价，最终报价者胜出。最终胜出的竞买人与土地出让方签订土地成交确认书，竞买人之间的竞争结束。

土地出让采用增价拍卖的规则，将市场维持在激烈的竞争状态，推高整个市场的土地成本[298,299]，压缩开发企业的利润空间。尽管利润最大化是经营目标，但为了生存和发展，开发企业只能在土地拍卖中出高价以求胜出。近年来开发企业疯狂追求发展规模[300]，更是加剧了土地市场竞争的激烈程度。

（2）土地拍卖竞争程度。

经济学用竞争强度来表示竞争的激烈程度。海默（Hymer）和帕希吉安（Pashigian）[301]，戈特（Gort）[302]、特尔瑟（Telser）[303]、斯特莱格（Straiger）和沃拉克（Wolak）[304]、巴拉（Barla）[305]、范·克拉嫩堡（Van Kranenburg）[306]等认为竞争程度是一种市场不稳定性，竞争破坏市场的稳定性，使得竞争失败者被竞争获胜者夺取更多市场份额。土地拍卖是有明确规则的市场竞争，只有缴纳竞买保证金且符合条件的企业才能参与竞价，竞争者的数量是有限的，不同宗地的竞争强度存在不确定性。在竞买报名结束后，竞买人的身份和数量最终确定，竞争格局也稳定下来。在土地拍卖的竞价中，竞争程度的直观表现是竞买人的数量和出价能力。

竞买人数量是土地拍卖市场竞争程度的关键影响要素。竞争者数量多寡是竞争程度衡量指标的理论，源于亚当·斯密认为竞争者数量的增加将加剧竞争的激烈程度，其在《国民财富的性质和原因的研究》一书中写到：有限的资本，如果分归两个杂货商人经营，这两人间的竞争，会使双方都把售价减低得比一个人独营的场合便宜。如果分归二十个杂货商经营，他们间的竞争会更剧烈，而他们结合起来抬高价格的可能性会变得更小。[307]土地拍卖的竞买人数量越多，竞争越激烈，土地拍卖的竞争强度越高。

出价能力是竞买人竞争力的直接体现，是土地拍卖市场竞争程度的另一关键影响要素。采用增价拍卖方式的土地拍卖，其规则核心是价高者得，谁的出价能力高则谁的竞争力强[22]。竞买人中谁的报价最高，谁就能最终获胜。竞买人的出价能力是竞买人企业实力和战略的综合反映[308]，不同竞买人的出价能力可能相差较大。面对外部竞争，联盟成员之间的出价能力悬殊将导致竞价阶段联盟具有较大的不稳定性。

4.1.2.2 联盟成员的竞买合作方式

联盟成员的竞买合作从土地拍卖竞买报名开始，直到竞价结束土地成交。联盟可以联合体或合资公司的名义报名参与土地拍卖，也可以联盟成员各自的名义或者以某个联盟成员的名义报名等灵活的方式参与土地拍卖。若联盟成员之间达成一致的最高出价，竞买成功则联盟保持稳定进入合作开发环节，竞买失败则联盟解散。若联盟成员之间未达成一致的最高出价，则往往要允许出价能力高的联盟成员有单独中标的权利，并设定其他联盟成员的退出机制，如表4.1所示。

表4.1　　　　　　　　　　联盟成员的竞买合作形式

联盟竞买主体	联盟或联盟成员成功竞得土地	
	继续合作方式	退出方式
联合体	成立合资项目公司	成立合资项目公司后，退出者向其他联盟成员转让股权退出
合资公司	合资公司下设子公司作为项目公司	退出者向其他联盟成员转让合资公司股权退出
各联盟成员独立报名	中标者成立项目公司后向其他继续合作的联盟成员转让股权	无
某个联盟成员的全资公司	成立项目公司后向其他继续合作的联盟成员转让股权	竞买主体向退出者退还竞买保证金

4.1.2.3 联盟成员的竞价决策方式

实践中，开发企业参与土地拍卖的竞买，都会在企业内部事先形成决策，确定本企业对目标土地的最高出价，然后委派授权人在最高出价范围内参与土地拍卖竞价。每个企业的最高授权出价信息都是高度保密，一般仅局限于决策者及授权人知晓。

竞买联盟是开发企业为某一宗或者某一批以拍卖方式出让的土地而形成的动态联盟组织，各个联盟成员之间保持独立决策。对于同样一宗土地，不同联盟成员独立决策的结果很可能并不相同。当联盟成员之间对土地拍卖的最高出价达成一致意见时，联盟成员在竞价阶段共同进退，联盟具有绝对稳定性。然而，联盟成员各自的决策流程不便，或职业经理人对保密信息的保守态度，抑或是联盟成员之间的信任不够，都可能导致联盟成员之间无法进行充分交流以商定一致的最高出价，从而竞买联盟成员只能带着各自独立决策的最高出价参与土地拍卖竞价。当联盟成员的最高出价存在差异时，竞买联盟出现不稳定状态的概率随之增大。

4.2　竞价阶段联盟稳定性的评价模型构建

4.2.1　联盟成员的竞价模拟分析

通过对竞买人参与联盟的竞价收益进行模拟计算，分析竞价阶段联盟处于稳定状态的条件。

4.2.1.1　联盟成员的竞价收益指标

成功竞得土地的联盟成员存在两种收益。一方面，出价能力高者与出价能力低者组成联盟竞得土地，后者不与前者抬价，可以帮助出价能力高者以较低的价格获得土地，从而出价能力高者参与竞买联盟获得土地价差收益。另一方面，若出价能力低者与出价能力高者联盟竞得土地，后者允许前者参与项目合作开发，出价能力低者可以按股权比例享受项目的投资收益，若无联盟则出价能力低者参与土地拍卖将无所得。然而，这两种收益最终都要通过拍卖成交后的项目开发取得，从而可以选择项目的投资收益指标来衡量竞买人参与竞买联盟的收益。

竞买人的联盟行为对土地成交价产生一定程度的影响，也就是影响项目开发的土地成本，从而影响企业的投资收益，但并不影响销售额。因此，为了统一比较口径，本书采用项目的销售净利率指标来测量项目的投资收益水平，从而分析联盟成员的竞买收益。销售净利率＝净利润/销售收入总额，土地价格升高，净利润降低，销售收入总额不变，销售净利率下降。

4.2.1.2　土地拍卖规则假设

为了便于分析，土地拍卖规则设定如下：首先，采用竞地价、价高者得的增价拍卖方式；其次，土地起拍价假设为 B，是土地出让公告中的公开信息，竞买人从 B 开始出价，每次加价幅度必须是 Δ（常数）或者 Δ 的整数倍；最后，不设定底价，只要有竞买人出价即可成交，最高出价者获胜。

4.2.1.3　计算参数

本书以衡量土地拍卖竞争程度的两个指标，即竞买人数量 n（$n \geqslant 2$）和竞买人 i 的出价能力 b_i（即能接受的最高报价，$i = 1$，…，n）作为变量，模拟分析联盟成员的竞买收益。同时假设：第一，土地成交价超过竞买人 i 的出价能力 b_i 则竞买人 i 不会参与土地开发投资，且当 $i \neq j$，则 $b_i \neq b_j$；第二，竞价中获得其他竞买人的出价信息不影响每个竞买人的出价能力；第三，若竞买人 1、2、3、4 竞得土地的成交价为 x，则对应的销售净利率分别为 $f(x)$、$g(x)$、$h(x)$、$k(x)$。

4.2.1.4　收益模拟计算

当 $n = 2$ 时，竞买人为 1 和 2，最多只有 1 个联盟组合为（1，2），若形成联盟（1，2）则无竞价对手。假设 $b_1 > b_2 > B$，竞买人 1 和 2 的竞合策略与收益如表 4.2 所示。若竞买人 1 与 2 联盟，则土地成交价为 B，竞买人 1 和 2 共同开发项目。联盟对竞买人的好处在于出价能力高的竞买人 1 的土地成交价降低了 $b_2 + \Delta - B$，销售净利率提升了 $f(B) - f(b_2 + \Delta)$，出价能力低的竞买人 2 能够参与开发项目。若不联盟，因 $b_1 > b_2$，竞买人 1 竞得土地，土地成交价为 $b_2 + \Delta$，竞买人 2 无所得。显然，当只有 2 个竞买人时，参与联盟的竞买人都可以获得收益。

表 4.2　　　联盟（1，2）中竞买人的竞合策略与收益（$n = 2$）

策略/收益	联盟	不联盟
联盟	$(f(B),\ g(B))$	
不联盟		$(f(b_2 + \Delta),\ 0)$

当 $n = 3$ 时，竞买人为 1、2 和 3，存在 4 个联盟组合为（1，2）、（1，3）、（2，3）、（1，2，3），假设 $b_1 > b_2 > b_3 > B$，分别计算各联盟组合下联盟成员的收益。

若形成联盟（1，2），则联盟（1，2）与竞买人 3 竞价，联盟（1，2）获胜，土地成交价为 $b_3 + \Delta$，出价能力最低的竞买人 3 无所得。参与联盟（1，2）的竞买人 1 和 2 的竞合策略与收益如表 4.3 所示，联盟使得出价能力最高的竞买人 1 的土地成交价降低了 $b_2 - b_3$，销售净利率提升了 $f(b_3 + \Delta) - f(b_2 + \Delta)$。出价能力较低的竞买人 2 能够参与联盟开发土地，若不联盟则无所得。

表 4.3　　　联盟（1，2）中竞买人的竞合策略与收益（$n = 3$）

策略/收益	联盟	不联盟
联盟	$(f(b_3 + \Delta),\ g(b_3 + \Delta))$	
不联盟		$(f(b_2 + \Delta),\ 0)$

若形成联盟（1，3），则联盟（1，3）与竞买人2竞价，因 $b_2 > b_3$，土地成交价为 $b_2 + \Delta$，竞买人1竞得土地，竞买人2和3无所得。参与联盟（1，3）的竞买人1和3的竞合策略与收益如表4.4所示，联盟（1，3）并没有使参与者1和3增加收益，竞买人1获得土地的成交价和不参与联盟一样，竞买人3和不参与联盟一样无所得。

表4.4　　　　　　联盟（1，3）中竞买人的竞合策略与收益（$n = 3$）

策略/收益	联盟	不联盟
联盟	$(f(b_2 + \Delta)，0)$	
不联盟		$(f(b_2 + \Delta)，0)$

若形成联盟（2，3），则联盟（2，3）与竞买人1竞价，因 $b_1 > b_2 > b_3$，土地成交价为 $b_2 + \Delta$，土地竞得者为竞买人1。联盟（2，3）并没有使竞买人2和3增加收益，二者都是无所得。

若形成联盟（1，2，3），则联盟（1，2，3）无竞价对手，土地成交价为 B，竞买人1、2和3联盟开发土地。联盟（1，2，3）中竞买人1、2和3的竞合策略与收益如表4.5所示，联盟对竞买人的好处在于出价能力最高的竞买人1的土地成交价降低了 $b_2 + \Delta - b_0$，销售净利率提升了 $f(B) - f(b_2 + \Delta)$，且出价能力较低的竞买人2和3都能够参与联盟开发土地。

表4.5　　　　　　联盟（1，2，3）中竞买人的竞合策略与收益（$n = 3$）

策略/收益	联盟	不联盟
联盟	$(f(B)，g(B)，h(B))$	
不联盟		$(f(b_2 + \Delta)，0，0)$

当 $n = 4$ 时，竞买人为1、2、3和4，存在11个联盟组合为（1，2）、

（1，3）、（1，4）、（2，3）、（2，4）、（3，4）、（1，2，3）、（1，2，4）、（1，3，4）、（2，3，4）、（1，2，3，4）。假设 $b_1 > b_2 > b_3 > b_4 > B$，分别计算各联盟组合下联盟成员的收益。结果是联盟（1，2）、（1，2，3）、（1，2，3，4）的联盟成员都能获益，而其他联盟组合的成员不能都获益。联盟（1，2）中竞买人 1 和 2 的竞合策略与收益如表 4.6 所示，联盟（1，2，3）中竞买人 1、2 和 3 的竞合策略与收益如表 4.7 所示，联盟（1，2，3，4）中竞买人 1、2、3 和 4 的竞合策略与收益如表 4.8 所示。

表 4.6　　联盟（1，2）中竞买人的竞合策略与收益（$n=4$）

策略/收益	联盟	不联盟
联盟	$(f(b_3+\Delta),\ g(b_3+\Delta))$	
不联盟		$(f(b_2+\Delta),\ 0)$

表 4.7　　联盟（1，2，3）中竞买人的竞合策略与收益（$n=4$）

策略/收益	联盟	不联盟
联盟	$(f(b_4+\Delta),\ g(b_4+\Delta),\ h(b_4+\Delta))$	
不联盟		$(f(b_2+\Delta),\ 0,\ 0)$

表 4.8　　联盟（1，2，3，4）中竞买人的竞合策略与收益（$n=4$）

策略/收益	联盟	不联盟
联盟	$(f(B),\ g(B),\ h(B),\ k(B))$	
不联盟		$(f(b_2+\Delta),\ 0,\ 0,\ 0)$

当 $n \geqslant 5$ 时，存在 $C_n^2 + C_n^3 + \cdots + C_n^n$ 个联盟组合，假设 $b_1 > b_2 > \cdots > b_n > B$，分别计算各联盟组合下联盟成员的收益，结果是联盟（1，2）、（1，2，3）、（1，2，3，4）……（1，2，…，n）的联盟成员都能获益，而其他联盟

组合的成员不能都获益。

综上分析，土地增价拍卖中竞买联盟参与者的收益存在以下规律：第一，联盟中的竞买人若出价能力低于联盟外的竞买人，则其参与联盟将无所得；第二，只有出价能力最高的竞买人组成联盟，其联盟成员才能都获得收益；第三，若所有竞买人形成联盟则土地以底价成交，全部联盟成员都获益，且收益最大。

4.2.2　竞价阶段联盟稳定性评价模型

从联盟成员的竞价模拟分析来看，在增价拍卖规则和企业保持独立决策的条件下，只有出价能力具有较高竞争优势的企业才有必要选择其他合作伙伴组建竞买联盟，才能成为联盟成员选择主体，并且联盟对象的出价能力应与联盟成员选择主体较为接近，才能保证联盟在竞价阶段具有较高的稳定性。因此，以候选组合 i 中联盟对象与联盟成员选择主体的出价能力整体偏离程度 δ_i 来评价组合 i 的竞价阶段联盟稳定性，按式（4.1）计算。δ_i 的值越小，候选组合 i 的竞价阶段联盟稳定性越高。

$$\delta_i = \sqrt{\frac{1}{n-1}\sum_{j=1}^{n-1}(b_j - b_0)^2} \tag{4.1}$$

其中，b_0 为联盟成员选择主体的出价能力；b_j 为联盟对象 j 的出价能力；n 为联盟成员数量。

为了评价联盟在竞价阶段的稳定性，首先需要分析联盟成员的出价能力，普遍采用动态假设开发法的思路进行评估。按照这种评估方法的思路，首先应对土地进行规划设计，然后评估相应产品的销售价格、销售周期、建设周期、投入成本和费用，并拟定融资方案测算财务费用[309]。出价能力的评估公式为：出价能力＝销售收入－开发利润－（开发费用＋建安成本＋营销费用＋管理费用）－财务费用－销售税费－土地购置税费。为了获得出价能力，关键是确定销售收入、开发利润、营销费用、管理费用和财务费用。出价能力 b 测算的表达式如下：

$$b = ps - psR - (c_1 s + c_2 s + psc_3 + psc_4) - fWt^* - psr_1 - br_2 \qquad (4.2)$$

其中，p 为产品平均销售价格；s 为规划设计的可售产品面积；R 为销售净利率；c_1 为单方开发费用；c_2 为单方建安成本；c_3 为营销费率；c_4 为管理费率；f 为融资额；W 为融资利率；t^* 为融资时长；r_1 为综合销售税率；r_2 为土地购置税率。

式（4.2）合并同类项后如下：

$$b = \frac{(p(1 - R - c_3 - c_4 - r_1) - (c_1 + c_2))s - fWt^*}{1 + r_2} \qquad (4.3)$$

融资额一般按土地成交价的一定比例计算，假设融资比例为 r_3，$f = br_3$，则：

$$b = \frac{p(1 - R - c_3 - c_4 - r_1) - (c_1 + c_2)}{1 + r_3 Wt^* + r_2} s \qquad (4.4)$$

根据微观经济学价格与销售数量的关系，销售价格 p 与单位时间的销售数量 q 存在负相关关系，$p = p(q)$。在其他因素不变的情况下，为了缩短项目的现金流回正时间 T，只能加快销售速度，提高单位时间的销售数量 q，不得不适当降低销售价格 p。因此，销售价格 p 与现金流回正时间 T 的数学函数可用 $p = p(T)$ 表示，则 b 的计算式调整为式（4.5）。

$$b = \frac{p(T)(1 - R - c_3 - c_4 - r_1) - (c_1 + c_2)}{1 + r_3 Wt^* + r_2} s \qquad (4.5)$$

式（4.5）中各参数类型及取值如表4.9所示。不同企业对同一个项目的单方开发费用 c_1、单方建安成本 c_2、营销费率 c_3、管理费用 c_4 的取值较为接近，综合销售税率 r_1 和土地购置税率 r_2 按相关政策规定取值，项目的融资时长 t^* 一般也是固定值，可售产品面积 s 按照做满容积率的规划设计方案取值。销售净利率 R、融资利率 W、现金流回正时间 T 根据不同企业的情况进行取值，是状态控制变量。

表 4.9 出价能力评估参数类型及取值

参数类型	参数	参数取值
控制变量参数	单方开发费用 c_1	固定取值
	单方建安成本 c_2	固定取值
	营销费率 c_3	固定取值
	管理费用 c_4	固定取值
	综合销售税率 r_1	固定取值
	土地购置税率 r_2	固定取值
	融资比例 r_3	固定取值
	融资时长 t^*	固定取值
	可售产品面积 s	固定取值
状态变量参数	销售净利率 R	根据企业属性取值
	融资利率 W	根据企业属性取值
	现金流回正时间 T	根据企业属性取值

根据式（4.5），联盟对象 j 的出价能力 b_j、联盟成员选择主体的出价能力 b_0 分别根据式（4.6）和式（4.7）计算。

$$b_j = \frac{p(T_j)(1 - R_j - c_3 - c_4 - r_1) - (c_1 + c_2)}{1 + r_3 W_j t^* + r_2} s \qquad (4.6)$$

其中，R_j 为联盟对象 j 的销售净利率；W_j 为联盟对象 j 的融资利率；T_j 为联盟对象 j 的现金流回正时间。

$$b_0 = \frac{p(T_0)(1 - R_0 - c_3 - c_4 - r_1) - (c_1 + c_2)}{1 + r_3 W_0 t^* + r_2} s \qquad (4.7)$$

其中，R_0 为联盟成员选择主体的销售净利率；W_0 为联盟成员选择主体的融资利率；T_0 为联盟成员选择主体的现金流回正时间。

4.3　联盟成员二次选择模型构建

联盟成员的二次选择，是在商业模式匹配的基础上，按照竞价阶段联盟稳定性的标准，对联盟对象的进一步选择。从商业模式最相似的同类对象中，挑选出不同联盟对象以形成不同的组合。每一个组合中，所有联盟对象与联盟成员选择主体的商业模式和出价能力综合匹配程度是联盟成员二次选择的依据，如图 4.3 所示。

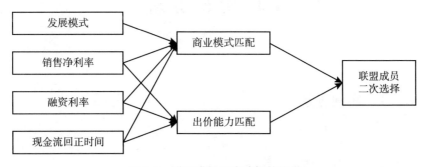

图 4.3　联盟成员二次选择的依据

根据第 3 章商业模式匹配评价模型，候选组合 i 中联盟对象与联盟成员选择主体的商业模式整体偏离程度 σ_i 表示商业模式匹配程度，按式（3.10）进行计算。商业模式整体偏离程度 σ_i 的数值越小，则匹配度越高。另外，候选组合 i 的竞价阶段联盟稳定性按式（4.1）进行计算。

候选组合 i 的综合匹配评价函数 Ω_i 由联盟对象与联盟成员选择主体的商业模式整体偏离程度 σ_i 及出价能力整体偏离程度 δ_i 构成，赋予 σ_i 与 δ_i 不同的权重系数，可表达为式（4.8）。其中，α、β 是权重系数，$0 < \alpha < 1$，$0 < \beta < 1$，$\alpha + \beta = 1$。

$$\Omega_i = \alpha\sigma_i + \beta\delta_i \tag{4.8}$$

将式（3.10）和式（4.1）代入式（4.8），得到 Ω_i 的计算式（4.9）。候选组合的 Ω_i 数值越小，则作为联盟成员选择的优先级越高。具体计算时，由于量纲不同，需要将 E_j^*、E_0^* 及 b_j、b_0 按式（3.3）分别进行数据标准化再代入公式进行计算。

$$\Omega_i = \alpha\sqrt{\frac{1}{n-1}\sum_{j=1}^{n-1}(E_j^* - E_0^*)^T(E_j^* - E_0^*)} + \beta\sqrt{\frac{1}{n-1}\sum_{j=1}^{n-1}(b_j - b_0)^2}$$

$$\tag{4.9}$$

4.4 实 例 分 析

4.4.1 实例背景

4.4.1.1 项目背景

以福州市 CL 号地为案例进行分析。该宗土地总用地面积 43252 平方米，容积率 2.3，土地用途为住宅用地、商业用地，公开出让起始价 81000 万元。土地款分两期支付，分别于土地合同签订之日起 30 日内、180 日内支付。土地成交时为毛地状态，预计土地成交后 6 个月完成交地。出让文件要求交地后 9 个月内开工，开工之日起 2 年内竣工。地块规划的全部商业面积 2984 平方米按 17524 元/平方米由政府指定村集体购买，10000 平方米安置型商品住宅按 4363 元/平方米由政府回购。根据规划条件，本项目可售商品住宅 81318.1 平方米，设计户型面积为三房 105 平方米和四房 125 平方米，不可售配套用房 5177.5 平方米，地下室面积 29342 平方米，地下人防车位 183 个，非人防车位 680 个。根据市场调研，商品住宅的销售价格 p 和月均销售数量 q 的关系如图 4.4 所示，地下人防车位（以租代售）15 万元/个，非人防车位 20 万元/个。

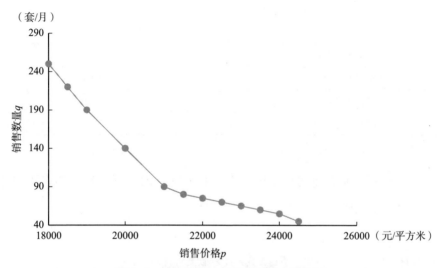

图 4.4　销售价格 p 与销售数量 q 的关系

4.4.1.2　联盟成员选择主体与联盟对象情况

以第 3 章案例中的企业 Q 为联盟成员选择主体，初步筛选之后的企业 E_2、E_3、E_5、E_8、E_{23}、E_{24}、E_{25} 作为联盟成员二次选择对象进行分析。

4.4.2　条件假设

（1）在计算每家企业的出价能力时，控制变量参数取值如表 4.10 所示。

表 4.10 控制变量参数取值

控制变量参数	取值
单方开发费用 c_1（元/平方米）	195
单方建安成本 c_2（元/平方米）	3003.94
营销费率 c_3（%）	1.8
管理费率 c_4（%）	1.4
综合销售税率 r_1（%）	8.75
土地购置税率 r_2（%）	3.05
融资比例 r_3（%）	60
融资时长 t^*（月）	15

（2）假设每家企业的项目施工进度和付款进度一样，具体如表 4.11 所示，项目在土地成交后 6 个月开工，开工后 24 个月竣工。

表 4.11 项目工期及工程款支付计划

项目	工程节点							
	开始~开工	开工~±0	±0~封顶	封顶~竣工	竣工~交付	交付1年	交付2年	交付3年
工期（天）	180	125	179	428	30	365	365	365
支付比例（%）	1.50	4.00	10.00	61.00	18.50	2.00	2.00	1.00

（3）不计品牌对产品售价的影响。

（4）假设联盟成员二次选择的综合匹配评价函数 Ω_i 计算式（4.9）中的权重系数 α、β 的取值都为 0.5。

4.4.3 分析结果

4.4.3.1 联盟成员选择主体与联盟对象的出价能力

每家企业的出价能力按式（4.5）的逻辑，采用 Excel 进行测算，销售净利率 R、融资利率 W、现金流回正时间 T 按各家企业的业务标准取值。计算结果如表 4.12 所示，联盟成员选择主体 E_0 的出价能力相对靠前，E_2、E_3 的出价能力与其他企业差距较大。

表 4.12　　　　　联盟成员选择主体与联盟对象的出价能力

样本编号	销售净利率		融资利率	现金流回正时间（月）		住宅销售均价（元/平方米）	出价能力（万元）
	评估值	阈值		评估值	阈值		
E_0	0.060	0.06	0.0780	19	20	23300	127800
E_2	0.123	0.05	0.0710	15	15	18500	84800
E_3	0.126	0.04	0.0880	15	15	18500	83800
E_5	0.060	0.06	0.0690	19	20	23300	128400
E_8	0.060	0.06	0.0810	19	20	23300	127600
E_{23}	0.060	0.06	0.0980	18	18	23000	125000
E_{24}	0.050	0.05	0.0770	19	20	23100	129400
E_{25}	0.060	0.06	0.0587	24	24	23500	130200

从计算结果来看，销售净利率越高，则出价能力越低，如图 4.5 所示。融资利率增加，出价能力总体呈现降低的态势，如图 4.6 所示。现金流回正时间从 15 个月增加到 19 个月，出价能力随之提升，如图 4.7 所示。

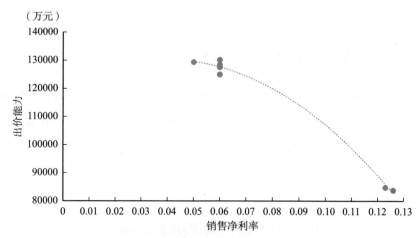

图 4.5　销售净利率与出价能力的关系

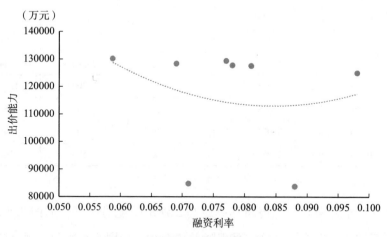

图 4.6　融资利率与出价能力的关系

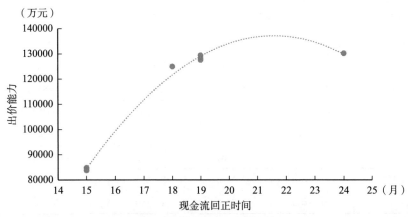

图 4.7　现金流回正时间与出价能力的关系

4.4.3.2　综合匹配评价函数值

将计算得到的出价能力数值进行标准化后，按式（4.1）计算每个组合的联盟对象与联盟成员选择主体的出价能力整体偏离程度 δ；将商业模式匹配指标的评估值标准化后，按式（3.10）计算每个组合的联盟对象与联盟成员选择主体的商业模式整体偏离程度 σ；然后根据式（4.6）计算不同候选组合的综合匹配评价函数 Ω 的值。联盟成员选择主体仅接受最多 3 个联盟成员，因此只计算联盟成员数量为 2 与 3 的情况。

（1）联盟成员数量 $n=2$。

此条件下，存在 7 个候选组合，每个组合包含的成员、综合匹配评价函数值、优先级顺序如表 4.13 所示。联盟对象 E_2、E_3 的出价能力与其他企业的差距较大，导致 (E_0, E_2)、(E_0, E_3) 的出价能力偏离程度 σ 远大于其他组合。按优先级顺序的候选组合分别是 (E_0, E_8)、(E_0, E_5)、(E_0, E_{24})、(E_0, E_{25})、(E_0, E_{23})、(E_0, E_2)、(E_0, E_3)。

表 4.13 候选组合的优先级（$n = 2$）

优先级排名	成员组合	σ_i	δ_i	$\Omega_i = 0.5\sigma_i + 0.5\delta_i$
1	(E_0, E_8)	0.2668	0.0105	0.1387
2	(E_0, E_5)	1.1010	0.0316	0.5663
3	(E_0, E_{24})	1.4170	0.0842	0.7506
4	(E_0, E_{25})	2.3629	0.1263	1.2446
5	(E_0, E_{23})	2.9705	0.1473	1.5589
6	(E_0, E_2)	2.4870	2.2624	2.3747
7	(E_0, E_3)	3.7819	2.3150	3.0485

从图 4.8 候选组合 Ω、σ 与 δ 三者的关系可见，每个候选组合的商业模式偏离程度 σ 都大于出价能力偏离程度 δ。

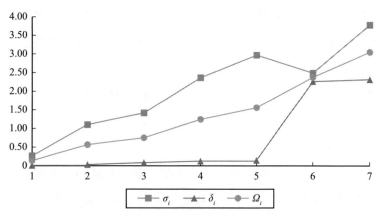

图 4.8 候选组合的 Ω_i、σ_i 与 δ_i（$n = 2$）

商业模式偏离程度 σ 与综合匹配评价函数值 Ω 的关系如图 4.9 所示，出价能力偏离程度 δ 与综合匹配评价函数值 Ω 的关系如图 4.10 所示，从图中可见综合匹配评价函数值 Ω 对商业模式偏离程度 σ 的敏感性高于出价能力偏离程度 δ。

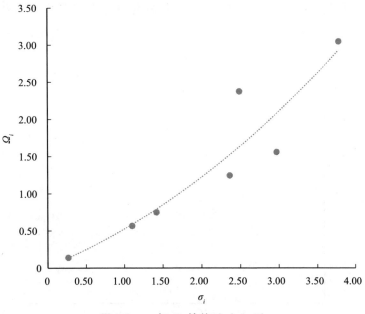

图 4. 9　σ_i 与 Ω_i 的关系（$n=2$）

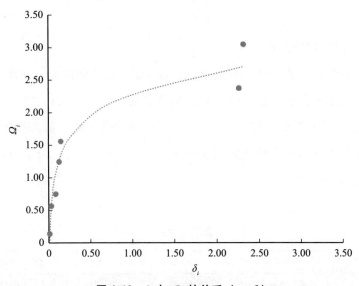

图 4. 10　δ_i 与 Ω_i 的关系（$n=2$）

从商业模式偏离程度 σ 与出价能力偏离程度 δ 二者呈指数级关系如图 4.11 所示，出价能力偏离程度 σ 对商业模式偏离程度 δ 的敏感性高。

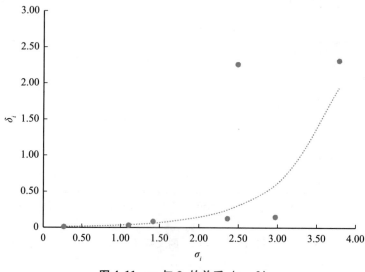

图 4.11 σ_i 与 δ_i 的关系 （$n=2$）

（2）联盟成员数量 $n=3$。

在此条件下，存在 21 个候选组合，每个组合包含的成员、综合匹配评价函数值、优先级顺序如表 4.14 所示。因联盟对象 E_2、E_3 的土地能力与其他联盟对象的差距较大，导致 E_2 或 E_3 参与组合的出价能力偏离程度 δ 较大。优先级排名最高的三个候选组合分别是 （E_0，E_5，E_8）、 （E_0，E_8，E_{24}）、 （E_0，E_5，E_{24}）。

表 4.14 候选组合的优先级 （$n=3$）

优先级排名	候选组合	σ_i	δ_i	$\Omega_i = 0.5\sigma_i + 0.5\delta_i$
1	（E_0，E_5，E_8）	0.8011	0.0235	0.4123
2	（E_0，E_8，E_{24}）	1.0196	0.0600	0.5398

优先级排名	候选组合	σ_i	δ_i	$\Omega_i = 0.5\sigma_i + 0.5\delta_i$
3	(E_0, E_5, E_{24})	1.2689	0.0636	0.6662
4	(E_0, E_8, E_{25})	1.6814	0.0896	0.8855
5	(E_0, E_5, E_{25})	1.8433	0.0920	0.9677
6	(E_0, E_{24}, E_{25})	1.9482	0.1073	1.0278
7	(E_0, E_8, E_{23})	2.1089	0.1044	1.1067
8	(E_0, E_5, E_{23})	2.2401	0.1065	1.1733
9	(E_0, E_{23}, E_{24})	2.3272	0.1200	1.2236
10	(E_0, E_{23}, E_{25})	2.6839	0.1372	1.4106
11	(E_0, E_2, E_8)	1.7686	1.5998	1.6842
12	(E_0, E_2, E_5)	1.9232	1.5999	1.7615
13	(E_0, E_2, E_{24})	2.0240	1.6009	1.8124
14	(E_0, E_2, E_{25})	2.4257	1.6023	2.0140
15	(E_0, E_3, E_8)	2.6809	1.6370	2.1589
16	(E_0, E_2, E_{23})	2.7394	1.6032	2.1713
17	(E_0, E_3, E_5)	2.7852	1.6371	2.2112
18	(E_0, E_3, E_{24})	2.8558	1.6380	2.2469
19	(E_0, E_3, E_{25})	3.1532	1.6394	2.3963
20	(E_0, E_3, E_{23})	3.4005	1.6403	2.5204
21	(E_0, E_2, E_3)	3.2006	2.2889	2.7447

从图 4.12 中 Ω、σ 与 δ 三者的关系可见，每个组合的商业模式偏离程度 σ 都大于出价能力偏离程度 δ，这与联盟成员数量为 2 时的情况相同。

从图 4.13 可见，出价能力偏离程度 δ 在（0.02，0.15）及（1.59，1.65）两个范围内时，综合匹配评价函数 Ω 的敏感性较高。

从图 4.14 可见，随着商业模式偏离程度 σ 的增加，综合匹配评价函数 Ω 呈指数级上升趋势。

从图4.15可见，随着商业模式偏离程度 σ 的增加，出价能力偏离程度 δ 总体呈螺旋式上升，但商业模式偏离程度 σ 在一定范围内时，出价能力偏离程度 δ 的变化较小。

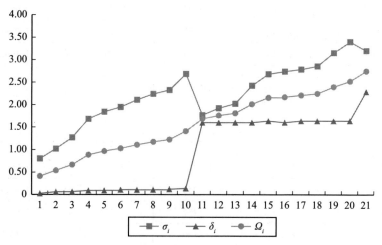

图 4.12　候选组合的 Ω_i、σ_i 与 δ_i（$n=3$）

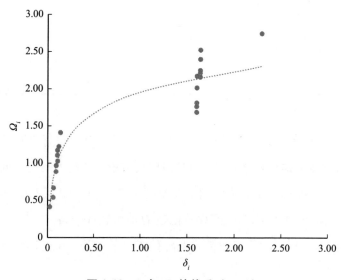

图 4.13　δ_i 与 Ω_i 的关系（$n=3$）

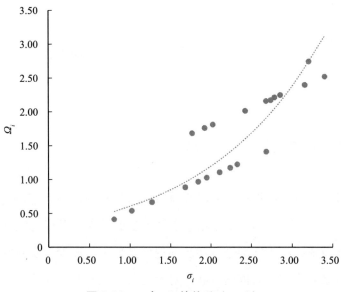

图 4.14　σ_i 与 Ω_i 的关系（$n=3$）

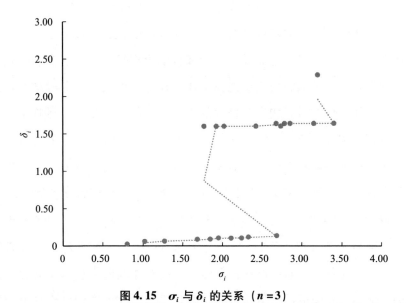

图 4.15　σ_i 与 δ_i 的关系（$n=3$）

4.5　对研究结果的进一步讨论

4.5.1　联盟成员的二次选择

联盟成员的选择应根据潜在联盟对象的特征对其事后可能的行为进行预判[265]，使得联盟对象与联盟成员选择主体在实现联盟目标时能保持步调一致。以商业模式匹配为标准进行初步筛选的基础上，联盟成员选择主体增加以竞价阶段联盟稳定性为依据对联盟对象进行二次选择，是根据潜在联盟对象的特征对其在竞价阶段可能的行为进行预判。对竞价阶段联盟状态的前瞻性评估，有助于联盟对象的精准选择，确保联盟取得预期的合作目标。

通过初步筛选的联盟对象具有一定的任务匹配性，但彼此之间的属性特征仍然存在一定的差异，可能导致目标和行动出现较大不同。商业模式最为相似的同类联盟对象与联盟成员选择主体，在每一项关键业务标准存在的细微不同，叠加之后能对联盟产生极大的影响。正如案例呈现，尽管销售净利率、融资利率和现金流回正时间的数值相差不大，但 E_2 和 E_3 的出价能力却与联盟成员选择主体和其他联盟对象存在巨大落差。与此同时，商业模式的整体偏离程度，并不一定会导致相同的出价能力整体偏离程度，例如，(E_0,E_2) 的商业模式整体偏离程度小于 (E_0,E_{25})，但 (E_0,E_{25}) 的出价能力整体偏离程度却大于 (E_0,E_2)。当综合考虑商业模式匹配和竞价阶段联盟稳定性时，联盟对象与联盟成员选择主体之间的合作匹配度也与单方面考虑存在不同。例如，联盟成员数量为 2 时，商业模式整体偏离程度叠加出价能力整体偏离程度的影响之后，联盟成员选择的优先级排名出现了变化。由此可见，在商业模式匹配的基础上，竞买联盟成员选择决策非常有必要再充分考虑出价能力偏离程度对竞价阶段联盟稳定性的影响。

另外，当联盟对象与联盟成员选择主体、联盟对象与联盟对象之间的属性特征存在差异时，随着组合中联盟对象的增多，组合的整体合作匹配度也将产生变化。总体而言，组合中每个对象与主体的合作匹配度越高，则组合的整体合作匹配度也越高。如案例分析结果呈现，当联盟成员数量为 3 时，优先级排名靠前的组合（E_0，E_5，E_8）、（E_0，E_8，E_{24}）、（E_0，E_5，E_{24}）中，E_8、E_5、E_{24} 都是与联盟成员选择主体合作匹配度高的联盟对象。因此，在实践中可以先找出单个合作匹配度高的联盟对象，再根据需求进行联盟组合。

4.5.2 竞价阶段联盟稳定性

稳定性是联盟存续的状态表征，是联盟成员共同实现目标的基础[265]。竞价是联盟运行的第一个重要阶段，竞价阶段稳定性是共同买地、共同开发的联盟愿景实现的首要保证。联盟在竞价阶段失去稳定性，意味着外部报价或者最终成交价超过了某些联盟成员的最高土地出价，导致土地开发的利润不能达到他们的经营目标。当预期个体的目标不能实现时，参与联盟的动机也将不复存在。

影响竞价阶段联盟稳定性的关键因素是联盟成员的出价能力。在增价拍卖的规则下，出价能力低的企业参与联盟，将使得联盟在面对外部竞争时很快失去稳定性。只有出价能力高的企业才能在土地拍卖中获胜，也才有组建或参与联盟的必要性。当出价能力高的企业共同组成联盟时，不仅联盟稳定性、获胜的概率都较高，而且联盟成员之间互不抬价可以降低土地成交价，获得额外收益。

然而，在复杂多变的市场环境下，即使出价能力高的企业也未必一定能够获胜，也不太可能将全部出价能力高的企业都纳入联盟。为了实现共同买地、共同开发的联盟愿景，出价能力高的联盟成员选择主体组建竞买联盟，只有挑选与其出价能力相近的联盟对象，才能在面对外部竞争时保持联盟稳定性。在多个成员的联盟中，单个联盟对象出价能力与联盟成员选择主体存在较大的偏离，就会让联盟在竞价中很快失去稳定性。例如，案例中 E_2、E_3 的出价能力明显低于其他样本企业，若由这两家联盟对象参与联盟组合，联盟对象与联盟成员选择主体的出价能力整体偏离程度明显大于其他联盟组合。因此，在联盟成员选择时，应首先考虑与联盟成员选择主体出价能力具有较小偏离程度的单个联盟对象，组成的联盟在竞价阶段才能具有较高的稳定性。

4.5.3　商业模式对出价能力的影响

商业模式的三项关键业务标准——销售净利率、融资利率及现金流回正时间，对企业的土地拍卖出价能力存在显著的影响。

首先，销售净利率与现金流回正时间分别对应利润率与周转率，反映企业的发展模式，是企业的主观控制变量，对出价能力起着关键性作用。销售净利率越低，出价能力越强，如图4.5所示。在竞争激烈的市场中，企业迫切希望在土地拍卖中获胜以增加土地储备，往往通过降低销售净利率来提高出价能力。通过缩短现金流回正时间提高周转率，则需要在销售上以价换量，降低销售净利率，从而降低出价能力，如图4.7所示。然而，现金流回正时间并非越长对出价能力就越有利，一方面是适当放慢销售速度带来的价格上涨和销售收入增加，需要弥补资金的时间成本，另一方面是不同市场周期下的销售情况不同。在量价齐升的市场景气周期，销售周期拉长能够享受价格快速上涨的市场红利，提升项目的销售净利率，从而提高出价能力，但在市场下行周期则没有这样的市场红利。

其次，资金实力强、资信水平高的企业融资利率相对较低，企业在项目开发中需要支付的融资成本越低，出价能力越高。尽管如此，图4.6呈现的融资利率与最高土地出价却并非一致的负相关关系，主要原因在于销售净利率和现金流回正时间对企业出价能力的影响明显高于融资利率，这解释了市场上融资利率高的民营企业为何能在土地拍卖中战胜融资利率低的国有背景企业。

4.6 本章小结

本章在商业模式匹配的基础上，探讨基于竞价阶段联盟稳定性维度的联盟成员二次选择。首先，将竞价阶段联盟稳定性定义为在土地拍卖的竞价阶段，联盟成员无提前退出竞价，保持共同竞价的状态。然后分析竞价阶段稳定性的影响因素为土地拍卖竞争机制、联盟成员的竞价决策方式和竞买合作方式。其次，以竞买人数量和出价能力为参数，对竞买人在增价拍卖规则下参与竞买联盟的竞价收益进行模拟计算，分析竞价阶段联盟处于稳定状态的条件，从而认为在增价拍卖规则和企业保持独立决策的条件下，出价能力具有较高竞争优势的企业才能成为联盟成员选择主体，选择的联盟对象出价能力应与自身较为接近，并选取联盟对象与联盟成员选择主体之间的出价能力整体偏离程度构建竞价阶段联盟稳定性的量化评价模型，而模型中联盟成员的出价能力，则以商业模式的关键业务标准——销售净利率、融资利率和现金流回正时间为状态变量参数，按照动态假设开发法进行推导计算。再次，结合商业模式匹配和竞价阶段联盟稳定性的要求，构建以商业模式和出价能力的综合匹配模型作为联盟成员二次选择依据。最后，以实际案例分析探讨商业模式对出价能力的影响，以及商业模式匹配与竞价阶段联盟稳定性之间的关系。

联盟成员最终选择：基于开发
阶段联盟治理价值维度

在第 3 章以商业模式匹配维度进行初步筛选、第 4 章结合竞价阶段联盟稳定性维度进行二次选择的基础上，本章探讨基于开发阶段治理价值维度对联盟成员进行最终选择。首先，通过案例识别联盟在成功竞得土地后进入开发阶段的治理要素，分析开发阶段联盟治理方式及联盟形成前的谈判焦点。其次，按照价值分析的理论框架，结合治理要素分析联盟治理功能和治理成本，构建开发阶段治理价值评价模型。再次，结合联盟成员商业模式和出价能力的综合匹配评价模型和开发阶段治理价值评价模型，提出联盟成员最终选择的标准和方法。最后，以实际案例分析比较联盟治理与联盟成员选择主体独家治理价值差异，以及探讨商业模式匹配、竞价阶段联盟稳定性和开发阶段联盟治理价值在联盟成员最终选择中所起的不同作用。

5.1 开发阶段联盟治理及其要素

5.1.1 联盟治理

拍卖竞价获胜后进入项目开发阶段，住宅用地拍卖竞买联盟成员按事先约定的股权比例共同出资形成经济实体——项目公司进行合作。股权型联盟应有正式的治理结构和治理机制才能保证合作约定的顺利履行[82,83]。股权型联盟内部的共同治理，是联盟成员责权的合理安排和制衡[77]，不同治理方案的组织成本存在差异[58]。为了实现最大化的联盟价值，联盟形成之前就应对联盟治理进行精心设计，对联盟成员之间的契约关系进行合理的制度安排[61]。

项目开发阶段是联盟最终目标的实现过程，联盟治理方案应充分体现联盟成员之间的权利分配和保障机制。联盟成员选择主体与每个联盟对象的合作诉求都得到满足是合作的前提。即使联盟对象的商业模式匹配程度高、出价能力接近而能够保证竞价阶段联盟稳定性，但若不能对联盟治理达成一致，联盟成员选择主体与任一联盟对象都无法结为联盟。若联盟对象与联盟成员选择主体的合作诉求存在明显冲突，必然要被排除在选择范围之外。

此外，联盟治理的宗旨是充分发挥每个联盟成员的资源和能力优势，产生强大的合作优势，规避联盟产生的劣势。然而，不同联盟对象各自提出合作诉求，与联盟成员选择主体共同形成的联盟治理方案对应的治理价值存在差异，对联盟的目标实现产生重要影响。因此，在联盟成员选择主体与联盟对象的合作诉求都能得到满足的条件下，应对联盟成员选择主体与不同联盟对象形成联盟的治理价值进行评价，作为联盟成员最终选择的依据。

5.1.2　要素识别及分析

通过对开发阶段治理要素进行识别，分析每一个治理要素与各联盟成员之间的权责关系，能够梳理出联盟的治理方式及联盟成员选择时的谈判焦点。在项目开发阶段，联盟成员之间以契约为纽带，共同出资组建项目公司、共同管理项目开发运营。契约条款是联盟成员之间的权责约定，全面而详细地规定了联盟共同治理要素。因此，经第 3 章案例中的全国性开发企业 Q 授权，本书选择该企业通过住宅用地拍卖竞买联盟成功竞得的 15 个项目的合作开发协议进行案例研究，识别住宅用地拍卖竞买联盟在开发阶段的治理要素。

5.1.2.1　治理要素识别

（1）案例背景。

15 个项目分布在华东、华南、华中、华北、西北、西南各区域的不同城市。项目的土地规模如图 5.1 所示，土地面积最小的为 1.63 公顷、最大的为 19.96 公顷，土地款金额最小的为 0.92 亿元、最大的为 24.42 亿元，具有较好的代表性。15 份协议的签订都在 2017～2018 年，合同签订时项目开发普遍都处于前期阶段，15 个项目中仅有 4 个项目土地款已缴清、2 个项目已开工。

每个项目的联盟成员如表 5.1 所示。按照克而瑞发布的《2020 年中国房地产企业销售 TOP200 排行榜》① 的排名，联盟成员中有 3 家前 10 名企业，5 家前 20 名企业，3 家前 50 名企业，3 家前 100 名企业，2 家前 200 名企业，7

---

① 2020 年中国房地产企业销售 TOP200 排行榜［EB/OL］. 克而瑞官网，http：//www. cricchina. com/research/Details/9788，2021 – 01 – 05.

家未进入排行榜的企业，案例能够较好反映不同类型企业进行合作的实际情况。

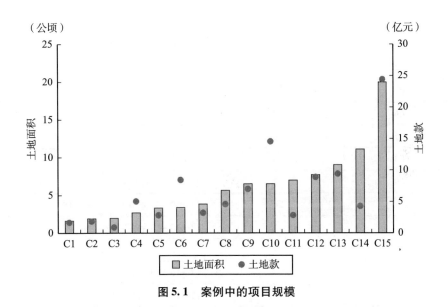

图 5.1 案例中的项目规模

每个项目的联盟成员组合情况详见表 5.2。在这些组合中，有 5 个项目的联盟成员数量最少为 2 个，有 4 个项目的联盟成员数量为 3 个，有 4 个项目的联盟成员数量为 4 个，有 1 个项目的联盟成员数量为 5 个，还有 1 个项目的联盟成员数量为 6 个。15 个组合中，有前 10 名、前 20 名、前 50 名、前 100 名、前 200 名及无排名 6 种类型的合作伙伴，但每一个组合都有前 10 名或前 20 名的行业龙头企业。

表 5.1　　　　　　　　　　　　案例中的联盟成员类型

联盟成员排名	前 1 ~ 10 名	前 11 ~ 20 名	前 21 ~ 50 名	前 51 ~ 100 名	前 101 ~ 200 名	无排名
家数	3	5	3	3	2	7
代码	Top10	Top20	Top50	Top100	Top200	S

表 5. 2 案例中的联盟成员组合

案例编号	联盟成员数量	成员组合
C1	3	1Top10 + 1Top20 + 1S
C2	2	1Top20 + 1S
C3	4	1Top20 + 1Top100 + 2S
C4	2	1Top20 + 1Top100
C5	2	2Top20
C6	2	1Top20 + 1Top100
C7	6	2Top10 + 3Top20 + 1Top200
C8	3	2Top10 + 1Top20
C9	2	1Top20 + 1Top100
C10	4	1Top10 + 1Top20 + 1Top100 + 1S
C11	5	2Top10 + 1Top20 + 1Top100 + 1S
C12	4	2Top20 + 1Top50 + 1Top100
C13	4	1Top10 + 2Top20 + 1S
C14	3	1Top10 + 1Top20 + 1S
C15	3	1Top20 + 2S

（2）识别结果。

通过对 15 份协议的内容进行分析、归纳和总结，识别了 28 个治理要素，具体如表 5.3 所示。其中，开发目标约定、招标采购特别约定出现的频数很低，分别仅为 1 次、3 次；僵局处理、合作退出的出现频数相对较低，分别为 8 次、6 次；其他 24 个要素出现频数都较高，为 10~15 次。

5.1.2.2 治理要素分析

28 个治理要素可以按属性归为如表 5.4 所示的 8 个类别，对每个类别治理要素与各联盟成员之间的权责关系分析如下。

表 5.3 案例包含的治理要素

序号	治理要素	C1	C2	C3	C4	C5	C6	C7	C8	C9	C10	C11	C12	C13	C14	C15	出现频数（次）
1	股权分配	●	●	●	●	●	●	●	●	●	●	●	●	●	●	●	15
2	股东会决策机制	●	●	●	●	○	●	●	●	●	●	●	●	●	●	●	14
3	董事会决策机制及董事委派	●	●	●	●	●	●	●	●	●	●	●	●	●	●	●	15
4	总经理职权及委派	●	●	●	●	●	●	●	●	●	●	●	●	●	●	●	15
5	开发目标约定	○	○	○	●	○	○	○	○	○	○	○	○	○	○	○	1
6	招标采购特别约定	○	○	●	○	○	●	○	○	●	○	○	○	○	○	○	3
7	业务模块管理分工	●	●	●	●	●	●	●	●	●	●	●	●	●	●	●	15
8	人员委派	●	●	●	●	●	●	●	●	●	●	●	●	●	●	●	15
9	管理体系及 OA	●	●	○	●	●	●	●	●	○	●	●	●	○	●	●	11
10	物业品牌优先指定	●	○	●	●	●	●	●	●	●	●	●	●	●	●	●	13
11	开发品牌使用	●	○	●	●	●	●	●	●	●	●	●	●	●	●	●	13
12	合作款项及支付	●	●	●	●	●	●	●	●	●	●	●	●	●	●	●	15
13	土地款及税费支付	●	○	●	●	○	●	●	●	●	○	●	●	●	●	●	11
14	管理费用	●	○	●	●	●	●	●	●	●	●	●	●	●	●	●	14
15	营销费用	●	●	●	●	●	●	●	●	●	●	●	●	●	●	●	14
16	融资方案及担保	●	●	●	●	●	●	●	●	●	●	●	●	●	●	●	15
17	后续开发资金投入	●	●	●	●	●	●	●	●	●	●	●	●	●	●	●	15
18	富余资金使用	●	●	●	●	●	●	●	●	●	●	●	●	●	●	●	15
19	财务账户管理	●	○	●	●	●	●	●	●	●	●	●	●	●	●	○	13
20	监事委派及监事职责	●	●	●	●	●	●	●	●	●	●	●	●	●	●	●	15
21	股东知情权及定期运营报告	●	○	●	●	●	●	●	●	○	●	●	●	●	●	●	13
22	合作公司印章和证照管理	●	○	●	○	●	○	●	●	●	●	○	●	●	●	●	11
23	股权转让	○	●	●	●	●	●	●	●	○	○	○	●	●	○	●	10

续表

序号	治理要素	C1	C2	C3	C4	C5	C6	C7	C8	C9	C10	C11	C12	C13	C14	C15	出现频数（次）
24	僵局处理	○	○	●	●	●	●	●	○	●	○	●	●	○	○	●	8
25	违约责任	●	●	●	●	●	●	●	●	●	●	●	●	●	●	●	15
26	利润分配	●	●	●	●	●	●	●	●	●	●	●	●	●	●	●	15
27	财务并表权	●	○	●	●	●	●	●	○	●	●	●	●	○	●	○	10
28	合作退出	○	○	○	○	○	○	●	●	●	●	●	●	○	○	○	6

注：●表示包括该要素，○表示不包括该要素。

表5.4　　治理要素分类

序号	类别	治理要素
1	股权分配	股权分配
2	决策机制	股东会决策机制、董事会决策机制及董事委派、总经理委派及职权、开发目标约定、招标采购特别约定
3	管理分工及人员委派	业务模块管理分工、人员委派
4	管理系统	管理体系及OA
5	品牌使用	物业品牌优先指定、开发品牌使用
6	资金投入及使用	合作款项及支付、土地款及税费支付、管理费用、营销费用、融资方案及担保、后续开发资金投入、富余资金使用、财务账户管理
7	监督及风险控制	监事职责及委派、股东知情权及定期运营报告、合作公司印章和证照管理、股权转让、僵局处理、违约责任
8	利润分配及合作退出	利润分配、财务并表权、合作退出

（1）股权分配。

股权是联盟成员在合作公司中的投资和收益份额，直接影响股东在合作项目中的话语权和控制权，也是股东分红比例的依据。从表5.5可见，5个案例的股权按照平均分配，6个案例的股权接近平均分配，说明各联盟成员尽管行业地位、资源及能力存在差异，但在股权分配方面基本平等。

表 5.5 合作公司的股权配比

案例编号	联盟成员数量	联盟成员组合	合作股权配比（%）
C1	3	1Top10 + 1Top20 + 1S	33 : 34 : 33
C2	2	1Top20 + 1S	60 : 40
C3	4	1Top20 + 1Top100 + 2S	25 : 25 : 25 : 25
C4	2	1Top20 + 1Top100	50 : 50
C5	2	2Top20	50 : 50
C6	2	1Top20 + 1Top100	80 : 20
C7	6	2Top10 + 3Top20 + 1Top200	20 : 14 : 20 : 15 : 16 : 15
C8	3	2Top10 + 1Top20	72 : 3 : 25
C9	2	1Top20 + 1Top100	50 : 50
C10	4	1Top10 + 1Top20 + 1Top100 + 1S	25 : 25 : 25 : 25
C11	5	2Top10 + 1Top20 + 1Top100 + 1S	26 : 19 : 20 : 20 : 15
C12	4	2Top20 + 1Top50 + 1Top100	26 : 25 : 24 : 25
C13	4	1Top10 + 2Top20 + 1S	70 : 20 : 5 : 5
C14	3	1Top10 + 1Top20 + 1S	33 : 34 : 33
C15	3	1Top20 + 2S	34 : 33 : 33

（2）决策机制。

联盟的决策机制主要包含股东会、董事会、总经理进行决策，以及在合作协议中进行相关特别约定。全部案例中，仅出现 1 份协议无股东会相关约定，但都有董事会及总经理的约定。特别约定包含开发目标约定及招标采购特别约定，出现的频率仅为 1 次及 3 次，说明在合作协议中较少涉及这两个要素。然而，这并不能说明这两个要素在联盟治理中不重要，只是其重要性在合作协议签订时并不迫切。

股东会的职权约定主要是根据《中华人民共和国公司法（2013 年修

正）》（以下简称"公司法"）的规定，但股东会的具体决策机制可由股东协商制定。尽管这些案例中存在股权比例差异，甚至单一股东股权比例达到80%，但有约定股东会的 14 个案例中有 13 个案例的股东会在核心事项上实际决策采用全体股东一致表决通过方可生效的方式，即"一票否决制"。另外 1 个案例则是"代表 75% 及以上表决权的股东同意方可通过"。"一票否决制"尽管保证了全部股东的决策权，但决策效率相对较低，特别是股东家数较多时，若出现有股东意见不一致的情况，则难以快速形成决策。

董事会的职权约定主要也是根据公司法的规定，但董事会的具体决策机制也是可由股东协商制定。有 12 个案例的董事会在核心事项上的实际决策采用全体董事一致表决通过方可生效的方式，也即"一票否决制"。另外的 3 个案例，都是由 4 个股东组成，股权占比都是平均分配，每个股东都委派 1 名董事，每个董事享有一票表决权。这 3 个案例中，案例 C3 采用全体董事过半数表决同意即可生效、案例 C13 采用 2/3 以上（含本数）表决同意生效、案例 C10 采用 3/4 以上（含本数）表决同意方可生效。由此可见大部分的案例采用效率较低的"一票否决制"。

此外，在有约定董事会职权的 13 个案例中，有 11 个案例对经营计划的职权方面进一步细化，明确约定董事会对经营计划变化调整的决策权限。如表 5.6 所示，涉及的经营计划变化包括项目的开工、开盘、竣工备案及入住等里程碑运营节点超过一定天数的调整，开发项目总体目标成本超过一定比例的变更，项目销售价格超过一定比例的下调，以及年度的销售面积、销售金额、销售回款等年度销售计划超过一定比例的调整。超过协议约定的这些经营计划变化范围的调整权限归董事会，若无超出则调整权限归总经理为代表的经营层，给予一定的经营调整自由度。

合作项目公司总经理的职权主要是统筹项目公司的经营管理，决策权限在于董事会职权中约定范围内的相关经营计划调整。事实上，总经理由某一联盟成员委派，其经营理念和业务开展流程往往遵从于委派方，从而总经理的委派方对项目的经营管理具有主导权。另外，股东会和董事会普遍采用一票否决的决策机制，决策效率较低，但房地产项目开发普遍追求高周转高效率，决策机制与现实需求之间存在的这种明显矛盾需要充分发挥日常经营管理负责人总经理的协调性，合作项目对总经理有更高的要求。15 个案例中总经理的委派方都是前 10 名或前 20 名的企业，由龙头企业委派合作项目公司总经理似乎更能得到认可。

表 5.6　　　　　超过一定范围的调整需由董事会审批的经营计划

案例编号	里程碑运营节点	项目总目标成本	项目销售价格	年度销售计划
C1	○	○	○	○
C2	○	○	○	○
C3	●	●	○	●
C4	●	●	○	●
C5	○	●	○	●
C6	●	●	○	●
C7	●	●	●	○
C8	○	●	●	○
C9	○	●	●	○
C10	○	●	●	○
C11	●	●	○	●
C12	○	○	○	○
C13	●	●	○	○
C14	○	○	○	○
C15	○	●	○	●

注：●表示包括该要素，○表示不包括该要素。

（3）管理分工与人员委派。

从案例中可见联盟合作开发项目的管理方式和组织架构。在案例中，房地产项目开发的业务管理分为工程管理、成本管理、招标采购、设计管理、营销管理、财务管理、开发报建及物业管理8个模块。其中，13个案例由多个联盟成员分别负责相关模块的业务管理，并委派相应工作人员，总经理则统筹各个业务模块，总经理委派方及各业务模块管理分工如表5.7所示。案例C2和案例C15都是由一家前20名的企业与小型开发企业合作，业务管理则都由前20名的企业统一负责，人员也是由其委派。在这些案例中，小型开发企业基本都不负责业务模块的管理，仅案例C3中的丁方负责开发报建这类需要丰富的当地政府资源的业务模块。前10名企业在联盟中都有负责相关的业务模块管理，但出现前20名企业在案例C8及案例C13，前100名企业在案例C10中没有负责业务管理。在负责业务管理的联盟成员数量方面，存在2个案例是统一由1家企业负责所有业务管理，更多的案例是由多个联盟成员分工负责管理不同模块业务，甚至出现案例C7共有6个联盟成员，每1个成员都至少负责1个模块的业务管理。

表5.7　　　　　　　　　　　案例中的业务管理分工

案例编号	联盟成员数量（个）	负责业务管理成员数量（个）	总经理委派方	工程管理	成本管理	招标采购	设计管理	营销管理	财务管理	开发报建	物业管理
C1	3	3	甲	甲	乙	乙	丙	乙	乙	甲	乙
C2	2	1	甲	甲	甲	甲	甲	甲	甲	甲	甲
C3	4	3	甲	甲	乙	乙	乙	甲	甲	丁	招标
C4	2	2	乙	乙	甲	甲	乙	乙	甲	乙	乙
C5	2	2	甲	乙	乙	乙	乙	甲	甲	甲	乙
C6	2	2	乙	甲	甲	甲	乙	甲	甲	甲	甲
C7	6	6	丙	丙	己	乙	戊	甲	丁	戊	招标
C8	3	2	甲	甲	甲	甲	甲	乙	甲	甲	甲
C9	2	2	甲	甲	甲	甲	乙	乙	甲	乙	甲

续表

案例编号	联盟成员数量（个）	负责业务管理成员数量（个）	总经理委派方	负责方							
				工程管理	成本管理	招标采购	设计管理	营销管理	财务管理	开发报建	物业管理
C10	4	2	丁	丁	甲	甲	丁	甲	甲	丁	招标
C11	5	4	甲	甲	丁	甲	丁	乙	丙	甲	甲
C12	4	4	甲	丁	丁	甲	丙	乙	甲	丙	甲
C13	4	2	乙	甲	甲	甲	乙	甲	甲	乙	甲
C14	3	2	甲	甲	甲	甲	乙	甲	甲	乙	甲
C15	3	1	甲	甲	甲	甲	甲	甲	甲	甲	甲

在具体业务模块管理人员委派方面，除了明确负责人由业务模块负责方委派外，还出现一些管理副职由其他联盟成员委派的情况。这些副职委派的目的更多是委派方为了学习先进经验，并非合作项目治理的要点，合作协议中的相关约定相对较少。

通过以上业务管理分工和人员委派方式的分析，并结合合作项目公司的决策机制，有助于了解合作项目的管理架构。按照案例中董事会及总经理职权的约定，可以梳理出合作项目的理论管理架构。如图 5.2 所示，假定联盟成员有 A、B、C 共 3 家公司，采用的理论管理方式是各联盟成员共同组成董

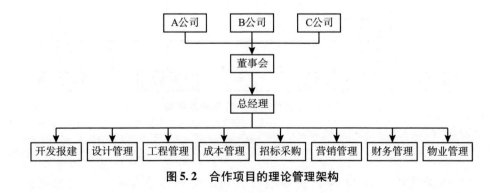

图5.2 合作项目的理论管理架构

事会，通过董事会进行重大事项的决策，由董事会领导总经理负责项目的开发经营管理，总经理统一管理各个专业模块，完成项目从取得土地之后的产品设计、开发报建、招标采购、工程施工、项目融资、销售和回款、项目竣工备案及之后的交付使用。

然而，在实际操作层面，项目开发的业务管理被划分为多个业务模块，合作项目普遍由多个联盟成员分别负责相关模块的业务管理，管理人员也由相应联盟成员委派。假设A公司委派总经理，负责报批报建、设计和工程管理；B公司是纯财务投资不参与负责具体业务管理；C公司负责成本管理、招标采购、营销和财务管理。由此可以推断出合作项目的实际管理架构如图5.3所示，联盟成员按照分工直接负责管理具体业务，总经理更多的是统筹协调。在这种管理架构下，相关业务管理人员接受双线领导——总经理及委派方的领导，由于管理人员的薪酬由委派方决定、代表委派方的利益，委派方对管理人员的约束力强于合作公司总经理，管理人员的工作绩效很大程度上取决于委派方的协调配合。为了项目开发效率，总经理在日常经营管理中不仅需要协调各个模块的业务管理人员，更要协调各个合作伙伴的高层管理者，沟通效率明显低于非合作开发项目。

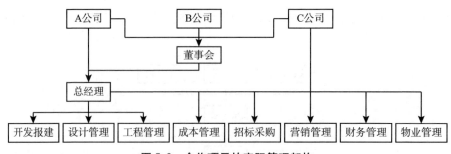

图5.3　合作项目的实际管理架构

（4）管理系统。

15个案例中有11个案例对项目公司的管理体系及办公自动化系统

（OA）进行约定，但使用方式存在差异。对组织架构、人员编制、日常管理制度、审批权限及审批流程进行约定的案例有 9 个，都是参照总经理委派方的管理体系。大中型企业都有独立的营销、招采、成本、财务等管理体系，案例中这些业务模块都是采用业务负责方的管理体系。在 OA 使用方面，只有 6 个案例有明确约定，约定采用总经理委派方的 OA，其他联盟成员委派工作人员加入总经理委派方的 OA 参与业务审批，使用哪个合作方的 OA 似乎并不会降低效率。由此可见，管理体系与合作项目的实际管理架构相匹配，项目公司的日常管理制度和流程参照总经理委派方，而营销管理、招标采购、成本管理和财务管理等具体业务模块则由负责方按照自家的管理体系进行相对独立的管理。

（5）品牌使用。

房地产项目开发中主要涉及 2 类品牌，包括开发品牌及物业管理品牌，对应项目开发提供的产品和产品交付后的物业服务。15 个案例中有 13 个案例对开发品牌和物业品牌进行约定，另外 2 个案例都是由一家前 20 名和小型开发企业组成、前 20 名的企业负责全部业务管理，品牌使用不言自明。在开发品牌的使用方面，排名在前 100 名以内的企业品牌普遍都被合作项目采用，但也有例外。案例 C7 的联盟成员组合为 "2Top10 + 3Top20 + 1Top200"，开发品牌只采用 2 家前 10 名和 1 家前 20 名共 3 家品牌，尽管该联盟还有另外 2 家前 20 名企业。前文分析认为，合作开发的房地产项目可以组合使用多个合作伙伴的强势开发品牌在项目推广时对外输出，但弱势品牌将被隐匿，此观点在案例中得以验证。案例 C3 的联盟组合为 "1Top20 + 1Top100 + 2S"，开发品牌约定为 "平等采用各方品牌"、物业品牌约定为 "各方都可推荐"的招标，这或许是协议签订时没有明确达成一致意见的权宜之计。开发品牌在合作项目中被采用，可以增加品牌的曝光度，属于联盟成员的私利。然而，基于合作项目集体利益最大化原则，弱势品牌或过多的品牌容易被以损害集体利益为由不被使用，开发品牌的选用成为项目开发合作谈判障碍的可能性较低。

在合作项目的物业品牌选用方面，与组合使用多家开发品牌不同，项目交付后的物业管理只能由独家经营，一个项目只能使用一个物业品牌。近年来众多房地产开发商剥离物业板块独立上市[310]，物业管理业务已成为香饽饽，合作开发项目优先选用（根据国务院公布最新《物业管理条例》（2018年3月19日修订）第二十四条规定："住宅物业的建设单位，应当通过招投标的方式选聘物业服务企业"，因此将物业品牌选用写入项目开发合作协议的只能是优先原则）哪家物业品牌已成为联盟合作谈判的要点。15个案例中有11个案例明确约定优先选用某一联盟成员的物业品牌，另外2个案例则是约定通过招标比价而定，这也是协议签订时没有明确达成一致意见的权宜之计。

（6）资金投入与使用。

对于资金投入和使用的治理要素最多，包含合作款项及支付、土地款及税费支付、管理费用、营销费用、融资方案及担保、后续开发资金投入、富余资金使用及财务账户管理。其中，合作款项支付、土地款及税费支付、后续开发资金投入，以及富余资金使用，全部案例都是按照股权占比进行相应约定。管理费用及营销费用的定义较为接近，取费标准根据项目情况而不同。在融资方案及担保方面，一般约定融资由负责财务管理的联盟成员主责，最终从各联盟成员提供的融资方案中择优选用。大中型企业股东在合作项目融资时对小型企业股东进行超出其股权比例相应额度的担保（简称"超额担保"），要求相应补偿或者约定控制风险的措施。虽然被迫对超额担保方给以补偿，但因被超额担保方本身存在的劣势，超额担保方确实要承担责任和风险，这种担保补偿机制普遍被接受。财务账户管理方面的条款，主要是约定资金支付的审批人和审批流程，保证资金支付是按照集体决策执行，这是合作公司普遍的做法。

（7）监督及风险控制。

案例中对监督的约定主要为监事委派及监事职责、股东知情权及定期运营报告。监事相关事项基本按照公司法规定，15 个案例都不设监事会，仅设 2 名监事，但监事的职权约定较少。股东知情权及定期运营报告则基本上是格式条款，主要约定股东可以随时查阅经营数据、总经理为代表的经营团队应定期向各股东提交运营报告。

案例中对风险控制的治理要素主要包括项目公司印章使用管理、股权禁止转让规定、僵局处理、违约责任约定。项目公司印章使用主要是通过联盟成员委派人员共同管理、相互制约来达成。股权禁止转让规定及僵局处理的相关约定更像格式条款，尽管在表达上存在一定差异，但表达的真实意思较为一致。违约责任是对协议各方履行义务的保证，每份协议都是按照具体约定的各方义务进行违约责任设定，遵从相对对等原则。

（8）利润分配及退出机制。

利润分配及退出机制治理要素包含利润分配、财务并表、合作退出机制。利润分配是每个案例都具有的约定，都是根据联盟成员在利润分配时点的股权占比进行利润分配。财务并表是根据相关的会计制度，可以在一定的规则下将合资经营业绩合并到并表方母公司的财务报表，从而做大并表方母公司的报表经营规模。财务并表有利于企业的经营规模排名，但一个项目只能由一家企业进行财务并表。开发企业的经营规模排名很大程度上影响其在资本市场的融资，财务并表权成为房地产项目合作开发谈判中的焦点。在合作退出机制方面，仅有 6 个案例进行了约定。股权禁止转让规定约束了联盟成员不能在项目开发中途退出，但在开发完成后可以按照相关法律法规要求的程序进行退出，因此退出机制在合作协议签订时显得并不急迫，以致大部分案例并未在这个方面进行约定。

（9）治理要素分析总结。

综上分析，各个治理要素及治理方式汇总如表 5.8 所示。可见开发阶段联盟的共同治理方式是股东会及董事会以"一票否决制"为主的决策机制，结合总经理统筹协调下的各联盟成员进行业务模块分工管理。此外，涉及每个联盟成员分工的关键治理要素包含业务模块管理分工、总经理委派、物业品牌优先指定、财务并表权，这些要素是联盟成员在共同治理中的关键权利事项，成为联盟合作的谈判焦点。

表 5.8   **案例中治理要素与治理方式**

类别	治理要素	治理方式
股权分配	股权分配	平均分配为主
决策机制	股东会决策机制	"一票否决制"为主
	董事会决策机制及董事委派	"一票否决制"为主
	总经理职权及委派	统筹项目公司管理，由单个联盟成员委派
	开发目标约定	较少约定
	招标采购特别约定	较少约定
管理分工及人员委派	业务模块管理分工	大中型企业分工负责，小型企业不参与
	人员委派	根据业务模块管理分工而定
管理系统	管理体系及 OA	项目公司采用总经理委派方的管理体系及 OA，具体业务模块采用各负责方的管理体系
品牌使用	物业品牌优先指定	指定单个联盟成员
	开发品牌使用	最多采用 3 个强势品牌
资金投入及使用	合作款项及支付	按股权比例支付
	土地款及税费支付	按股权比例支付
	管理费用	根据项目情况而定
	营销费用	根据项目情况而定
	融资方案及担保	负责财务管理的联盟成员主要负责融资，设定超额担保条件
	后续开发资金投入	按股权比例支付
	富余资金使用	按股权比例分配
	财务账户管理	多个联盟成员共同管理

续表

类别	治理要素	治理方式
监督及风险控制	监事职责及委派	设 2 名监事，对职权约定较少
	股东知情权及定期运营报告	总经理定期向各股东提交报告
	合作公司印章和证照管理	多个联盟成员共同管理
	股权转让	股权禁止对外转让
	僵局处理	对等条款
	违约责任	对等条款
利润分配及合作退出	利润分配	按股权比例分配
	财务并表权	指定单个联盟成员
	合作退出机制	约定较少，开发完成后按法定程序退出

5.2　开发阶段联盟治理价值评价模型构建

按照价值管理的定义，价值 = 功能/成本[311]，从而开发阶段多个联盟成员对关键治理要素进行分工的治理价值可以解构为相应的治理功能与治理成本。具有不同属性特征的企业形成的联盟组合，开发阶段的治理功能和治理成本必然存在差异，也就具有不同的治理价值。本书通过对联盟在开发阶段的治理功能和治理成本进行分析，探讨相应的影响因素，从而构建联盟成员组合的治理价值评价模型。

5.2.1　治理功能分析

对于开发阶段的治理分工，拟合作各方不仅要确保联盟的集体功能，也会寻求提升自身的个体功能，但二者之间存在一定的矛盾。联盟集体功能的分析对象是合作开发的项目，个体功能则是每个联盟成员。集体功能是全部联盟成员的共同利益，但单个联盟成员的个体诉求仍可能损害集体功能及其他联盟成员的个体功能。

5.2.1.1 集体功能

开发阶段联盟治理的集体功能是包含产品研发、开发报建、招标采购与成本管理、施工管理、销售与推广、财务支持等业务模块的业务能力，提升这些模块的业务能力要求合作项目应取各联盟成员之所长，由具有业务能力优势的联盟成员负责相应的业务模块。基于这样的集体功能需求，一些相应的治理条件被提出，例如，开发管理团队相对较弱的小型企业被要求放弃业务管理分工，总经理一般由具有管理优势的联盟成员委派，总经理委派方的管理体系被采用以便于主导项目的开发管理，融资方案由各联盟成员提供并进行比选后择优采用。提升联盟治理的集体功能，最大化联盟成员的共同利益，较易成为联盟成员的共识。

5.2.1.2 个体功能

亚当·斯密认为"人的利己心和逐利动机"是社会运行的基础[23]，企业参与竞买联盟也是一种逐利行为。联盟成员既追求共同利益，更要追求自身在合作中的利益最大化[16]。开启合作之前，拟合作各方必然凭借有利形势对自身可能获得的利益进行各种讨价还价。

首先，很多联盟成员都存在参与业务模块管理的诉求，并且对参与管理的业务模块及数量制定合作标准。参与业务模块管理，一方面，是联盟成员维护自身的专业资源和能力、维持专业管理团队的需要，另一方面，也是联盟成员管控合作项目的必要手段。

其次，每个联盟成员的行业地位、能力或资源存在差异，个体功能诉求也可能不同。尽管联盟普遍采用彰显合作者地位平等的治理方式，例如，股权分配较为平均、股东会及董事会采用一票否决的决策机制。但优势企业可能认为其在合作中的优势资源付出需要得到补偿，例如，在预期利润较好的合作项目中可能提出更大股权占比的诉求。此外，诉求财务并表权的企业将寻求在合作项目公司中成为单一最大股东（股权占比最高），并要求其他合作伙伴以阴阳合同配合实现董事会多数席位，以及多数董事表决通过的决策机制来实现面上的经营控制权。案例中存在各种强势与弱势企业的联盟成员组合，弱势企业难免产生委派员工进入合作项目学习优势企业先进业务经验的动机，尽管如此可能降低联盟的集体功能；另外，优势企业为了维持和管控项目的开发效率，将会要求更多的业务模块管理负责权、委派总经理，甚至是项目的实际经营控制权，同时阻止弱势企业的相关诉求。在这些联盟组合中，弱势企业希望更多地"搭便车"，例如，弱势与强势开发品牌同时被采用以提升弱势品牌形象、弱势企业分享强势企业的融资资源等。与此同时，强势企业显然会担心集体功能或其自身的个体功能受损，从而在一定程度上抗拒弱势企业的某些诉求。另外，作为单个项目中不可共同参与、不可分割的物业管理业务，已受到市场的追捧，拥有物业管理团队和品牌的企业往往会参与争夺这块业务。这些个体功能诉求差异反映到合作协议上，就是业务模块管理分工、总经理委派、物业品牌优先指定、财务并表权等治理要素在联盟成员中的分配。

5.2.2　治理成本分析

开发阶段由多个联盟成员共同治理，将产生相应的治理组织成本。根据对联盟治理主要影响因素的文献研究，本书从激励、行政控制、协调、监督及退出等方面分析开发阶段的联盟治理成本。

在激励方面，图 5.3 所示的联盟实际管理架构和按联盟成员分工进行管理费用分配的方式决定了工作人员在联盟中激励的特殊性。联盟中的工作人员由联盟成员根据业务模块分工进行委派，激励方案的制定和兑现由委派企业决定。此外，管理费用在理论上应包含激励资金，但联盟契约并无此项条款。在这种治理模式下，总经理缺乏对团队的有效激励工具，只能依靠自身魅力调动团队的积极性，在协调遇阻时还需求助联盟成员的领导层。

在行政控制方面，联盟成员对业务模块进行分工管理的治理模式明显增加组织成本。各个业务模块之间相互关联，每个模块业务的完成往往需要其他业务模块的支持和配合。在面对重大环境变化时，单个业务模块无法独立决策和行动，而是需要召开董事会进行共同决策后协调各个联盟成员才能实施行动。另外，无论联盟在成员选择和初始契约治理设置方面多么谨慎，但在实际实施过程中，联盟成员可能采取机会主义行为损害联盟或者其他成员的利益而导致纠纷产生。联盟成员越多，产生的纠纷可能越多。由此可见联盟的行政控制机制对环境变化的反应相对较慢，纠纷的解决成本相对较高，联盟的组织成本也较高。

在协调方面，多个联盟成员的共同治理模式凸显协调的重要性。联盟初始设置的缺陷、联盟内部的内生发展以及外部环境的变化可能影响联盟成员为了自身利益最大化作出一些新的适应性选择。由于最初合作协议的缺陷，联盟成员感觉到的脆弱性或劣势越大[312]，他们就越有可能讨价还价，寻求纠正性的双边或多边解决方案，以更好地调整相关机制。新出现的联盟内部情况，例如，联盟成员自身的战略调整，也可能导致联盟内部激励机制的不一致，因此可能需要重新谈判和调整最初的协议以确保合作能够持续。另外，联盟成员可能对其合作伙伴的资源、能力、组织架构和文化特性以及联合任务的协调要求有不完整（或完全错误）的理解假设，如果他们没有调和在认识上的差异，那么他们对关键子任务、相互依存关系和突发事件的推测就很可能是不完整的或错误的，从而造成沟通协调的矛盾[38]。

在监督方面，合作项目采用的是各联盟成员共同监督及相互监督的方式。合作协议中普遍约定股东对合作项目各项业务的知情权，股东可以调阅业务的过程资料、审阅总经理报送的定期运营报告。此外，各个业务模块之间环环相扣，联盟成员分别负责不同的业务模块，从而业务开展中自然实现了监督的职能。与此同时，合作协议中还针对一些事项约定多个联盟成员共同审批和管理以实现监督功能，如项目公司印章及财务账户的共同管理。这种在工作分工中自然实现的监督方式，治理成本明显较低。

在退出机制方面，尽管只有不到一半的案例进行相关约定，但从案例中仍然可见联盟成员是普遍采用同进同退的原则。大部分案例设定了股权禁止转让的条款，规定联盟成员不能在项目开发中途退出，但当合作僵局出现后则可以通过股权出售给其他联盟成员的方式实现退出。若没有合作僵局发生，各联盟成员则在合作项目开发完成后退出。在开发完成后，以项目为载体的联盟即失去存在的意义，并且项目竣工备案并交付后进行清算退出对联盟成员的税收负担也是最有利。这种机制的设计，有效实现了联盟成员之间的项目利益捆绑，降低合作项目开发过程中出现联盟成员变更影响项目正常开发运营的概率，有助于实现合作项目的利益最大化。

综上分析，多个联盟成员共同治理的组织成本大于单个联盟成员独家管理，而降低组织成本的有效手段：一是减少联盟成员数量，特别是减少负责业务管理的联盟成员数量；二是选择与有合作经验、团队相互熟悉且配合度高的联盟成员。

5.2.3 治理价值评价模型

5.2.3.1 治理功能评价模型

无论是联盟的集体功能还是联盟成员的个体功能，联盟治理主要着眼于合作开发项目的业务分工，而联盟成员合作谈判的焦点在于业务模块管理分工、总经理委派、物业品牌优先指定、财务并表权等治理要素在拟合作企业中的分配。开发业务可以被划分为包括开发报建、设计管理、工程管理、成本管理、招标采购、营销管理和财务管理 7 个管理模块。其中，实现财务并表需要财务管理系统支撑，在分工时一般将财务并表权与财务管理模块合并为一个事项。另外，总经理委派及物业品牌优先指定作为 2 个独立事项进行分配。因此，开发阶段联盟治理可以划分为 9 个业务事项，并且每个事项只能分配给 1 个联盟成员进行负责。

　　每个联盟成员在合作中的诉求是获得若干个事项分配，但每个联盟成员在 9 个事项上的业务能力各不相同，不同联盟成员分工组合的整体业务能力将会出现差异。假设联盟对象 i 在事项 j 上相对于联盟成员选择主体的能力为 a_{ij}，分配系数为 d_{ij}^*；联盟成员选择主体在事项 j 的能力为 a_{0j}，诉求为 d_{0j}^*，则可以构建联盟成员组合的能力矩阵和分配矩阵如下：

能力矩阵：

$$A = \begin{bmatrix} a_{01} & \cdots & a_{09} \\ \vdots & & \vdots \\ a_{(n-1)1} & \cdots & a_{(n-1)9} \end{bmatrix}, \ a_{0j} = 1$$

分配矩阵：

$$D^* = \begin{bmatrix} d_{01}^* & \cdots & d_{09}^* \\ \vdots & & \vdots \\ d_{(n-1)1}^* & \cdots & d_{(n-1)9}^* \end{bmatrix}, \ d_{ij}^* = \{0, \ 1\}$$

其中，$d_{ij}^* = 1$ 表示联盟成员 i 分配事项 j，$d_{ij}^* = 0$ 表示联盟成员 i 不分配事项 j，故有 $\sum\limits_{i=0}^{n-1} d_{ij}^* = 1$，$n$ 为联盟成员数量。

　　那么，可用联盟相对于联盟成员选择主体的整体业务能力 F 来评价联盟治理功能，可表示为式（5.1）。F 的值越大，则联盟治理功能越强大。为了使 F 的值尽可能大，在联盟成员间分配事项时，应尽量采用单项业务能力高者优先分配原则。

$$F = \frac{1}{9} D^{*T} A = \frac{1}{9} \sum_{j=1}^{9} \sum_{i=0}^{n-1} d_{ij}^{*} a_{ij} \tag{5.1}$$

5.2.3.2 治理成本评价模型

多个联盟成员共同治理产生的组织成本，在一定程度上降低项目的开发运营效率。参与治理的联盟成员数量越多，组织成本越高，对运营效率的负面影响越大。另外，联盟成员之间合作经验越丰富，团队之间越熟悉，在工作上就更容易沟通和配合，联盟的组织成本就越低。假设联盟成员选择主体独家开发项目的运营效率为 1，与联盟对象 i 进行合作产生的运营效率的折损率为 l_i^{*}，则可以联盟相对于联盟成员选择主体的运营效率 P^{*} 来评价联盟治理成本，可表示为式（5.2）。折损率 l_i^{*} 越大，联盟成员数量 n 越多，则联盟的运营效率 P^{*} 越低。

$$P^{*} = \prod_{i=1}^{n-1} \left(1 - l_i^{*} \right) \tag{5.2}$$

5.2.3.3 治理价值评价模型构建

根据以上分析，联盟治理价值的提高，在于联盟整体业务能力 F 的提升，以及联盟治理成本的降低，也就是联盟运营效率 P^{*} 的提升。因此，可用式（5.3）来评价联盟治理价值 GV，其中 λ、γ 分别是 F 和 P^{*} 的权重系数，$0 < \lambda < 1$，$0 < \gamma < 1$，$\lambda + \gamma = 1$。将式（5.1）及式（5.2）代入式（5.3），可得联盟治理价值 GV 的最终表达式（5.4）。

$$GV = \lambda F + \gamma P^{*} \tag{5.3}$$

$$GV = \frac{\lambda}{9} \sum_{j=1}^{9} \sum_{i=0}^{n-1} d_{ij}^{*} a_{ij} + \gamma \prod_{i=1}^{n-1} \left(1 - l_i^{*} \right) \tag{5.4}$$

5.3　联盟成员最终选择标准与方法

5.3.1　最终选择标准

结合第3章、第4章及本章上述的研究内容，可以联盟成员商业模式匹配、竞价阶段联盟稳定性、开发阶段联盟治理价值三个维度作为联盟成员最终选择的依据，如图5.4所示。

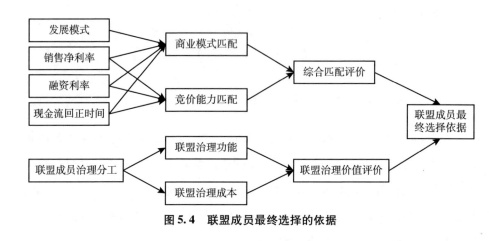

图5.4　联盟成员最终选择的依据

第3章分析认为联盟对象与联盟成员选择主体的商业模式整体偏离程度大则会造成无法达成合作或者在合作中容易产生冲突，从而以联盟对象与联盟成员选择主体的商业模式整体偏离程度构建联盟成员商业模式匹配评价模型。第4章分析认为联盟对象与联盟成员选择主体的出价能力整体偏离程度大则会造成竞价阶段联盟失去稳定性，从而以联盟对象与联盟成员选择主体的出价能力整体偏离程度构建竞价阶段联盟稳定性评价模型。结合商业模式匹配评价模型与竞价阶段联盟稳定性评价模型，构建了候选组合的综合匹配评价函数，即式（4.9）。综合匹配评价函数值越小，则候选组合的优先级越高。

此外，本章对联盟成员选择主体与联盟对象在开发阶段共同治理条件下的联盟整体业务能力和运营效率进行评估，构建了不同候选组合在开发阶段联盟治理价值评价模型，即式（5.4）。联盟治理价值越大，则候选组合的优先级越高。

因此，联盟成员最终选择的标准是联盟成员选择主体与联盟对象形成组合的综合匹配评价函数 Ω 的值尽可能小，且开发阶段联盟治理价值 GV 的值尽可能大。

5.3.2　最终选择方法

从前文分析可见，商业模式匹配直接关系到联盟成员之间是否适合合作，竞价阶段联盟稳定性则关系到共同竞买土地、共同开发的联盟愿景能否实现，并且两个维度都由联盟成员本身的属性特征决定，难以通过管理途径改善，从而联盟成员选择主体与联盟对象形成组合的综合匹配是联盟成员最终选择首要考虑的问题。另外，尽管联盟对象的业务能力各异，但业务能力较弱的小型开发企业基本不负责业务模块管理，使得联盟的整体业务水平普遍较高，而联盟治理成本可以通过管理手段加以改善，从而令联盟治理价值成为联盟成员最终选择的第二重要标准。因此，联盟成员最终选择可以采用分层排序法进行决策，具体步骤如下：

步骤一：根据各评价模型计算各成员组合的综合匹配评价函数 Ω 及联盟治理价值 GV。

步骤二：挑选出综合匹配评价函数 Ω 值最小的几个组合，按照联盟治理价值 GV 进行排序。

步骤三：以联盟治理价值 GV 最大的组合为最优选择，其余组合为备选。

5.4 实 例 分 析

5.4.1 实例背景

以第 3 章及第 4 章案例中的联盟成员选择主体 E_0，初步筛选之后的企业 E_2、E_3、E_5、E_8、E_{23}、E_{24}、E_{25} 作为联盟成员最终选择对象，并以第 4 章案例中的宗地为竞买目标，分析联盟成员的最终选择。经过联盟成员选择主体企业 E_0 决策支持团队的调研和评估，联盟对象各治理事项的业务能力与联盟成员选择主体相比的数值如表 5.9 所示、合作诉求如表 5.10 所示。

表 5.9　　　　　　　　　　　联盟对象的业务能力评估

样本编号	合作运营效率折损率	业务能力								
		总经理	工程管理	成本管理	招标采购	设计管理	营销管理	财务管理	开发报建	物业管理
E_0	0.00	1.00	1.00	1.00	1.00	1.00	1.00	1.00	1.00	1.00
E_2	0.05	1.02	1.08	0.99	1.10	1.05	1.00	0.99	1.02	0.90
E_3	0.02	1.05	1.09	0.99	1.10	1.05	1.00	0.98	1.05	0.95
E_5	0.03	1.00	1.00	1.00	1.05	1.10	0.98	1.05	1.00	1.00
E_8	0.02	1.00	1.00	1.00	1.05	1.00	0.99	1.00	1.00	0.96
E_{23}	0.02	1.00	1.02	0.99	1.05	1.00	0.98	0.95	1.00	0.90
E_{24}	0.03	1.00	1.00	1.02	1.00	1.00	1.00	1.00	1.00	0.95
E_{25}	0.05	0.98	0.99	0.98	0.98	1.05	0.99	1.10	1.00	1.00

表 5.10 联盟对象的合作诉求

样本编号	诉求分配事项数量（个）	分配事项的倾向性								
		总经理	工程管理	成本管理	招标采购	设计管理	营销管理	财务管理	开发报建	物业管理
E_0	3							√		
E_2	3									
E_3	2									
E_5	3						√			
E_8	2									√
E_{23}	4									
E_{24}	2									
E_{25}	9	√	√	√	√	√	√	√	√	√

5.4.2　条件假设

（1）以相对平均原则分配治理事项，即在优先满足联盟成员的倾向性分配事项，且满足诉求分配事项数量最多者的诉求，然后将剩下的事项按数量进行平均分配、余数分配给联盟成员选择主体 E_0。为了使得联盟整体的业务能力最强，在平均分配治理事项时按照业务能力高者优先原则。

（2）假设权重系数 $\alpha=0.5$、$\beta=0.5$、$\lambda=0.3$、$\gamma=0.7$。

（3）联盟成员选择主体仅接受最多 3 个联盟成员，因此只计算联盟成员数量 $n=2$ 与 $n=3$ 的情况。

（4）选择一个最优组合，两个备选组合。

5.4.3 分析结果

5.4.3.1 联盟成员数量 $n=2$ 的情况

E_{25} 的合作诉求是由其独家负责全部的业务事项，与联盟成员选择主体 E_0 的合作诉求相冲突，先剔除，因此存在 6 个有效候选组合，各组合的治理事项分配结果如表 5.11 所示。根据各公式计算 Ω、F、P^* 和 GV，按照分层排序法求解最优的候选组合。结果如表 5.12 所示，组合（E_0，E_8）是最优选择，（E_0，E_5）及（E_0，E_{24}）可作为备选。

表 5.11　　　　　　　候选组合的治理事项最优分配（$n=2$）

序号	成员组合	总经理	工程管理	成本管理	招标采购	设计管理	营销管理	财务管理	开发报建	物业管理
1	（E_0，E_8）	E_0	E_8	E_8	E_8	E_0	E_0	E_0	E_0	E_8
2	（E_0，E_5）	E_0	E_5	E_0	E_5	E_5	E_5	E_0	E_0	E_0
3	（E_0，E_{24}）	E_0	E_{24}	E_{24}	E_{24}	E_0	E_0	E_0	E_{24}	E_0
4	（E_0，E_{23}）	E_0	E_{23}	E_{23}	E_{23}	E_0	E_0	E_0	E_{23}	E_0
5	（E_0，E_2）	E_0	E_2	E_0	E_2	E_2	E_0	E_0	E_2	E_0
6	（E_0，E_3）	E_0	E_3	E_0	E_3	E_3	E_0	E_0	E_3	E_0

表 5.12　　　　　　　候选组合评价及最终选择结果（$n=2$）

序号	成员组合	Ω	F	P^*	$GV=\lambda F+\gamma P^*$	选择结果
1	（E_0，E_8）	0.1387	1.0011	0.98	0.9863	最优选择
2	（E_0，E_5）	0.5663	1.0144	0.97	0.9833	备选
3	（E_0，E_{24}）	0.7506	1.0022	0.97	0.9797	备选
4	（E_0，E_{23}）	1.5589	1.0067	0.98	0.9880	放弃

续表

序号	成员组合	Ω	F	P^*	$GV = \lambda F + \gamma P^*$	选择结果
5	(E_0, E_2)	2.3747	1.0167	0.95	0.9700	放弃
6	(E_0, E_3)	3.0485	1.0322	0.98	0.9957	放弃

从 F、P^* 和 GV 的关系图 5.5 可见，F 全部大于 1，但大部分在 1.02 以内，说明联盟成员选择主体与联盟对象联盟后的业务能力得到小幅提升；P^* 全部小于 1，说明联盟成员选择主体与联盟对象联盟后的运营效率被削弱。没有一个组合的 GV 大于 1，说明联盟成员选择主体与联盟对象联盟的共同治理价值普遍低于联盟成员选择主体独家治理。

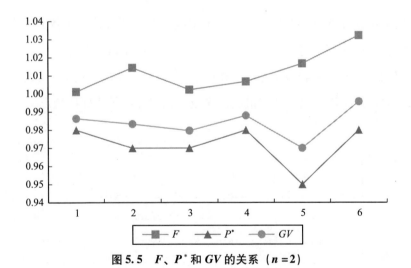

图 5.5　F、P^* 和 GV 的关系（$n = 2$）

从 Ω 与 GV 的关系图 5.6 可见，GV 的数值变化平缓，但 Ω 的数值变化较大，说明在联盟成员最终选择时 Ω 的影响作用更显著。

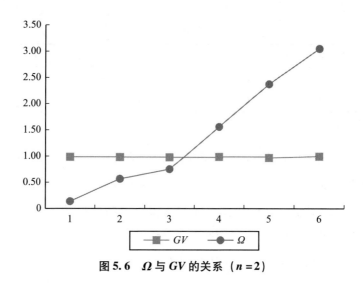

图5.6 Ω 与 GV 的关系（$n=2$）

权重系数 α 在不同取值情况下，根据综合匹配评价目标函数 Ω 的值对各候选组合的优先级排序如图 5.7 所示。权重系数 α 取不同值时，仅有组合 (E_0, E_2)、(E_0, E_{23}) 的优先级排序出现变化，(E_0, E_8)、(E_0, E_5)、(E_0, E_{24}) 三个组合始终位列最高优先级，且优先级排序保持稳定。

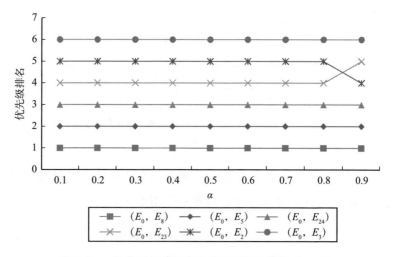

图5.7 α 取值对候选组合优先级排序的影响（$n=2$）

权重系数 λ 在不同取值情况下，根据联盟治理价值 GV 对各候选组合的优先级排序如图 5.8 所示。权重系数 λ 取值大于 0.4 时，除（E_0，E_3）外，其他组合的优先级排序发生较大变化，处于不稳定状态。

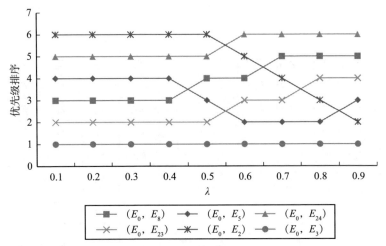

图 5.8 λ 取值对候选组合优先级排序的影响（$n=2$）

5.4.3.2 联盟成员数量 $n=3$ 的情况

组合（E_0，E_5，E_{23}）及（E_0，E_2，E_{23}）的成员诉求分配事项数量之和大于 9，无法组成联盟，直接剔除，并剔除 E_{25} 的组合，因而存在 13 个有效候选组合，各候选组合的治理事项分配结果如表 5.13 所示。根据各公式计算 Ω、F、P^* 和 GV，按照分层排序法求解最优的候选组合。结果如表 5.14 所示，组合（E_0，E_5，E_8）是最优选择，（E_0，E_8，E_{24}）及（E_0，E_5，E_{24}）可作为备选。

从 F、P^* 和 GV 的关系图 5.9 可见，F 全部大于 1，且有一半以上的组合大于 1.02，说明联盟成员选择主体与多个联盟对象联盟后的业务能力得到一定程度的提升；P^* 全部小于 1，且大部分在 0.96 以内，说明联盟成员选择主体与联盟对象联盟后的运营效率被明显削弱；全部组合的 GV 都小于 1，说明联盟成员选择主体与多个联盟对象联盟的共同治理价值低于联盟成员选择主体独家治理。

表 5.13　　　　　　　　　候选组合的治理事项最优分配（$n=3$）

序号	成员组合	总经理	工程管理	成本管理	招标采购	设计管理	营销管理	财务管理	开发报建	物业管理
1	$(E_0，E_5，E_8)$	E_0	E_0	E_8	E_5	E_5	E_5	E_0	E_8	E_8
2	$(E_0，E_8，E_{24})$	E_0	E_{24}	E_{24}	E_8	E_8	E_0	E_0	E_{24}	E_8
3	$(E_0，E_5，E_{24})$	E_{24}	E_0	E_{24}	E_5	E_5	E_5	E_0	E_{24}	E_0
4	$(E_0，E_8，E_{23})$	E_0	E_{23}	E_{23}	E_{23}	E_8	E_0	E_0	E_{23}	E_8
5	$(E_0，E_{23}，E_{24})$	E_{24}	E_{23}	E_{24}	E_{23}	E_{23}	E_0	E_0	E_{23}	E_0
6	$(E_0，E_2，E_8)$	E_2	E_2	E_0	E_2	E_8	E_0	E_0	E_8	E_8
7	$(E_0，E_2，E_5)$	E_5	E_2	E_0	E_2	E_5	E_5	E_0	E_2	E_0
8	$(E_0，E_2，E_{24})$	E_{24}	E_2	E_0	E_2	E_2	E_{24}	E_0	E_{24}	E_0
9	$(E_0，E_3，E_8)$	E_3	E_3	E_0	E_3	E_8	E_0	E_0	E_8	E_8
10	$(E_0，E_3，E_5)$	E_3	E_3	E_0	E_3	E_5	E_5	E_0	E_5	E_0
11	$(E_0，E_3，E_{24})$	E_3	E_3	E_{24}	E_3	E_{24}	E_0	E_0	E_{24}	E_0
12	$(E_0，E_3，E_{23})$	E_{23}	E_3	E_{23}	E_3	E_{23}	E_0	E_0	E_{23}	E_0
13	$(E_0，E_2，E_3)$	E_3	E_3	E_0	E_3	E_2	E_2	E_0	E_2	E_0

表 5.14　　　　　　　　　候选组合评价结果（$n=3$）

序号	成员组合	Ω	F	P^*	$GV=\lambda F+\gamma P^*$	选择结果
1	$(E_0，E_5，E_8)$	0.4123	1.0100	0.9506	0.9684	最优选择
2	$(E_0，E_8，E_{24})$	0.5398	1.0033	0.9506	0.9664	备选
3	$(E_0，E_5，E_{24})$	0.6662	1.0167	0.9409	0.9636	备选
4	$(E_0，E_8，E_{23})$	1.1067	1.0022	0.9604	0.9729	放弃
5	$(E_0，E_{23}，E_{24})$	1.2236	1.0100	0.9506	0.9684	放弃
6	$(E_0，E_2，E_8)$	1.6842	1.0178	0.9310	0.9570	放弃

续表

序号	成员组合	Ω	F	P^*	$GV = \lambda F + \gamma P^*$	选择结果
7	$(E_0，E_2，E_5)$	1.7615	1.0311	0.9215	0.9544	放弃
8	$(E_0，E_2，E_{24})$	1.8124	1.0256	0.9215	0.9527	放弃
9	$(E_0，E_3，E_8)$	2.1589	1.0222	0.9604	0.9789	放弃
10	$(E_0，E_3，E_5)$	2.2112	1.0356	0.9506	0.9761	放弃
11	$(E_0，E_3，E_{24})$	2.2469	1.0289	0.9506	0.9741	放弃
12	$(E_0，E_3，E_{23})$	2.5204	1.0200	0.9604	0.9783	放弃
13	$(E_0，E_2，E_3)$	2.7447	1.0344	0.9310	0.9620	放弃

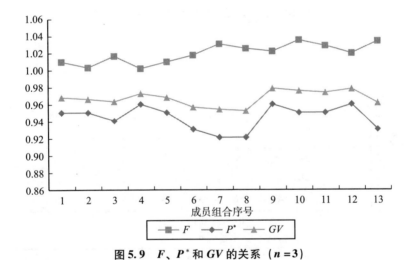

图 5.9　F、P^* 和 GV 的关系（$n = 3$）

　　从 Ω 与 GV 的关系图 5.10 可见，GV 的数值变化平缓，但 Ω 的数值变化较大，再次说明在联盟成员最终选择时 Ω 的影响作用更显著。

　　权重系数 α 在不同取值情况下，根据综合匹配评价目标函数 Ω 的值对各候选组合的优先级排序如图 5.11 所示。权重系数 α 取值大于 0.7 时，部分组合的优先级排序发生变化，$(E_0，E_5，E_8)$、$(E_0，E_8，E_{24})$、$(E_0，E_5，E_{24})$ 3 个组合始终位列最高优先级，且优先级排序保持稳定。

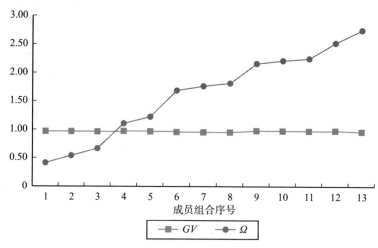

图 5.10　Ω 与 GV 的关系（$n=3$）

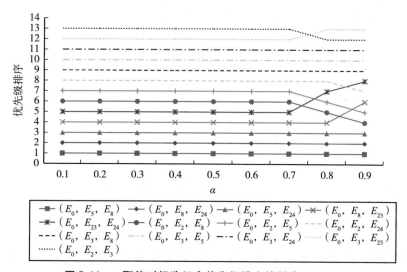

图 5.11　α 取值对候选组合优先级排序的影响（$n=3$）

权重系数 λ 在不同取值情况下，根据联盟治理价值 GV 对各候选组合的优先级排序如图 5.12 所示。权重系数 λ 取值大于 0.2 时，各个组合的优先级排序发生较大变化，处于高度不稳定状态。

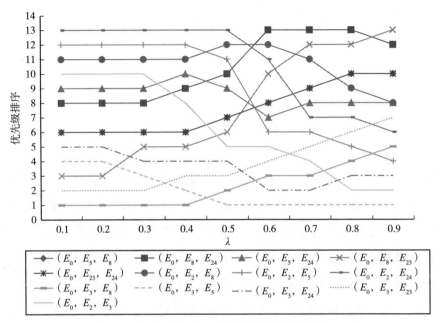

图 5.12　λ 取值对候选组合优先级排序的影响（$n = 3$）

5.5　对研究结果的进一步讨论

5.5.1　联盟成员的最终选择

　　竞买联盟成员最终选择，以联盟成员的商业模式与出价能力构成的综合匹配，以及开发阶段联盟治理价值作为标准，充分考虑了联盟成员的属性特征及目标任务的需求。综合匹配评价既考虑了联盟成员之间商业模式属性的匹配要求以规避合作中的冲突，也衡量了联盟成员之间的出价能力匹配程度以保证竞价阶段联盟的稳定性，使得共同竞买土地、共同开发的联盟愿景得以实现。联盟治理价值评价考虑了在开发阶段多个联盟成员共同治理下的联盟整体业务能力和运营效率，确保联盟最终经营目标的实现。因此，两个选择标准缺一不可，共同决定了联盟成员的最优选择。

5.5.2 联盟治理要素

住宅用地拍卖竞买联盟成员在开发阶段普遍采用的"一票否决制"的共商机制，是成熟行业的共同治理机制，也是房地产项目开发合作的特征。这种机制在充分保障全部联盟成员决策权利的同时，也存在被"一票否决制""敲竹杠"的风险。然而，高度发达的房地产开发行业，各项成本信息都比较透明，并且普遍采用目标成本、目标利润率等目标管理方式，进入实施阶段的联盟成员之间没有明显的利益可以争夺。此外，追求较高的周转速度是行业共识，同股同权合作方式下没有联盟成员会故意去给项目开发运营制造障碍，从而发生利用规则"敲竹杠"的概率较低。与此相反，这种机制促使联盟成员之间在项目推进过程中充分沟通。

案例中存在很多标准化契约条款，既规范共同治理，又提高了联盟谈判效率。房地产开发行业高度专业化、高速周转，很多业务流程和标准都实行标准化，催生了大量的标准化合作契约，从而联盟合作谈判只需聚焦于开发阶段的治理分工。

尽管多个联盟成员共同治理价值弱于龙头企业的独家治理，但很多大中型企业仍然将参与治理分工作为竞买联盟合作的前提。一方面，联盟成员需要通过负责业务模块分工管理来控制自身经营目标的实现，另一方面，是维持自身开发团队的需要，规避能力损失风险。然而，开发团队和专业能力不具优势的小型开发企业一般都被排除在业务模块管理分工之外，避免联盟的整体业务能力出现下降。

对治理事项分配的要求限制了联盟成员的数量，也限制了联盟成员的范围。不少大中型开发企业都对竞买联盟在开发阶段的治理分工事项数量进行明确要求，例如，厦门建发要求只能由其统一负责业务管理，世茂集团在

2020 年将合作条件设定为负责 4 个业务模块管理，万科参与的合作开发项目也基本由其主导业务管理，等等。这些合作条件控制了联盟成员规模，也保证了项目开发运营效率不因联盟而大幅度降低。

5.5.3　联盟治理价值

开发阶段联盟治理价值在很大程度上与联盟成员选择主体的特征直接关联。土地拍卖中具有竞争优势的联盟成员选择主体，本身是行业龙头企业，具有较强的各项业务能力，与其他企业联盟显然不能对其业务能力提升起到太大的作用。另外，共同治理不可避免增加了组织沟通和协调成本，降低了运营效率。从案例分析结果可见，主体与多个对象结成联盟后的运营效率被削弱比业务能力提升更明显，主体与多个对象联盟的共同治理价值低于主体独家治理。

然而，竞买联盟的项目开发毕竟是以股权合作的方式，集体利益最大化是共同追求，联盟成员都希望降低共同治理成本，从而联盟成员存在通过自身企业内部给以委派到合作项目的工作人员进行激励的动机。在实践中，大中型开发企业普遍按照自身的业务考核方式对合作项目进行管理，这些业务考核的指标包含运营节点、销售任务、目标成本和投资利润率等，因此这些联盟成员不仅要做好自身负责的业务模块，更需要负责其他业务模块的合作伙伴齐心协力才能完成其业务考核要求。与此相对应，联盟成员按照其企业内部业务考核和人员奖惩的直接关联办法，从而实现对委派到合作项目的工作人员进行激励，既能激励被委派的工作人员做好自己的本职工作，也在一定程度上能够促进他们配合项目的其他工作。因此，尽管合作项目工作人员的激励更多的是来自委派方的内部激励，但这种激励方式在一定程度上保证了联盟作为一个整体的组织效率。

在实践中，随着各联盟成员的关键决策者彼此越来越熟悉，联盟内部可以形成非正式的联合解决问题的工作组[313]。更好的相互理解有助于发展共享的知识库和共同的语言，这两者都能使沟通更顺畅[314]。更好地理解个人行动和集体结果之间的因果关系有助于提高合作伙伴的兼容性[315]。最终，合作团队的一些经验学习将被纳入日常工作中以改善工作中的配合协调[81]，合作伙伴之间彼此的熟悉和适应可以有效提升协调效率[316]，具有良好合作经验的合作伙伴组成联盟的组织成本相对较低。在合作已成为房地产开发行业发展趋势的背景下，很多企业之间都具有合作经验，开发阶段联盟治理的组织成本往往相对较低。

5.5.4　最终选择决策方法

本书采用联盟成员选择主体与联盟对象形成联盟组合的综合匹配和开发阶段联盟治理价值两个标准，按照分层排序法对联盟组合进行最终选择，而这种方法最重要的步骤是首先确定排序的标准。从理论层面分析，以联盟成员本身的属性特征——商业模式关键要素为参数的综合匹配，能够评估联盟成员之间是否适合合作，共同竞买土地、共同开发的联盟愿景能否实现，在联盟成员选择中具有的重要性高于通过治理分工安排、控制联盟成员规模等方式可以改善的开发阶段联盟治理价值，因此作为首先排序的标准。从案例分析可见，综合匹配标准对联盟成员最终选择的影响作用明显大于开发阶段联盟治理价值标准，商业模式关键要素对联盟成员最终选择起着决定性作用。商业模式构成要素是企业的基因，决定联盟成员自身的经营方式和行为特征，影响各联盟成员在项目开发阶段的步调一致，同时也在很大程度上决定了各联盟成员的出价能力，从而对竞价阶段联盟稳定性产生根本作用。这正好解释了商业模式匹配的权重系数变化对综合匹配评价值的影响较小，候选组合优先级排序的稳定性较高的原因。然而，开发阶段联盟治理价值并非无关紧要，只是案例中联盟成员选择主体与联盟对象都是行业龙头企业，都具有较高的各项业务能力，并且联盟成员数量被限制，从而联盟对业务能力和运营效率的影响不明显。这也说明了开发阶段的联盟治理实行强强联合的重要性。

5.6　本 章 小 结

本章在第 3 章和第 4 章研究成果的基础上，探讨基于开发阶段治理价值的联盟成员最终选择。首先，通过案例分析，发现联盟在开发阶段的整体治理框架是股东会及董事会"一票否决制"为主的决策机制，结合总经理协调下的各联盟成员业务模块分工，并且业务模块管理分工、总经理委派、物业品牌优先指定、财务并表权是联盟形成前合作谈判的焦点。其次，定性分析认为开发阶段联盟治理功能体现在联盟的整体业务能力，联盟治理成本体现为联盟的整体运营效率，从而构建联盟治理价值量化评价模型。再其次，结合二次选择标准，联盟成员最终选择的标准是联盟成员选择主体与联盟对象形成组合的综合匹配评价目标函数值尽可能小，同时开发阶段联盟治理价值应尽可能大，并且综合匹配标准的重要性大于开发阶段联盟治理价值标准，从而采用分层排序法进行联盟成员最终选择决策。最后，以案例分析联盟成员最终选择，发现商业模式和出价能力的综合匹配评价在联盟成员最终选择中的作用大于联盟治理价值评价，综合匹配评价中的权重系数取值对候选组合的优先级排序稳定性影响较小，联盟治理价值评价中的权重系数取值对候选组合的优先级排序稳定性影响很大。

第 6 章

联盟成员选择风险控制

在前文从商业模式匹配、竞价阶段联盟稳定性、开发阶段联盟治理价值等三个维度探讨联盟成员选择的基础上，本章对联盟成员选择的潜在风险进行识别，提出风险因果关系假设，然后通过构建风险理论模型，问卷调研采集数据，并采用 PLS-SEM 技术检验模型的有效性，既验证各项风险与其影响因素之间的关系，又验证第 3 章、第 4 章和第 5 章相关研究的合理性，最后根据研究结果提出风险控制对策以完善联盟成员选择决策。

6.1 联盟成员选择风险识别

6.1.1 正确认识联盟成员选择风险的重要性

住宅用地拍卖竞买联盟组建阶段的成员选择是复杂而系统的决策行为，既要考察联盟对象的各项属性特征与联盟成员选择主体的匹配性，又要考虑联盟对象与联盟成员选择主体各自合作诉求得到满足，且达成的联盟治理方案应具有帕累托最优。成功的联盟成员选择要求高层管理者具有科学、系统的决策思维，并且需要详细的调查研究才能避免信息不对称导致决策失误。

很多联盟实施过程中出现的问题，根源就在于联盟成员选择不当。不恰当的联盟成员将导致联盟绩效低下甚至失败[248,249]。联盟组建阶段的成员选择不当风险具有隐患性强、对后续阶段破坏性大的特点，产生的破坏性可能导致联盟整体功能的削弱或联盟成员个体能力的损害[111]。若住宅用地拍卖竞买联盟成员选择的风险影响因素没有得到有效控制，就会在联盟实施的土地拍卖竞价阶段和项目开发阶段产生相应的风险问题，可能导致联盟成员共同买地、共同开发的愿景不能实现；即使联盟成功竞得土地，在持续数年的合作开发阶段也将面临一系列的问题和挑战。如前文分析，联盟成员之间的商业模式不相似则不能匹配合作，出价能力差异较大则导致竞价阶段联盟不稳定，联盟成员的合作诉求与权利分配不当则导致联盟治理价值降低。这些风险因素相互交融，影响到联盟实施的各个方面，进一步增加联盟成员之间的沟通与协调难度[317]。

然而，基于商业模式匹配初步筛选、基于竞价阶段联盟稳定性二次选择及基于开发阶段联盟治理价值最终选择的联盟成员选择框架，采用的基本决策方法是对联盟对象或联盟成员选择主体与联盟对象形成的候选组合进行优先级排序，选出优先级最高的联盟成员，并非控制了所有的风险。一方面，特定条件下若出现全部候选联盟对象与联盟成员选择主体的商业模式匹配程度低，或者合作条件明显降低联盟治理价值，即使选择优先级最高的联盟对象也将面临巨大的风险；另一方面，联盟成员之间的合作方式及条件若没有事先明确和固化，将难以避免联盟实施过程中的机会主义行为，也将导致相关风险的发生。因此，有必要找出联盟成员选择过程中的主要风险源、识别可能产生的各种风险，并探索其中的关系和影响，从而制定有效的风险控制对策来完善联盟成员选择决策，为联盟的顺利实施和目标实现夯实基础。

6.1.2　风险识别

　　根据第 3 章、第 4 章及第 5 章的分析结果，可以识别联盟成员选择的主要风险源与潜在风险如图 6.1 所示。

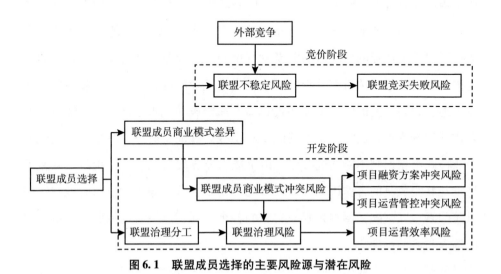

图 6.1　联盟成员选择的主要风险源与潜在风险

前文从商业模式匹配、竞价阶段联盟稳定性、开发阶段联盟治理价值等三个维度对住宅用地拍卖竞买联盟成员选择进行决策，每个维度的决策失误都将产生相应的风险问题，而其中的主要风险源来自联盟的内部和外部。首先，根据第 3 章分析，商业模式差异将导致联盟成员在开发阶段产生相关的冲突，例如，融资成本差异较大导致项目层面的融资方案难以让全体联盟成员共同接受、运营考核要求不同导致项目运营导向各异而出现运营管控冲突，这些冲突的发生都将降低项目的运营效率。其次，根据第 4 章分析，联盟外的竞买人对联盟成员构成外部竞争，竞买报价超过任一联盟成员的可接受价格都将导致联盟不稳定状态的发生，以致联盟竞买失败。然而，外部竞争具有较大的不确定性且不可控，内部的风险源更值得管理者聚焦。由于商业模式决定企业的竞买报价竞争力，商业模式差异将造成联盟成员之间出价能力悬殊，从而出价能力低者面对联盟外部具有竞争力的竞买报价不得不退出竞买联盟。最后，根据第 5 章分析，为满足各个联盟成员合作诉求而形成的联盟治理权利分配方案，可能削弱联盟的整体业务能力、增加联盟的组织成本，降低联盟治理价值，从而导致开发阶段项目运营效率降低。由此可见，联盟成员选择的主要风险源来自联盟成员之间的商业模式差异、开发阶段联盟治理分工及联盟外部竞争，可能引发的风险包含竞价阶段的联盟竞买失败风险，开发阶段的项目融资方案冲突风险、项目运营管控冲突风险及项目运营效率风险。其中，联盟成员之间的商业模式差异影响到联盟成员选择的全部风险，外部竞争直接关系联盟竞买失败风险，开发阶段联盟治理分工将带来潜在的项目运营效率风险。

结合前文的分析结果，对联盟成员选择的各项风险释义如下：

（1）联盟竞买失败风险，即在竞价阶段外部的竞争报价超过任一联盟成员可接受的价格，联盟共同竞买失败的风险。当联盟竞买失败风险发生，联盟成员共同买地、共同开发的愿景破灭，即使有联盟成员最终竞得土地，但股权融资、共享收益共担风险的联盟动机无法实现。

（2）项目融资方案冲突风险，即竞得土地后的开发阶段联盟成员之间对项目层面的债务融资方式需求不同，无法对项目融资方案达成一致的风险。在股东会及董事会"一票否决制"的决策机制下，联盟成员之间对融资方案无法达成一致，意味着放弃融资，而大部分住宅开发企业对此无法接受。

（3）项目运营管控冲突风险，即竞得土地后的开发阶段联盟成员之间对项目的运营考核要求存在差异，导致各联盟成员在项目的开发节点、销售定价等方面出现管控冲突的风险。当这种风险发生时，一致决策难以达成，可能导致项目停滞，甚至合作破裂。

（4）项目运营效率风险，即竞得土地后的开发阶段项目运营效率降低的风险。运营效率降低可能导致在激烈的市场竞争中处于下风，各项成本增加，利润下降，直接关系到联盟最终经营目标的实现。

6.2 联盟成员选择风险理论模型构建

风险源的构成要素是风险的主要影响因素，因而按照第 6.1 节识别的联盟成员选择风险及其主要风险源，结合第 3 章、第 4 章和第 5 章的研究结果可以梳理联盟成员选择风险的影响因素。根据风险与其影响因素之间的关系提出研究假设，从而构建联盟成员选择风险理论模型。

6.2.1 联盟成员选择风险的影响因素

联盟成员选择的主要风险源构成要素即联盟成员选择风险的影响因素如图 6.2 所示。根据第 3 章分析，以企业的发展模式及关键业务标准中的销售净利率、融资利率、现金流回正时间作为评价联盟成员商业模式匹配的关键指标，而联盟成员在这些指标的差异将产生商业模式冲突风险、联盟竞买失败风险和联盟治理风险。根据第 4 章分析，以竞买人数量、竞买人出价能力为测量指标的土地拍卖竞争强度，影响竞价阶段联盟的稳定状态，从而直接关系到联盟竞买失败风险。根据第 5 章分析，股东会决策机制、董事会决策机制及董事委派、总经理职权及委派、业务模块管理分工及物业品牌优先指定是开发阶段联盟治理分工的关键要素，且不合理的分工会降低联盟治理价值，带来项目运营效率风险。

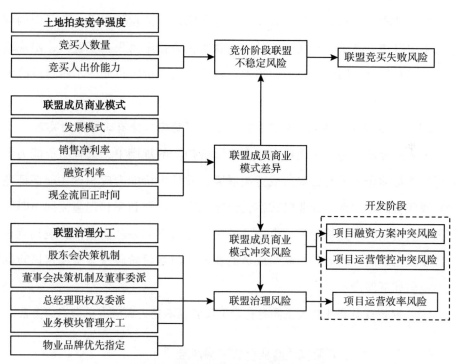

图 6.2 联盟成员选择风险的影响因素

6.2.2 研究假设

6.2.2.1 关于竞价阶段联盟不稳定风险

土地拍卖竞争强度是影响竞价阶段联盟稳定性的主要因素之一。第 4 章分析认为,土地拍卖竞争强度的衡量指标为竞买人数量和竞买人的出价能力。这 2 个指标都将对联盟在竞价阶段的稳定性产生影响。若所有竞买人形成联盟,则联盟没有竞争对手,联盟处于稳定状态。当竞买人数量较多时,难以形成统一的联盟,从而即使形成联盟也存在联盟外的竞争对手。若联盟的竞争对手出价能力高于联盟任一成员,则联盟在竞价中将失去稳定性,出现联盟竞买失败风险。因此,对土地拍卖竞争强度与竞价阶段联盟不稳定风险的关系提出如下假设:

H1:土地拍卖竞争强度对竞价阶段联盟不稳定风险有正向影响关系。

第 4 章分析认为,在土地出让实行增价拍卖的规则下,只有出价能力具有竞争优势的企业才有必要组成竞买联盟,并且出价能力应相近才能保证竞价阶段联盟的稳定性。商业模式在销售净利率、融资利率和现金流回正时间等因素上存在的差异将导致每个企业的出价能力不同,从而直接影响到竞价阶段联盟稳定性。因此,对联盟成员商业模式与竞价阶段联盟不稳定风险的关系提出如下假设:

H2:联盟成员商业模式差异对竞价阶段联盟不稳定风险有正向影响关系。

6.2.2.2 关于联盟成员商业模式冲突风险

发展模式、销售净利率、融资利率和现金流回正时间等方面的差异造成联盟成员之间的商业模式不匹配,从而产生商业模式冲突风险,主要表现形式为项目融资方案冲突和项目运营管控冲突。首先,住宅开发企业的商业模式差异将导致开发项目的融资方案不同。追求周转速度的企业，希望采取的融资方案能够快速放款，尽快收回投资项目的自有资金，但他们的融资资信评级通常相对较低，融资成本通常较高。追求利润率的企业，资金成本普遍较低，一般都希望采取成本较低的融资方案。两种不同商业模式的企业，希望采用且能够获得的融资方案存在较大差异，追求高周转的企业采用高成本信托融资，追求高利润企业更倾向低成本的银行开发贷。两类企业合作开发项目，很难在融资方案上达成一致意见，存在冲突风险。其次，联盟成员若具有不同的商业模式，在后续的项目合作开发中易产生项目运营管控冲突。企业对于周转速度和利润率的取舍，对项目开发的运营管控有不同的要求。追求周转速度与追求利润率两种发展模式最大的差异在于产品定价的相对水平和产品销售的速度，前者定价较低、销售速度较快，后者定价较高、销售速度较慢，两者不可兼容。这些差异将导致联盟成员对合作项目的开发周期、销售价格等关键开发目标的设定难以达成一致，造成运营管控冲突。因此，对联盟成员商业模式与商业模式冲突风险的关系提出如下假设：

H3：联盟成员商业模式差异对联盟成员商业模式冲突风险有正向影响关系。

此外，在股东会和董事会普遍采用"一票否决制"的决策机制下，当联盟成员对项目运营管控要求和项目融资方案的意见发生冲突时，容易陷入决策僵局。这些风险事故的发生，往往会导致具有业务主导优势的联盟成员各行其是，造成管理混乱，导致联盟治理风险发生。因此，对联盟成员商业模式冲突风险与开发阶段联盟治理风险的关系提出如下假设：

H4：联盟成员商业模式冲突风险对开发阶段联盟治理风险有正向影响关系。

6.2.2.3 关于联盟治理风险

股东会决策机制、董事会决策机制及董事委派、总经理职权及委派、业务模块管理分工、物业品牌优先指定等联盟治理分工不当将产生联盟治理风险。从第 5 章的案例分析可见，竞买联盟成员的专业能力可能存在较大差异，若由专业能力较弱的成员主导业务模块管理，联盟治理功能将下降，造成项目运营效率降低。另外，若由多个成员共同负责业务模块管理，项目开发过程中需要更多的沟通和协调，联盟治理的组织成本较高。与此同时，无论联盟在成员选择和初始治理设置方面多么谨慎，但在联盟的实际实施过程中，联盟成员可能会开始采取机会主义行为损害联盟或者其他成员的利益而导致纠纷产生。联盟成员越多，产生的纠纷可能越多。多个联盟成员共同治理的这些弊端都存在造成项目运营效率降低的风险。因此，对开发阶段联盟治理分工与联盟治理风险的关系提出如下假设：

H5：开发阶段联盟治理分工对联盟治理风险有正向影响关系。

6.2.3　理论模型构建

根据第 6.2.2 节的研究假设，可以构建联盟成员选择风险的理论模型，如图 6.3 所示。土地拍卖竞争强度与联盟成员商业模式差异共同影响竞价阶段联盟不稳定风险，联盟成员商业模式差异影响联盟成员商业模式冲突风险，开发阶段联盟治理分工与联盟成员商业模式冲突风险共同影响开发阶段联盟治理风险。

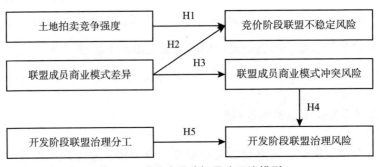

图 6.3　联盟成员选择风险理论模型

6.3　实证研究

6.3.1　研究方法

6.3.1.1　建模技术

结构方程模型（structural equation modeling，SEM）是当代社会科学领域流行的一种统计方法，广泛应用于社会学、心理学、经济学、管理学等研究领域，也是路径分析的一种有效方法。SEM 将变量测量与分析整合为一，可以同时估计测量指标（观测变量）与潜在变量，给出指标变量的测量误差，评估测量的信度和效度，能够对各种因果模型进行辨识、估计和验证[318]。因此，本书采用 SEM 对联盟成员选择的各项潜在风险与其影响因素之间的因果关系进行实证研究。

SEM 模型如图 6.4 所示，由测量模型和结构模型组成，方程式表达为式（6.1）~式（6.3）。

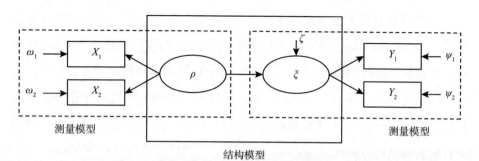

图 6.4　SEM 模型结构关系

$$X = \Lambda_X \rho + \omega \tag{6.1}$$

$$Y = \Lambda_Y \xi + \psi \qquad\qquad (6.2)$$

$$\xi = \theta\xi + \chi\rho + \zeta \qquad\qquad (6.3)$$

其中，式（6.1）和式（6.2）分别是关于外生潜在变量 ρ 和内生潜在变量 ξ 的测量方程式，$X = (X_1, X_2)$ 为外生潜在变量 ρ 的测量变量，$Y = (Y_1, Y_2)$ 为内生潜在变量 ξ 的测量变量；Λ_X 和 Λ_Y 分别表示对外生潜在变量 ρ 和内生潜在变量 ξ 的回归系数或因子负荷矩阵；$\omega = (\omega_1, \omega_2)$ 和 $\psi = (\psi_1, \psi_2)$ 分别表示测量变量 X 和 Y 的测量误差。式（6.3）为结构方程式，反映外生潜在变量 ρ 和内生潜在变量 ξ 之间的关系。其中，θ 是内生潜在变量 ζ 的路径系数矩阵，反映内生潜在变量 ξ 之间的关系；χ 是外生潜在变量 ρ 的路径系数矩阵，反映外生潜在变量 ρ 对内生潜在变量 ξ 的影响；ζ 是残差向量，反映 ξ 未被解释的部分。

SEM 分析一般包含五个步骤，即模型的设定、识别、估计、评价和修正[319]。模型设定是基于先行研究成果或经验法则，形成初始的理论模型假设。模型识别是基于设定的初始理论模型来确定测量指标与潜在变量、潜在变量与潜在变量之间的关系，并以结构方程模型的形式进行表达。模型估计是采用某种拟合方法计算模型中的估计参数。模型评价是评估设定的理论模型与样本数据的拟合程度。模型修正是指通过增加和删除，或重组测量指标与潜在变量，或潜在变量与潜在变量之间的关系，调整结构模型或测量模型，以提高模型与样本数据的拟合程度。

SEM 分析有两大主流技术[320]。一种是基于协方差进行分析的结构方程模式（covariance-based SEM），20 世纪 70 年代由约雷斯科格（Joreskog）所创。约雷斯科格与德格·索博姆（Dag Sorbom）结合矩阵模型的分析技巧，提出线性结构关系（linear structural relationships, LISREL）的统计分析计算机程序，Covariance-based SEM 也称为 LISREL 模型。另一种是基于主成分结构进行分析的结构方程模式（component-based SEM），使用的技术是偏最小二乘法（partial least square, PLS），由赫尔曼·沃尔德（Herman Wold）提出。赫尔曼·沃尔德认为现实数据并非来自正态分布，LISREL 的精度将受到影响，并于 1977 年创立适用于具有潜在变量路径模型的 PLS 分析方法[321]。

与 covariance-based SEM 相比，component-based SEM 能较好处理变量测量误差，对样本数据的分布没有严格要求，样本数量要求较低，仅要求大于问题总数，最好是问题总数的 10 倍[320,322]，因此本书基于 component-based SEM 采用 PLS 技术进行建模，并用 SmartPLS 3.3.3 软件进行数据处理。

6.3.1.2　模型构建

基于第 6.2.2 节提出的联盟成员选择风险理论模型，构建联盟成员选择风险的偏最小二乘法 – 结构方程模型（即 PLS-SEM 模型），如图 6.5 所示。PLS-SEM 模型中的潜在变量和测量变量及其代码如表 6.1 所示。

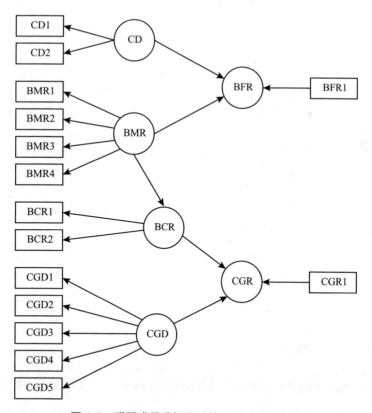

图 6.5　联盟成员选择风险的 PLS-SEM 模型

表 6.1 　　　　　　　　　　PLS-SEM 模型中的潜在变量和测量变量

类别	潜在变量	变量代码
潜在变量	土地拍卖竞争强度	CD
	竞价阶段联盟不稳定风险	BFR
	联盟成员商业模式差异	BMR
	联盟成员商业模式冲突风险	BCR
	开发阶段联盟治理分工	CGD
	开发阶段联盟治理风险	CGR
测量变量	竞买人数量	CD1
	竞买人出价能力	CD2
	联盟竞买失败风险	BFR1
	发展模式	BMR1
	销售净利率	BMR2
	融资利率	BMR3
	现金流回正时间	BMR4
	项目运营管控冲突风险	BCR1
	项目融资方案冲突风险	BCR2
	股东会决策机制	CGD1
	董事会决策机制及董事委派	CGD2
	总经理职权及委派	CGD3
	业务模块管理分工	CGD4
	物业品牌优先指定	CGD5
	项目运营效率风险	CGR1

6.3.1.3　参数估计

PLS 参数估计是以结构方程模型中各类残差方差最小化为目标的分析方法。参数估计时，在假定其他参数值给定的条件下，对某个参数运用多元线性回归进行计算，估计参数子集的最小化残差方差。通过不断迭代，收敛极限时参数趋于稳定，最后基于所有残差方差最小的条件来构建模型。PLS 迭代算法主要包含 7 个过程，即测量变量中心化、外部近似估计、内部近似估计、权重估计、迭代结束判断、求潜在变量的值、求荷载和路径系数[321]。

6.3.1.4 模型评价

PLS-SEM 模型评价包含结构信度、结构效度、模型效度和路径效度 4 个方面，结合相关文献[320-324]和本书研究的需要，本书采用的评价指标及评价标准如表 6.2 所示。

表 6.2 PLS-SEM 模型评价指标及评价标准

类别	评价项目	评价指标	评价标准
结构信度	内部一致性	Cronbach's α	问题数量小于 6，Cronbach's $\alpha \geq 0.6$ 即有效
	合成信度	CR	$CR \geq 0.7$
结构效度	共同度	communality	$communality \geq 0.5$
	收敛效度	AVE	$AVE \geq 0.5$
	判别效度	$\sqrt{AVE}$	$\sqrt{AVE}$ 大于其他潜在变量的相关系数
模型效度	解释能力	R^2	依据研究目的而定，一般 R^2 越大越好
	适配度	GoF	0.1、0.25、0.36 对应弱、中、强的适配度
	预测相关性	Q^2	$Q^2 > 0$ 表明具有良好的预测相关性
路径效度	相关系数	T 统计量	显著性检验通过

（1）结构信度。

通过测量题项的内部一致性来检验量表的信度。本书采用内部一致性信度 Cronbach's α 和合成信度（composite reliability，CR）2 个指标来评价测量样本数据的信度。2 个指标的数值大小介于 0 ~ 1 之间，数值越大则信度越高，样本数据越可靠。一般而言，Cronbach's $\alpha \geqslant 0.7$ 则认为样本数据具有良好的信度，但本书 SEM 模型的问题数小于 6，则 Cronbach's $\alpha \geqslant 0.6$ 即可。若 $CR \geqslant 0.7$，则认为测量指标的样本数据在信度方面是可靠的。

（2）结构效度。

效度检验主要是衡量样本数据与理想值的偏离程度，用以检验测量指标体系能否测量出想要的内容。本书采用共同度（communality）、平均提取方差（average variable extracted，AVE）来评价模型的结构效度。

communality 衡量模型中潜在变量对测量变量的预测能力，是测量变量的方差中由潜在变量解释部分所占的比例。共同度可判断潜在变量的收敛有效性，共同度越大，收敛有效性越好，共同度应不小于 0.5。

福内尔（Fornell）和拉克尔（Larcker）推出与 communality 类似的 AVE 来进行收敛效度检验[321]。潜在变量的 AVE 反映其能够解释测量变量方差总和的比例，$AVE \geqslant 0.5$ 即表明潜在变量具有较好的收敛效果。根据 Fornell-Larcker 准则[325]，潜在变量 i 的 $\sqrt{AVE_i}$ 应大于潜在变量 i 与其他潜在变量的相关系数。若所有潜在变量的 AVE 均大于各自与其他潜在变量的相关系数，表明测量模型具有良好的判别效度。

（3）模型效度。

R^2 用来审查结构模型变异的解释能力。每个结构模型可以通过普通最小二乘法回归估计并用 R^2 判断其变异解释力。R^2 的值越大，说明自变量对因变量的解释力越强[324]。

适配度指标 GoF 能够衡量全部测量模型质量与全部结构模型质量的关系[326,327]。GoF 按式（6.4）计算，其中 $\overline{com}$ 为 communality 的平均数，$\overline{R}^2$ 为 R^2 的平均数。GoF 的值 0.1、0.25、0.36 对应弱、中、强的适配度[328]。

$$GoF = \sqrt{\overline{com} \times \overline{R}^2} \tag{6.4}$$

另外，采用 Blindfolding 检验的 Stone-Geisser's Q^2 方法，计算样本数据与

根据模型和参数估计重构的数据之间的拟合程度，表征模型的预测相关性，审查结构模型的预测能力。潜在变量的 $Q^2 > 0$ 表明因变量对自变量具有较强的预测能力[326,327]。

（4）路径效度。

采用 Bootstrapping 方法检验路径系数估算的精确性[321]。该方法主要分为抽样、估计和评价 3 个步骤，主要评价指标为 T 统计量，利用置信区间评价参数估计的精度。若 $|T| > 2.58$，说明模型通过 $\alpha = 0.01$ 的显著性水平检验；若 $|T| > 1.96$，说明模型通过 $\alpha = 0.05$ 的显著性水平检验，2 个变量之间有显著性关系，因变量对自变量有很好的解释作用。测量模型有很高的 T 统计量，说明测量模型的路径系数不为 0，潜在变量对测量变量有较好的解释作用。结构模型有很高的 T 统计量，反映潜在变量之间的路径系数显著不为 0，有直接的因果关系[324]。

6.3.2 数据收集

本书通过受访者填写调查问卷的控制式测量方式，收集经验丰富的从业者对住宅用地拍卖竞买联盟成员选择风险的认知及风险影响因素的看法，并经过统计分析验证研究假设。调查问卷的设计和数据收集执行时间为 2021 年 8 月，以全国性开发企业 Q 集团及其各区域公司与住宅用地拍卖竞买工作相关的专业人员为调研对象。

问卷初步设计完成后，邀请该企业的 5 位投资总监进行试填写，并根据这 5 位专家的意见调整问卷的相关内容。通过修改题项和选项的表述，使得问卷能够更准确表达研究内容，且易于让受访者理解，最终的调研问卷详见本书附录"关于住宅用地拍卖竞买联盟成员选择的专家调研问卷"。

变量都采用李克特 5 点量表进行测量。商业模式和合作条件的重要性测量中，1 代表"非常不重要"，2 代表"比较不重要"，3 代表"一般重要"，

4 代表"比较重要"，5 代表"非常重要"。在风险影响程度的测量中，1 代表"非常低"，2 代表"比较低"，3 代表"一般"，4 代表"比较高"，5 代表"非常高"。

问卷采用问卷星（https：//www. wjx. cn）设计，通过社交软件微信发送。为了确保受访者都为参与招拍挂土地获取工作，且对住宅用地竞买联盟谈判工作熟悉的专业人士，对题项"您所从事的具体工作"及"您对住宅用地拍卖联合竞买和项目联合开发谈判的熟悉程度"设置跳转逻辑，若未符合要求则结束问卷填写。

问卷共发放 300 份，回收 121 份，回收率 40.33%。其中，有 1 份问卷"您所从事的具体工作"的选项为"其他"直接跳转结束问卷填写，有 4 份问卷的量表打分全部一样而被判定无效，最终有效问卷为 116 份，有效问卷回收率为 38.67%。

受访者的专业基础较好。从表 6.3 可见，受访者普遍学历较高，本科以上学历占 96.55%，硕士以上学历占 42.24%。此外，从表 6.4 可见，受访者专业基础相关性较好，超过 70% 的受访者所学为建筑类、财务、经济、金融、法律相关专业。

表 6.3 受访者学历

选项	受访者数量（人）	受访者比例（%）
专科及以下	4	3.45
本科	63	54.31
硕士	45	38.79
博士	4	3.45
合计	116	100

表 6.4   受访者专业背景

选项	受访者数量（人）	受访者比例（%）
土木工程	19	16.38
建筑设计	2	1.72
城乡规划	7	6.03
工程管理	14	12.07
房地产经营管理	16	13.79
工程造价	0	0
财务管理	5	4.31
法学	3	2.59
经济学	15	12.93
金融学	3	2.59
其他	32	27.59
合计	116	100

受访者的相关工作经验较为丰富。从表 6.5 可见，20.69% 的受访者从事综合管理工作，其他 79.31% 受访者从事投资拓展工作。从表 6.6 可见，7 年及以上相关工作经验的受访者占比达到 63.79%，11 年及以上占比达到 37.93%。从表 6.7 可见，92.24% 的受访者职级是经理级以上，总监级占比达到 30.17%，副总经理以上占比 27.59%。受访者对住宅用地竞买联盟和项目合作开发谈判的熟悉程度方面，从表 6.8 可见，41.38% 的受访者表示比较熟悉，49.14% 的受访者表示非常熟悉。

表 6.5   受访者从事的具体工作

选项	受访者数量（人）	受访者比例（%）
综合管理	24	20.69
投资拓展	92	79.31
合计	116	100

表6.6 受访者从业年限

选项	受访者数量（人）	受访者比例（%）
1~3 年	10	8.62
4~6 年	32	27.59
7~10 年	30	25.86
11~20 年	40	34.48
20 年以上	4	3.45
合计	116	100

表6.7 受访者的职级

选项	受访者数量（人）	受访者比例（%）
副总经理及以上	32	27.59
总监级	35	30.17
经理级	40	34.48
经理级以下	9	7.76
合计	116	100

表6.8 受访者对住宅用地竞买联盟和项目合作开发谈判的熟悉程度

选项	受访者数量（人）	受访者比例（%）
非常熟悉	57	49.14
比较熟悉	48	41.38
一般	11	9.48
比较不熟悉	0	0
非常不熟悉	0	0
合计	116	100

受访者分布于 19 个省份，包含福建（12 人）、广东（9 人）、广西（7人）、云南（5 人）、贵州（5 人）、四川（6 人）、重庆（5 人）、陕西（7人）、甘肃（2 人）、山西（4 人）、北京（6 人）、河南（4 人）、山东（3人）、湖北（2 人）、江西（3 人）、安徽（2 人）、江苏（8 人）、上海（15人）、浙江（11 人），覆盖了企业 Q 的集团及全部区域公司。

从以上受访者的背景可见，本次问卷调研采集的数据能够较全面和真实地反映受访企业 Q 的住宅用地拍卖竞买联盟成员选择的实际情况，能够满足本次研究目的。

6.3.3　数据分析

6.3.3.1　风险认知

从表 6.9 受访者风险认知的统计情况来看，各项被测量风险的影响程度均值都大于 4。从图 6.6 ~ 图 6.9 受访者对各项风险的认知可见，大部分受访者认为各项风险影响程度都大于 4，说明各项风险的影响程度都比较高。

表 6.9　　　　　　　　　　**风险认知的描述统计**

风险因素	样本量（人）	最小值	最大值	均值	标准差
BFR1	116	2.00	5.00	4.0690	0.76584
BCR1	116	2.00	5.00	4.1379	0.83298
BCR2	116	2.00	5.00	4.1207	0.89593
CGR1	116	1.00	5.00	4.1724	0.76073

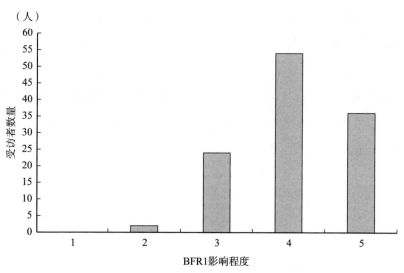

图 6.6 受访者对联盟竞买失败风险的认知

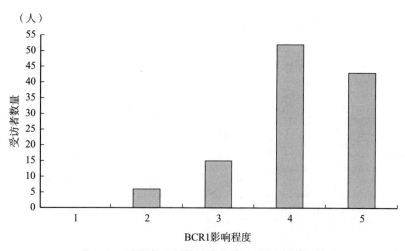

图 6.7 受访者对项目融资方案冲突风险的认知

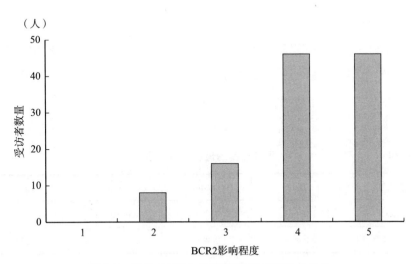

图 6.8　受访者对项目运营管控冲突风险的认知

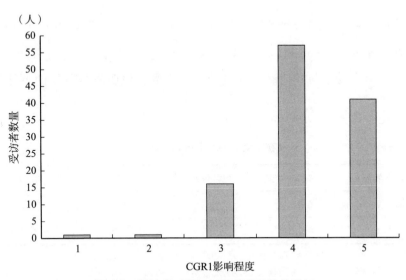

图 6.9　受访者对项目运营效率风险的认知

6.3.3.2 PLS-SEM 分析

（1）结构信度评价。

通过 PLS 算法获得模型信度评价指标，如表 6.10 所示。BMR、BCR、CGD、CD 的内部一致性 Cronbach's α 的值都大于 0.6；全部合成信度 CR 的值都大于 0.7，说明样本数据在信度方面可靠。

表 6.10　　　　　　潜在变量的信度检验结果

潜在变量	BMR	BCR	CGD	CD
Cronbach's α	0.681	0.728	0.803	0.724
CR	0.804	0.879	0.864	0.879

（2）结构效度评价。

通过 PLS 算法获得模型效度评价指标，如表 6.11 和表 6.12 所示。全部潜在变量的 communality 和 AVE 都大于 0.5，并且每个潜在变量的 $\sqrt{AVE}$ 大于各个潜在变量与其他潜在变量的相关系数，说明样本数据的整体效度较好。

表 6.11　　　　　　潜在变量的 communality 和 AVE

潜在变量	BMR	BCR	CGD	CD
communality	0.518	0.784	0.560	0.783
AVE	0.518	0.784	0.560	0.783

表 6.12　　　　　　　　　　潜在变量的相关矩阵及 $\sqrt{AVE}$

变量代码	BMR	BCR	CGD	CGR	CD	BFR
BMR	0.720 *					
BCR	0.564	0.885 *				
CGD	0.554	0.251	0.748 *			
CGR	0.575	0.448	0.506	1.000 *		
CD	0.440	0.222	0.562	0.363	0.885 *	
BFR	0.279	0.299	0.291	0.233	0.283	1.000 *

注：＊表示 $\sqrt{AVE}$ 值。

（3）模型参数估计。

通过 PLS 算法进行参数估计，输出结果如图 6.10 所示，图中带箭头线上的数值即为路径系数。测量模型中，BMR→BMR1、BMR→BMR2、CGD→CGD5 的路径系数分别为 0.465、0.698、0.674，其他潜在变量到测量变量的路径系数都大于 0.7。结构模型中，CD→BFR、BMR→BFR、BMR→BCR、BCR→CGR、CGD→CGR 的路径系数分别是 0.199、0.191、0.564、0.342、0.420。

（4）模型有效性评价。

通过 PLS 算法获得 R^2 的值，BFR、BCR 和 CGR 的 R^2 值分别为 0.110、0.318 和 0.366，说明该模型能够解释其变异的程度较弱。按式（6.4）计算模型的 GoF 值为 0.42，说明结构模型的适配度较强。

通过 Blindfolding 算法获得 Stone-Geisser's Q^2 的值，BCR、BFR 和 CGR 的 Q^2 值分别为 0.227、0.080 和 0.317，全部大于 0，表明结构模型具有较好的预测性。

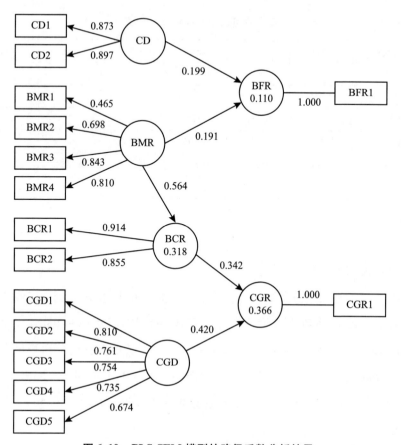

图 6.10　PLS-SEM 模型的路径系数分析结果

　　通过 Bootstrapping 算法获得各变量的 T 统计量。输出结果如图 6.11 所示，图中带箭头线上的数值即为 T 统计量。全部测量模型都有 T > 2.58，全部达到 $\alpha = 0.01$ 的显著性水平。结构模型的路径系数都有 T > 1.96，达到 $\alpha = 0.05$ 的显著性水平。显著性检验结合结构模型的路径系数，验证了结构模型中潜在变量之间的直接因果关系。如表 6.13 所示，模型初始假设的检验结果都被接受，无须对模型进行修正。

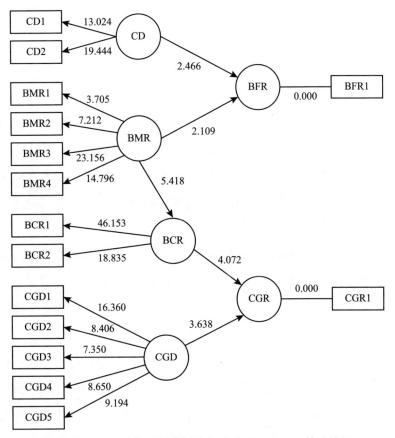

图 6.11 PLS-SEM 模型路径系数的 Bootstrapping 检验结果

表 6.13   模型初始假设检验结果

研究假设	标准差	T 统计量	影响系数	显著性程度	检验结果
CD→BFR	0.082	2.466	0.199	显著	接受
BMR→BFR	0.093	2.109	0.191	显著	接受
BMR→BCR	0.102	5.418	0.564	显著	接受
BCR→CGR	0.092	4.072	0.342	显著	接受
CGD→CGR	0.116	3.638	0.420	显著	接受

6.4　研究发现

　　本书提出住宅用地拍卖竞买联盟成员选择风险的相关研究假设，并通过问卷调研采集数据进行分析，验证了提出的假设。主要研究结论如下：

　　（1）住宅用地拍卖竞买联盟成员选择的潜在风险——联盟竞买失败风险、项目融资方案冲突风险、项目运营管控冲突风险和项目运营效率风险的影响程度都比较高，需要管理者重视并采取对策进行控制。

　　（2）土地拍卖竞争强度与联盟成员商业模式差异程度对竞价阶段联盟不稳定风险具有正向影响特征。土地拍卖竞争强度对竞价阶段联盟不稳定风险的路径系数为 0.199（T = 2.466），在一定程度肯定了土地拍卖竞争强度对竞价阶段联盟不稳定风险的正向作用。联盟外部的竞买人数量越多、出价能力越高，则联盟面临的竞争强度越高，使得联盟不稳定风险越大。联盟成员商业模式差异程度对竞价阶段联盟不稳定风险的路径系数为 0.191（T = 2.109），在一定程度肯定了联盟成员商业模式差异程度对竞价阶段联盟不稳定风险的正向作用。以发展模式、销售净利率、融资利率和现金流回正时间为参数的联盟成员商业模式差异程度越大，则联盟成员之间的出价能力偏离程度越大，联盟不稳定风险越大。研究结果验证了第 4 章以销售净利率、融资利率和现金流回正时间为状态变量参数，计算候选组合出价能力偏离程度为依据，评价候选组合在竞价阶段的联盟稳定性，从而对候选组合进行优先级排序的必要性。

　　（3）联盟成员商业模式差异程度对联盟成员商业模式冲突风险具有正向影响关系。联盟成员商业模式差异程度对联盟成员商业模式冲突风险的路径系数为 0.564（T = 5.418），在很大程度上肯定了联盟成员商业模式差异程度对联盟成员商业模式冲突风险的正向作用。研究结果验证了第 3 章商业模式匹配对住宅用地拍卖竞买联盟影响作用的定性分析，同时也验证了以发展模式、销售净利率、融资利率和现金流回正时间为参数对潜在联盟对象进行聚类从而缩小联盟成员选择范围的合理性，以及以候选组合的商业模式偏离程度为依据评价候选组合的商业模式匹配程度，从而对候选组合进行优先级排序的必要性。住宅用地拍卖竞买联盟成员选择对各联盟成员的商业模式匹配要求，印证了古拉蒂等[38]对于联盟成员选择应基于相似性的观点。

（4）开发阶段联盟治理分工与联盟成员商业模式冲突风险对开发阶段联盟治理风险具有正向影响关系。联盟治理分工对联盟治理风险的路径系数为0.420（T = 3.638），在一定程度肯定了联盟治理分工对联盟治理风险的正向作用。研究结果说明股东会决策机制、董事会决策机制及董事委派、总经理委派、业务模块管理分工，以及物业品牌优先指定等方面的安排不当，将产生联盟治理风险，验证了第 5 章对治理要素的定性分析，同时也说明联盟成员选择决策以开发阶段联盟治理价值为依据对候选组合进行优先级排序的必要性。联盟成员商业模式冲突风险对联盟治理风险的路径系数为0.342（T = 4.072），在一定程度肯定了联盟成员商业模式冲突风险对联盟治理风险的正向作用。研究结果说明开发阶段联盟成员共同治理的情况下，商业模式冲突导致的项目融资方案冲突和项目运营管控冲突，都将对项目运营效率造成负面作用，进一步验证了商业模式匹配在住宅用地拍卖竞买联盟成员选择决策中的关键作用，呼应了魏薇等[329]认为团队冲突对团队绩效不利的研究结论。

6.5 风险控制对策

按照风险源情况采取事前控制措施是联盟成员选择风险控制的主要对策。根据前文分析，联盟成员选择的主要风险源为联盟成员之间的商业模式差异、联盟成员在开发阶段的治理分工及土地拍卖竞价时的联盟外部竞争，涉及联盟对象的属性及合作条件，是联盟成员选择本身的决策问题。因此，本书从进一步明确联盟成员选择条件及合作协议约定两个方面对联盟成员选择的每个潜在风险提出风险控制对策，如表6.14所示。

表6.14　　　　　　　　　　联盟成员选择的风险对策

风险名称	发生阶段	主要风险源	对策
联盟竞买失败风险	竞价阶段	外部竞争、商业模式差异	·将竞争优势作为参与竞买联盟的前提 ·选择商业模式高度相似的联盟对象
项目融资方案冲突风险	开发阶段	商业模式差异	·选择具有相同融资方式的联盟对象 ·竞买联盟协议约定融资方式
项目运营管控冲突风险	开发阶段	商业模式差异	·选择运营考核要求相近的联盟对象 ·竞买联盟协议约定开发阶段的经营目标、具体运营考核指标和要求
项目运营效率风险	开发阶段	商业模式差异、开发阶段联盟治理分工	·选择业务能力强或者不要求负责业务模块管理的联盟对象 ·控制联盟成员数量，特别是负责业务模块管理的联盟成员数量 ·选择长期战略合作的联盟对象

6.5.1　联盟竞买失败风险对策

6.5.1.1　将竞争优势作为参与竞买联盟的前提

外部竞争是竞价阶段联盟不稳定状态的主要推动力，是联盟竞买失败风险的主要风险源之一。在增价拍卖规则下，当联盟外部竞买人的报价超过任一联盟成员的可接受范围，则联盟不稳定状态出现，可见联盟竞买失败风险与联盟外部竞争及每个联盟成员的出价能力相关。第4章联盟成员的竞价模拟分析结果表明，联盟成员选择主体与联盟对象的出价能力都应具有竞争优势，全体联盟成员才有可能在拍卖竞价中共同获胜，实现共同买地、共同开发的联盟愿景。

6.5.1.2　选择商业模式高度相似的联盟对象

第 4 章分析认为，商业模式构成要素中的关键业务标准——销售净利率、融资利率和现金流回正时间等 3 个指标在很大程度上决定了各个企业在土地拍卖中的出价能力差异，且案例分析表明单个指标的不同就可能导致出价能力的巨大差距。高度相似的商业模式，使得联盟成员选择主体与联盟对象的出价能力较为接近，且都具有竞争优势，联盟成员共同胜出的可能性较大。

6.5.2　项目融资方案冲突风险对策

6.5.2.1　选择具有相同融资方式的联盟对象

项目债务融资一般包含银行开发贷、信托、供应链保理等方式，主要区别在于融资利率的高低、放款速度的快慢。具有不同商业模式及经营理念的企业，对融资方式的需求存在差异，结成联盟之后就可能产生冲突。融资成本水平低的企业，比较难接受如信托、供应链保理这些成本较高的融资方式，但也存在为了放款速度或增加融资额而接受各种融资方式。在联盟成员选择的准备工作中，不仅应调查联盟对象的融资成本水平，更应摸清联盟对象可接受的融资方式。联盟成员选择主体只有选择与自身具有相同融资方式的联盟对象，才能在成功竞得土地后的开发阶段达成一致的融资方案，避免冲突。

6.5.2.2　竞买联盟协议约定融资方式

即使融资成本相近，具有不同经营理念的企业对融资方式会有取舍，但也存在为了联盟目的而作出适当改变的可能性。在与联盟对象的沟通谈判中，联盟成员选择主体应明确项目采用的全部融资方式，达成共识才能作为联盟成员。明确的融资方式作为联盟成员之间的共同约定，应列入竞买联盟协议，可以规避在开发阶段发生融资方案冲突风险。

6.5.3 项目运营管控冲突风险对策

6.5.3.1 选择运营考核要求相近的联盟对象

项目运营管控冲突与联盟成员的运营考核要求直接相关。联盟成员的发展模式和运营考核要求存在较大差异，并且都希望按照各自的业务标准开发经营项目，联盟成员之间的冲突必然发生。联盟成员选择主体通过选择具有相似运营考核要求的联盟对象，在开发阶段的运营节奏可以保持步调一致，规避管控冲突风险。在市场环境不断变化的情况下，企业为了生存和发展可能调整自身的经营方式，对项目的运营考核要求也随之调整。联盟成员选择主体的决策支持人员，应加大对潜在联盟对象的商业模式信息收集和研判，密切关注在政策和市场环境变化下潜在联盟对象的商业模式变化，并以联盟对象调整后的商业模式为决策依据。

6.5.3.2 竞买联盟协议约定开发阶段的经营目标、具体运营考核指标和要求

联盟谈判中明确各方的合作要求，充分沟通和协商后确定共同的目标，并以详细的合作协议明确规定联盟各成员的权利和义务，有助于规避开发阶段联盟共同治理中的冲突。无论是项目的开发经营目标、招标采购的特别要求，还是运营考核体系，以及其他可能产生分歧的事项，只要是联盟形成前能够达成共识，都应该写入正式的合作协议。详尽的合作协议尽管要耗费大量的精力，但可以避免合作中因联盟成员意见分歧，导致相关风险事故的发生。

6.5.4 项目运营效率风险对策

项目运营效率的主要风险源为联盟成员之间的商业模式差异和联盟治理分工。联盟成员之间的商业模式差异导致的项目融资方案冲突与项目运营管控冲突，以及联盟治理分工都可能对项目运营效率产生负面影响。规避商业模式差异引起的冲突风险，是项目运营效率风险的重要防范策略。另外，通过强强联合、控制联盟成员数量、选择长期战略合作的联盟对象等方式都可以规避或降低由联盟治理分工引起的项目运营效率风险。

6.5.4.1 选择业务能力强或者不要求负责业务模块管理的联盟对象

为满足各联盟成员的合作诉求，开发阶段联盟成员的共同治理分工并不一定能完全遵循价值最大化原则。业务能力较弱的联盟成员获得了治理分工事项的平均分配，削弱了联盟整体的业务能力，在一定程度上影响联盟目标的实现。为了规避这种风险，联盟成员选择主体应以各模块业务能力比较全面的企业为联盟对象，对业务能力较弱的联盟对象设定合作前提为不参与业务模块管理。

6.5.4.2 控制联盟成员数量，特别是负责业务模块管理的联盟成员数量

在普遍采用"一票否决制"的股东会和董事会决策机制、联盟成员共同治理的合作机制下，联盟实施过程中不断协调各个联盟成员产生很大的组织成本，影响项目运行效率。控制联盟成员数量，特别是参与业务模块管理的成员数量，在项目开发阶段可以减少沟通和协调的工作量，降低项目运营效率风险。

6.5.4.3 选择长期战略合作的联盟对象

没有共同合作经验的企业组成联盟，彼此的决策方式、工作流程需要时

间深入了解，团队之间的熟悉和配合程度都需要时间才能得到提升，而这个过程的整体效率相对较低。选择恰当的联盟对象建立长期战略合作关系，彼此之间熟悉各自的各种利益诉求，建立的信任基础、协作能力和顺畅的分歧处理机制使得合作更顺利[9]，可以确保联盟具有高效运营效率。

6.6 本章小结

本章根据第 3 章、第 4 章和第 5 章的分析结果识别联盟成员选择的潜在风险包含联盟竞买失败风险、项目融资方案冲突风险、项目运营管控冲突风险和项目运营效率风险。根据各项风险与其影响因素之间的关系，提出研究假设，构建联盟成员选择风险理论模型，通过问卷调研数据、采用 PLS-SEM 技术检验了模型的有效性，验证了各项风险与其影响因素之间的关系，并且验证了第 3 章、第 4 章和第 5 章相关研究的合理性，最后根据研究结果提出相应的风险控制对策。

| 第 7 章 |

结论与展望

7.1 研究结论

在政府组织的住宅用地出让中,开发企业以股权融资为目的组建联盟共同竞买土地、共同开发,既可以提升自有资金使用效率、增加土地竞买的成功率,又能适当分散高价拿地的经营风险。然而,很多联盟成员选择不当,导致在实施过程中遭遇共同竞买失败,或在成功竞得土地后的开发过程出现管理冲突、运营效率降低等问题和挑战。

在这样的现实背景下,本书对住宅用地拍卖竞买联盟成员选择展开深入研究。首先,按照住宅开发企业之间的商业模式关键指标相似性，采用可能性 C-均值聚类算法对包含联盟成员选择主体与大量潜在联盟对象的样本总体进行逐步多次两分类，初步筛选出一定数量范围内的联盟对象，得到联盟成员的候选组合。其次，以出价能力偏离程度评价候选组合的竞价阶段联盟稳定性，以商业模式和出价能力的综合匹配为标准对候选组合进行二次选择。再次，根据联盟成员选择主体与联盟对象的初步谈判结果而形成的联盟治理分工，对候选组合的业务能力和运营效率构成的联盟治理价值进行量化评价，实现住宅用地拍卖竞买联盟成员选择主体对联盟对象的最终选择。在此基础上，识别联盟成员选择的潜在风险，构建风险理论模型，通过问卷调研数据采用 PLS-SEM 技术检验了模型的有效性，既验证各项风险与其影响因素之间的关系，又验证联盟成员选择研究维度的合理性，最后，根据研究结果提出风险控制对策以完善联盟成员选择决策。主要研究结论如下：

（1）联盟成员三次选择的决策优势。

住宅用地拍卖竞买联盟成员基于商业模式匹配维度进行初步筛选、基于竞价阶段联盟稳定性维度进行二次选择、基于开发阶段治理价值维度进行最终选择的决策方法，能够为住宅开发企业在众多同行中选择恰当的联盟对象，提升共同买地、共同开发联盟愿景实现的可能性，规避土地竞得后开发阶段联盟成员之间的管理冲突，保证项目的开发运营效率，既实现股权融资的目标，又能够取得较好的经营效益。

（2）联盟成员三次选择的标准、流程与方法。

商业模式构成要素中的发展模式及项目销售净利率、融资利率和现金流回正时间等关键业务标准具有相似性的企业，才适合共同组成住宅用地拍卖竞买联盟，相似性越高则联盟匹配程度越好。

土地出让采用增价拍卖规则的情况下，只有出价能力具有竞争优势的企业才有必要参与住宅用地拍卖竞买联盟，也只有出价能力具有竞争优势的企业共同组成的联盟才能保证竞价阶段具有较高的稳定性，也才能实现共同买地、共同开发的联盟愿景。商业模式中的销售净利率、融资利率和现金流回正时间决定了联盟成员的出价能力。对销售净利率的要求越高，则企业参与土地拍卖的最高报价越低；融资成本增加，则企业的出价能力总体呈降低态势；现金流回正时间太短，极大地削弱了出价能力，但在一定范围内适当延长，有助于提高企业的出价能力。

开发阶段联盟的共同治理方式是股东会及董事会以"一票否决制"为主的决策机制，结合总经理统筹协调下的各联盟成员进行业务模块分工管理。业务模块管理分工、总经理委派、物业品牌优先指定、财务并表权等治理要素是开发阶段联盟治理分工中的关键权利事项，成为联盟合作的谈判焦点。多个联盟成员共同治理与联盟成员选择主体独家治理相比，业务能力获得提升，但运营效率下降，联盟治理价值低于联盟成员选择主体的独家治理。商业模式和出价能力的综合匹配在联盟成员最终选择中的作用显著大于开发阶段联盟治理价值。

（3）联盟成员选择的风险控制。

联盟成员选择风险包含竞价阶段的联盟竞买失败风险，开发阶段的项目融资方案冲突风险、项目运营管控冲突风险及项目运营效率风险。联盟成员之间的商业模式差异影响到联盟成员选择的全部风险，外部竞争直接关系联盟竞买失败风险，开发阶段联盟治理分工将带来潜在的项目运营效率风险。

为完善联盟成员选择决策，规避或防范在竞价阶段和开发阶段的潜在风险，应在联盟成员选择阶段采取事前控制的对策。通过将竞争优势作为参与联盟的前提、选择商业模式高度相似的联盟对象来防范联盟成员竞买失败风险。通过选择具有相同融资方式的联盟对象，在竞买联盟协议中明确约定融资方式来规避项目融资方案冲突风险。通过选择运营考核要求相近的联盟对象，在竞买联盟协议中明确约定开发阶段的经营目标、具体运营考核指标和要求来规避项目运营管控冲突风险。通过选择业务能力强或者不要求负责业务模块管理的联盟对象，控制联盟成员数量，以及选择长期战略合作的联盟对象来防范项目运营效率风险。

7.2　主要创新点

本书立足于政策环境走势和行业发展需求，构建了住宅用地拍卖竞买联盟成员选择的标准、流程和方法，主要创新点如下：

（1）本书从商业模式匹配、竞价阶段联盟稳定性和开发阶段联盟治理价值等维度构建住宅用地拍卖竞买联盟成员选择的理论研究框架，拓展了联盟成员选择的方法论。本书构建住宅用地拍卖竞买联盟成员商业模式匹配、竞价阶段联盟稳定性、开发阶段联盟治理价值和联盟成员选择风险的量化模型，提出基于商业模式匹配维度进行初步筛选、基于竞价阶段联盟稳定性维度进行二次选择、基于开发阶段联盟治理价值维度进行最终选择的联盟成员选择决策方法，具有较好的系统性和实用性。

（2）研究发现商业模式构成要素中企业的发展模式及三个业务标准——销售净利率、融资利率、现金流回正时间是住宅用地拍卖竞买联盟成员选择的关键评价指标。这四个指标具有相似性的企业，才适合共同组成住宅用地拍卖竞买联盟，相似性越高则联盟匹配程度越好。此外，销售净利率、融资利率和现金流回正时间决定了联盟成员的出价能力，只有出价能力具有竞争优势的企业才有必要参与住宅用地拍卖竞买联盟，也只有出价能力具有竞争优势的企业共同组成的联盟才能保证竞价阶段具有较高的稳定性，也才能实现共同买地、共同开发的联盟愿景。

（3）研究发现住宅用地拍卖竞买联盟在开发阶段共同治理的关键要素及价值最大化的条件。在联盟成员选择过程中，联盟成员选择主体与初步筛选后的联盟对象进行沟通和初步谈判，确定联盟意愿及彼此的合作条件。业务模块管理分工、总经理委派、物业品牌优先指定、财务并表权等治理要素是开发阶段联盟治理分工中的关键权利事项，成为联盟合作的谈判焦点。最终选择的联盟成员，合作诉求都应得到满足，并且组成的联盟整体业务能力最强、运营效率最高，在开发阶段才能具有最大的共同治理价值。

（4）研究发现住宅用地拍卖竞买联盟成员选择的主要风险源及可能引发的风险。联盟成员选择的主要风险源包含联盟成员商业模式差异、开发阶段联盟治理分工及联盟外部竞争。联盟成员之间的商业模式差异影响到联盟成员选择的全部风险，包含竞价阶段的联盟竞买失败风险，开发阶段的项目融资方案冲突风险、项目运营管控冲突风险及项目运营效率风险。此外，开发阶段联盟治理分工带来项目运营效率风险，外部竞争直接关系联盟竞买失败风险。

7.3 研究不足与展望

住宅用地拍卖竞买联盟虽早已有之，但先行研究较少，且涉及的理论较广、影响的层面较多。由于笔者的理论和实践局限，本书研究仍有很多不足之处，需要在未来的学术生涯中进一步探讨。

（1）住宅用地拍卖竞买联盟成员选择的研究视角。本书的研究视角仅聚焦于住宅用地拍卖竞买联盟成员的商业模式属性特征及治理分工对联盟业务经营层面的影响，对不同联盟成员组合在竞价阶段和开发阶段的联盟运行状态进行预评估，从而对联盟成员进行选择。然而，现有文献表明企业的战略、资源、文化、声誉，以及市场潜能和外部环境等方面都是联盟成员选择的标准，后续可以开展进一步的研究。此外，本书侧重从行业龙头企业的视角选择竞买联盟成员，从一般开发企业的视角进行竞买联盟成员选择的策略必然存在较大差异，未来可以进一步研究。

（2）开发企业在土地拍卖中的出价能力。在住宅用地拍卖竞买联盟成员的竞价模拟分析中，本书假定全部竞买人的出价能力大小排序信息已知的情况下进行推演和模拟计算，从而得出规律性的条件。但现实中竞买人的出价能力基本都是保密信息，对全部竞买人的出价能力进行准确排序难度较大。此外，本书将很多出价能力的影响因素设为控制变量，但事实上这些变量的取值对于每个企业而言都可能存在差异，取值不同必然导致出价能力的计算结果不同，因而有必要对土地拍卖竞买人的出价能力进行深入研究。

（3）住宅用地拍卖竞买联盟在开发阶段的治理绩效。本书通过对比联盟成员共同治理与联盟成员选择主体独家治理的业务能力、项目运营效率，对不同联盟成员组合在开发阶段的治理价值进行主观评价，但没有提供具有不同业务能力和彼此熟悉程度的联盟成员共同治理的客观绩效对研究结论加以验证，这值得未来继续开展研究。

（4）土地拍卖中恶意围标行为治理。根据中国相关的法律法规和各个城市每宗土地出让条件中对竞买人的要求，住宅用地拍卖竞买联盟存在合法与违法之分。恶意围标而形成竞买联盟是违法行为，为了保证国有资产不流失、维护公平的营商环境，有必要对土地拍卖中的恶意围标行为治理进行研究。

附录一

主要符号表及缩略词

附表 A1 　　　　　　　　　　　　　**主要数学符号**

符号	含义	符号	含义
d_{ij}	样本 j 到聚类中心 i 之间的距离	p	产品平均销售价格
d_i	每类中样本点到聚类中心 i 的最小距离	s	规划设计的可售产品面积
m	加权指数	c_1	单方开发费用
η_i	聚类 i 的惩罚因子	c_2	单方建安成本
u_{ij}	样本 j 在聚类中心 i 的隶属度	c_3	营销费率
$u_{ij}^{(k)}$	k 次迭代样本 j 在聚类中心 i 的隶属度	c_4	管理费率
$U^{(k)}$	k 次迭代的隶属度矩阵	f	融资额
v_i	聚类中心 i 的特征向量	t^*	融资时长
$v_i^{(k)}$	k 次迭代的聚类中心 i 的特征向量	r_1	综合销售税率
ε	误差	r_2	土地购置税率
μ	均值	r_3	融资款占土地成交价的比例
φ	标准差	Ω_i	候选组合 i 的综合匹配评价函数
Dm	发展模式	A	能力矩阵
R	销售净利率	a_{ij}	联盟对象 i 在事项 j 上相对于联盟成员选择主体的业务能力
W	融资利率	a_{0j}	联盟成员选择主体在事项 j 的业务能力
T	现金流回正时间	D^*	分配矩阵
Dm_j	联盟对象 j 的发展模式	d_{ij}^*	联盟对象 i 在事项 j 上的分配系数
R_j	联盟对象 j 的销售净利率	d_{0j}^*	联盟成员选择主体在事项 j 上的分配系数

续表

符号	含义	符号	含义
W_j	联盟对象 j 的融资利率	F	联盟相对于联盟成员选择主体的整体业务能力
T_j	联盟对象 j 的现金流回正时间	P^*	联盟相对于联盟成员选择主体的运营效率
Dm_0	联盟成员选择主体的发展模式	l_i^*	联盟成员选择主体与联盟对象 i 进行合作产生的运营效率的折损率
R_0	联盟成员选择主体的销售净利率	GV	联盟治理价值
W_0	联盟成员选择主体的融资利率	ρ	外生潜在变量
T_0	联盟成员选择主体的现金流回正时间	χ	外生潜在变量 ρ 的路径系数矩阵
E_j^*	$E_j^* = (Dm_j,\ R_j,\ W_j,\ T_j)$ 表示联盟对象 j 的商业模式特征向量	Λ_X	外生潜在变量 ρ 的回归系数或因子负荷矩阵
E_0^*	$E_0^* = (Dm_0,\ R_0,\ W_0,\ T_0)$ 表示联盟成员选择主体的商业模式特征向量	ξ	内生潜在变量
σ_i	候选组合 i 中联盟对象与联盟成员选择主体的商业模式整体偏离程度	θ	内生潜在变量 ζ 的路径系数矩阵
b_i	竞买人 i 的出价能力	Λ_Y	内生潜在变量 ξ 的回归系数或因子负荷矩阵
b_j	联盟对象 j 的出价能力	ω	测量变量 X 的测量误差
b_0	联盟成员选择主体的出价能力	ψ	测量变量 Y 的测量误差
δ_i	候选组合 i 中联盟对象与联盟成员选择主体的出价能力整体偏离程度	ζ	残差向量，反映 ξ 未被解释的部分

附表 A2　　　　　　　　　　　　　　　缩略词

缩略词	中英文含义
PCM	可能性 C-均值聚类（possibilistic C-means cluster）
PLS-SEM	偏最小二乘法 – 结构方程模型（partial least square-structural equation modeling）

附录二

关于住宅用地拍卖竞买联盟
成员选择的专家调研问卷

尊敬的先生/女士：

您好！

近年来，在各地国土部门组织的土地拍卖中，两家或者两家以上的开发企业组成联盟竞买住宅用地，并在成功竞得土地后合作开发项目的现象越来越多。然而，并非所有的企业都可以形成竞买联盟，也不是参与竞买联盟就能形成优势并最终竞得土地。针对上述研究背景，本研究拟对企业选择合作伙伴组成联盟竞买住宅用地的决策过程展开调研，探索住宅用地拍卖竞买联盟成员的选择策略。

我们了解到，您拥有丰富的专业知识和工作经验，兹诚挚邀请您参与本次的问卷调查活动。请基于贵司在您目前所在城市的情况给出您的意见和建议。我们承诺，所收集的信息仅供课题研究之用，在研究过程及结果呈现时，均不会透露公司及个人的信息。如您对研究结果感兴趣，我们将积极反馈有关信息。衷心感谢您的支持与帮助！

敬颂商祺！

第一部分：背景信息

1. 您的从业年限 ［单选题］

□1~3 年　　　　□4~6 年　　　　□7~10 年

□11~20 年　　　□20 年以上

2. 您的学历［单选题］

☐专科及以下　　　☐本科　　　☐硕士　　　☐博士

3. 您的专业背景［单选题］

☐土木工程　　　　☐建筑设计　　　　☐城乡规划

☐工程管理　　　　☐房地产经营管理　☐工程造价

☐财务管理　　　　☐法学　　　　　　☐经济学

☐金融学　　　　　☐其他

4. 您在贵司的职级［单选题］

☐经理级以下　　　　　　☐经理级

☐总监级　　　　　　　　☐副总经理及以上

5. 您所从事的具体工作［单选题］

☐综合管理　　　　☐投资拓展　　　　☐其他

6. 您对住宅用地联合竞买和项目联合开发谈判的熟悉程度［单选题］

☐非常熟悉　　　　☐比较熟悉　　　　☐一般

☐比较不熟悉　　　☐非常不熟悉

第二部分：住宅用地竞买联盟成员选择的影响因素及其决策风险评价

在选择住宅用地拍卖竞买联盟成员时，应考虑拟合作企业之间商业模式的匹配性，主要包含客群定位发展模式、关键资源、关键业务标准。

7. 开发企业的项目客群定位可能包含刚性需求客户、改善性需求客户、豪宅客户等，请对拟合作企业与贵司具有相似项目客群定位偏好的重要性进行评价［单选题］

☐非常重要　　　　☐比较重要　　　　☐一般

☐比较不重要　　　☐非常不重要

8. 开发企业的发展模式主要包含追求周转速度、追求利润率、或追求两者的平衡。请对拟合作企业与贵司具有相似发展模式的重要性进行评价［单

选题〕

□非常重要　　　　　□比较重要　　　　　□一般

□比较不重要　　　　□非常不重要

9. 请对拟合作企业的关键资源要素与贵司互补的重要性进行评价（1 = 非常不重要；2 = 比较不重要；3 = 一般；4 = 比较重要；5 = 非常重要）〔矩阵量表题〕

关键资源要素	1	2	3	4	5
开发管理团队	□	□	□	□	□
资金实力	□	□	□	□	□
产品系	□	□	□	□	□
供应商资源	□	□	□	□	□
客户资源	□	□	□	□	□
开发品牌	□	□	□	□	□
物业品牌	□	□	□	□	□

10. 请对拟合作企业的关键业务标准与贵司兼容的重要性进行评价（1 = 非常不重要；2 = 比较不重要；3 = 一般；4 = 比较重要；5 = 非常重要）〔矩阵量表题〕

关键业务流程和标准	1	2	3	4	5
销售净利率	□	□	□	□	□
融资利率	□	□	□	□	□
现金流回正时间	□	□	□	□	□
供应商主要合作条款	□	□	□	□	□

11. 请评价合作企业的商业模式对以下潜在风险的影响程度（1 = 非常

低；2 = 比较低；3 = 一般；4 = 比较高；5 = 非常高）［矩阵量表题］

潜在风险	1	2	3	4	5
项目融资方案冲突风险	☐	☐	☐	☐	☐
项目运营管控冲突风险	☐	☐	☐	☐	☐

第三部分：住宅用地拍卖竞买联盟在开发阶段的
合作条件及其决策风险评价

住宅用地竞买联盟谈判的核心内容是开发阶段的合作条件，成功竞得土地后将以竞买联盟确定的合作条件为基础形成项目合作开发协议。

12. 若与其他公司联合开发住宅项目，贵司是否接受纯财务投资而不负责业务模块管理［单选题］

☐是　　　　　　　　☐否　　　　　　　　☐不确定

13. 若与其他企业联合开发住宅项目，贵司能接受负责业务模块管理的企业数量最多为［单选题］

☐1 个　　　　　　　☐2 个　　　　　　　☐3 个

☐4 个　　　　　　　☐5 个及以上

14. 请对住宅项目开发阶段合作条件的重要性进行评价（1 = 非常不重要；2 = 比较不重要；3 = 一般；4 = 比较重要；5 = 非常重要）［矩阵量表题］

合作条件	1	2	3	4	5
股权分配	☐	☐	☐	☐	☐
股东会决策机制	☐	☐	☐	☐	☐
董事会决策机制及董事委派	☐	☐	☐	☐	☐
监事职责及监事委派	☐	☐	☐	☐	☐
总经理职权及委派	☐	☐	☐	☐	☐

续表

合作条件	1	2	3	4	5
开发目标约定	□	□	□	□	□
招标采购特别约定	□	□	□	□	□
业务模块管理分工	□	□	□	□	□
人员委派	□	□	□	□	□
管理体系及 OA	□	□	□	□	□
物业品牌优先指定	□	□	□	□	□
开发品牌使用	□	□	□	□	□
合作款项及支付	□	□	□	□	□
土地款及税费支付	□	□	□	□	□
管理费用	□	□	□	□	□
营销费用	□	□	□	□	□
融资方案及担保	□	□	□	□	□
后续开发资金投入	□	□	□	□	□
富余资金使用	□	□	□	□	□
项目公司印章及证照管理	□	□	□	□	□
财务账户管理	□	□	□	□	□
股权转让	□	□	□	□	□
股东知情权及定期运营报告	□	□	□	□	□
僵局处理	□	□	□	□	□
违约责任	□	□	□	□	□
利润分配	□	□	□	□	□
财务并表权	□	□	□	□	□
合作退出	□	□	□	□	□

15. 请评价拟合作企业开发阶段的合作诉求对项目运营效率风险的影响程度［单选题］

□非常低　　　　□比较低　　　　□一般

□比较高　　　　□非常高

16. 请评价拟合作企业开发阶段的合作诉求对联盟谈判破裂风险的影响
程度［单选题］

☐非常低　　　　　☐比较低　　　　　☐一般

☐比较高　　　　　☐非常高

第四部分：影响住宅用地拍卖竞买联盟的竞争因素评价

市场竞争将影响企业对是否参与竞买联盟，以及选择哪家企业联盟的
决策。

17. 贵司参与住宅用地拍卖竞买联盟的目的［多选题］

☐分担竞买保证金和土地款　　　　☐用较少的资金做更大的规模

☐减少竞争，节省土地成本　　　　☐专业资源强强联合开发项目

☐资本方与开发商联合投资开发项目　☐战略性新进城市

☐其他_____

18. 请对以下土地拍卖竞争激烈程度影响因素的重要性进行评价（1 = 非
常不重要；2 = 比较不重要；3 = 一般；4 = 比较重要；5 = 非常重要）［矩阵
量表题］

竞争影响因素	1	2	3	4	5
拟参加土地拍卖企业的数量	☐	☐	☐	☐	☐
拟参加土地拍卖企业的出价能力	☐	☐	☐	☐	☐
拟参加土地拍卖企业在当地的土地储备	☐	☐	☐	☐	☐
拟参加土地拍卖企业在当地的市场份额	☐	☐	☐	☐	☐

19. 请评价外部竞争对联盟竞买失败风险的影响程度：［单选题］

☐非常低　　　　　☐比较低　　　　　☐一般

☐比较高　　　　　☐非常高

参 考 文 献

［1］王军进，刘家国，李竺珂．基于复杂网络的供应链企业合作关系研究
［J］．系统科学学报，2021，29（3）：110－115.

［2］刘正山．房地产投资分析［M］．第4版．大连：东北财经大学出版社，
2015.

［3］许玲丽，张复杰．房地产上市企业盈利能力与资本结构的异质性关系研
究：基于动态面板分位数回归视角［J］．上海经济研究，2015（5）：119－
127.

［4］石亚东．我国房地产开发资金来源结构状况分析［J］．中央财经大学学
报，2005（10）：62－66.

［5］陆晓．关于房地产合作开发项目合作协议约定要点的思考［J］．财经界，
2020（25）：51－52.

［6］赵金辉，王学慧，关文革，等．基于模糊信息公理与云模型的虚拟企业
合作伙伴选择［J］．运筹与管理，2020，29（1）：202－208.

［7］杜占河，原欣伟．竞合的前因、过程与结果研究综述［J］．管理现代化，
2017，37（5）：116－122.

［8］赵怀波，路瑶．货币政策、股权融资对企业去杠杆的作用机制［J］．郑
州大学学报（哲学社会科学版），2020，53（3）：37－41.

［9］Gulati R，Sytch M. Does familiarity breed trust? Revisiting the antecedents of
trust［J］. Managerial and Decision Economics，2008（29）：165－195.

［10］ Gnyawali D R, Park B J. Co-opetition between giants: collaboration with competitors for technological innovation ［J］. Research Policy, 2011, 40 (5): 650 – 663.

［11］ Deutsch M. A theory of co-operation and competition ［J］. Human Relations, 1949, 2 (2): 129 – 152.

［12］ 刘双良, 杨志云. 风险积聚、政策网络与合作治理: 房地产风险的合作治理模式分析 ［J］. 中国行政管理, 2010 (6): 104 – 107.

［13］ 许永国. 拍卖经济理论综述 ［J］. 经济研究, 2002 (9): 84 – 91.

［14］ Douma M U, Bilderbeek J, Idenburg P J, et al. Strategic alliances: managing the dynamics of fit ［J］. Long Range Planning, 2000 (33): 579 – 598.

［15］ Kale P, Singh H, Perlmutter H. Learning and protection of proprietary assets in strategic alliances: building relational capital ［J］. Strategic Management Journal, 2000 (21): 217 – 237.

［16］ Hamel G, Doz Y L, Prahalad C K. Collaborate with your competitors and win ［J］. Harvard Business Review, 1989, 67 (1): 133 – 139.

［17］ Krishnan R, Martin X, Noorderhaven N G. When does trust matter to alliance performance? ［J］. Academy of Management Journal, 2006, 49 (5): 894 – 917.

［18］ Raza-Ullah T, Bengtsson M, Kock S. The coopetition paradox and tension in coopetition at multiple levels ［J］. Industrial Marketing Management, 2014, 43 (2): 189 – 198.

［19］ 刘衡. 竞合理论研究前沿探析 ［J］. 外国经济与管理, 2009, 31 (9): 1 – 8.

［20］ Wilkinson L F, Young L C. Business dancing-the nature and role of interfirm relations in business strategy ［J］. Asia-Australia Marketing Journal, 1994,

2 (1): 67 - 79.

[21] Lado A A, Boyd N G, Hanlon S C. Competition, cooperation, and the search for economic rents: a syncretic model [J]. Academy of Management Review, 1997, 22 (1): 110 - 141.

[22] 郑鑫尧. 拍卖学基础 [M]. 上海: 立信会计出版社, 2003.

[23] 斯密. 国民财富的性质和原因的研究 [M]. 北京: 商务印书馆, 2014.

[24] Wu Z, Choi T Y, Rungtusanatham M J. Supplier-supplier relationships in buyer-supplier-supplier triads: implications for supplier performance [J]. Journal of Operations Management, 2010, 28 (2): 115 - 123.

[25] Liu Y, Luo Y, Yang P, Maksimov V. Typology and effects of co-opetition in buyer-supplier relationships: evidence from the chinese home appliance industry [J]. Management & Organization Review, 2014, 10 (3): 439 - 465.

[26] Luo Y, Rui H. An ambidexterity perspective toward multinational enterprises from emerging economies [J]. Academy of Management Perspectives, 2009, 23 (4): 49 - 70.

[27] 钱诗金. 竞合: 企业合作伙伴抉择宝典 [M]. 北京: 中国经济出版社, 2012.

[28] Park B J R, Srivastava M K, Gnyawali D R. Walking the tight rope of coo-petition: impact of competition and cooperation intensities and balance on firm innovation performance [J]. Industrial Marketing Management, 2014, 43 (2): 210 - 221.

[29] Levy M, Loebbecke C, Powell P. SMEs, co-opetition and knowledge sha-ring: the role of information systems [J]. European Journal of Information Systems, 2003, 12 (1): 3 - 17.

[30] Bouncken R B, Fredrich V. Coopetition: performance implications and man-

agement antecedents ［J］. International Journal of Innovation Management，2012，16（5）：1250028.

［31］ Bengtsson M，Kock S. "Coopetition" in business networks-to cooperate and compete simultaneously ［J］. Industrial Marketing Management，2000，29（5）：411 –426.

［32］ 李华强，刘浩学，韩言虎. 多式联运联盟合作伙伴选择 ［J］. 公路交通科技，2018，35（8）：152 –158.

［33］ 潘燕华，王克，王平. 云计算环境下复杂产品价值链合作伙伴选择研究 ［J］. 计算机集成制造系统，2021，27（12）：3651 –3658.

［34］ 张裕稳，陈万明，吴洁，等. 基于行为视角的联盟合作伙伴选择 ［J］. 系统工程，2018，36（6）：143 –148.

［35］ 张翠英，游兆彤，汪国平. 农产品供应链合作伙伴选择标准研究 ［J］. 浙江农业学报，2017，29（6）：1043 –1049.

［36］ 李红艳，吴忠，王静. 基于 ANP-DEA-GRA 的协同创新合作伙伴选择 ［J］. 计算机工程与应用，2017，53（24）：238 –244.

［37］ 何小健. 基于云模型的房地产开发合作方评价及选择研究 ［J］. 科学技术创新，2021（12）：31 –32.

［38］ Gulati R，Wohlgezogen F，Zhelyazkov P. The two facets of collaboration：cooperation and coordination in strategic alliances ［J］. The Academy of Management Annals，2012，6（1）：531 –583.

［39］ Gulati R. Social structure and alliance formation patterns：a longitudinal analysis ［J］. Administrative Science Quarterly，1995，40（4）：619 –652.

［40］ Chung S，Singh H，Lee K. Complementarity，status similarity and social capital as drivers of alliance formation ［J］. Strategic Management Journal，2000，21（1）：1 –22.

［41］ Guler I, Guillen M F. Home country networks and foreign expansion: evidence from the venture capital industry ［J］. Academy of Management Journal, 2010, 53 (2): 390 –410.

［42］ Ingram P, Inman C. Institutions, intergroup competition, and the evolution of hotel populations around Niagara Falls ［J］. Administrative Science Quarterly, 1996, 41 (4): 629 –658.

［43］ Gulati R. Network location and learning: the influence of network resources and firm capabilities on alliance formation ［J］. Strategic Management Journal, 1999, 20 (5): 397 –420.

［44］ Reuer J J, Zollo M, Singh H. Post-formation dynamics in strategic alliances ［J］. Strategic Management Journal, 2002, 23 (2): 135 –151.

［45］ Nachum L. Foreignness, multinationality and inter-organizational relationships ［J］. Strategic Organization, 2010, 8 (3): 230 –254.

［46］ 彭安华, 肖兴明. 基于多粒度语言的动态联盟合作伙伴群决策 ［J］. 中国机械工程, 2012, 23 (2): 185 –190.

［47］ 赵金辉, 王学慧, 周玉. 需求驱动的虚拟企业合作伙伴选择 ［J］. 控制与决策, 2019, 34 (12): 2627 –2634.

［48］ 刘雷. 基于项目的动态联盟合作伙伴选择 ［J］. 统计与决策, 2006 (14): 145 –146.

［49］ 曹杰, 王海燕, 陈森发. 动态联盟企业合作伙伴的选择评判分析 ［J］. 科技管理研究, 2006, 26 (10): 203 –206.

［50］ 游佳, 刘飞, 尹超, 等. 基于依赖的网络化制造动态联盟合作伙伴组合选择 ［J］. 中国机械工程, 2007, 18 (15): 1814 –1818.

［51］ 徐剑, 步晓明, 温馨, 等. 基于风险防范的企业动态联盟伙伴选择方法 ［J］. 东北大学学报 (自然科学版), 2008, 29 (5): 753 –756.

［52］ Mikhailov L. Fuzzy analytical approach to partnership selection in formation of virtual enterprises ［J］. Omega-International Journal of Management Science，2002（30）：393－401.

［53］ 王秀玲，李文兴. 房地产企业的城市布局思考［J］. 理论探索，2012（6）：69－71.

［54］ 武化. 大型房企收并购方式拿地比例上升［J］. 中国房地产，2020（2）：6.

［55］ 李海峰. 房地产收并购中或有负债风险分析及对策［J］. 中国民商，2021（1）：71.

［56］ Ingram P，Yue L Q. Structure，affect and identity as bases of organizational competition and cooperation ［J］. Academy of Management Annals，2008，2（1）：275－303.

［57］ Johnson M W，Christensen C M，Kagermann H. Reinventing your business model ［J］. Harvard Business Review，2008，86（12）：50－59.

［58］ Coase R H. The nature of the firm ［J］. Economica，1937，4（16）：386－405.

［59］ Hart O. Firm，contract and financial structure ［M］. London：Oxford University Press，1995.

［60］ 杨瑞龙，聂辉华. 不完全契约理论：一个综述［J］. 经济研究，2006，41（2）：104－115.

［61］ Williamson O E. Transaction-cost economics：the governance of contractual relations ［J］. Journal of Law and Economics，1979（22）：223－261.

［62］ 司马迁，等. 三国志［M］. 北京：中华书局，2020.

［63］ Kanter R. M. Collaborative advantage ［J］. Harvard Bus Review，1994，72（4）：96－108.

［64］ 任新建. 竞合论［M］. 上海：格致出版社，2012.

［65］ 叶永玲. 虚拟经营的竞合博弈及合作动力分析［J］. 管理科学，2003，

16 (5): 2 - 5.

[66] Alchian A, Demsetz H. Production, information costs, and economic organization [J]. American Economic Review, 1972, 62 (50): 777 - 795.

[67] Williamson O E. The Economic institute of capitalism [M]. New York: Free Press, 1985.

[68] Hart O, Moore J. Incomplete contracts and renegotiation [J]. Econometrica, 1988, 56 (4): 755 - 785.

[69] 叶永玲, 周亚庆. 虚拟企业的治理结构探析 [J]. 安徽大学学报 (哲学社会科学版), 2004, 28 (2): 95 - 99.

[70] Williamson O E. Comparative economic organization: the analysis of discrete structural alternatives [J]. Administrative Science Quarterly, 1991, 36 (2): 269 - 296.

[71] Heide J B. Governance in interorganizational marketing channels [J]. Journal of Marketing, 1994 (58): 71 - 85.

[72] 赵晓丽. 供应链合作价值创造中的交易成本经济学理论 [J]. 当代财经, 2008 (2): 13 - 16.

[73] Grandori A. Perspectives on organization theory [M]. Cambrige, MA: Ballinger, 1987.

[74] 温军, 冯根福. 股票流动性、股权治理与国有企业绩效 [J]. 经济学 (季刊), 2021, 21 (4): 1301 - 1322.

[75] 陈克贵, 黄敏, 王兴伟. 公平偏好下的虚拟企业道德风险及激励机制研究 [J]. 控制工程, 2013, 20 (5): 896 - 899.

[76] 乔志友, 程毓. 虚拟企业员工激励方法探析 [J]. 科学与管理, 2009 (6): 58 - 59.

[77] 缪匡华. 企业动态联盟的共同治理 [J]. 技术经济, 2006, 25 (6): 100 - 104.

[78] Robinson D T, Stuart T E. Network effects in the governance of strategic alliances [J]. Journal of Law, Economics & Organization, 2007, 23 (1): 242 – 273.

[79] Holmström B. Managerial incentive problems: a dynamic perspective [J]. Review of Economic Studies, 1999, 66 (1): 169 – 182.

[80] 王永军, 郭瑞鹏. 企业动态联盟的信息共享及决策支持 [J]. 商业经济研究, 2006 (29): 77 – 78.

[81] Reuer J J, Ariño A. Strategic alliance contracts: dimensions and determinants of contractual complexity [J]. Strategic Management Journal, 2007, 28 (3): 313 – 330.

[82] Sampson R C. The cost of misaligned governance in R&D alliances [J]. Journal of Law, Economics, and Organization, 2004, 20 (2): 484 – 526.

[83] Mesquita L F, Brush T H. Untangling safeguard and production coordination effects in long-term buyer-supplier relationships [J]. Academy of Management Journal, 2008, 51 (4): 785 – 807.

[84] 张青山, 等. 企业动态联盟风险的管理机制和防范体系 [M]. 北京: 中国经济出版社, 2006.

[85] Puranam P, Vanneste B. Trust and governance: untangling a tangled web [J]. Academy of Management Review, 2009, 34 (1): 11 – 31.

[86] Gulati R, Lawrence P R, Puranam P. Adaptation in vertical relationships: Beyond incentive conflic [J]. Strategic Management Journal, 2005, 26 (5): 415 – 440.

[87] Carson S J, Madhok A, Wu T. Uncertainty, opportunism, and governance: The effects of volatility and ambiguity on formal and relational contracting [J]. Academy of Management Journal, 2006, 49 (5): 1058 – 1077.

［88］ Ring P S, van de Ven A. H. Developmental processes of cooperative interorganizational relationships ［J］. The Academy of Management Review, 1994, 19（1）: 90.

［89］ Argyres N S, Mayer K J. Contract design as a firm capability: an integration of learning and transaction cost perspectives ［J］. Academy of Management Review, 2007, 32（4）: 1060 – 1077.

［90］ Gulati R, Singh H. The architecture of cooperation: managing coordination costs and appropriation concerns in strategic alliances ［J］. Administrative Science Quarterly, 1998, 43（4）: 781 – 814.

［91］ 龙勇, 王炳杨. 基于产业角度对联盟风险以及联盟治理机制的研究 ［J］. 软科学, 2011, 25（12）: 1 – 6.

［92］ 彭珍珍, 顾颖, 张洁. 动态环境下联盟竞合、治理机制与创新绩效的关系研究 ［J］. 管理世界, 2020, 3: 205 – 233.

［93］ Dussauge P, Garrette B, Mitchell W. Learning from competing partners: outcomes and durations of scale and link alliances in Europe, North America and Asia ［J］. Strategic Management Journal, 2000, 21: 99 – 126.

［94］ Zineldin M. Co-opetition: the organisation of the future ［J］. Marketing Intelligence & Planning, 2004, 22（6/7）: 780 – 789.

［95］ 江旭, 姜飞飞. 不确定性、联盟风险管理与合作绩效满意度 ［J］. 管理工程学报, 2015, 29（3）: 180 – 190.

［96］ 龙勇, 李世清. 规模型竞争性联盟中资源 – 风险 – 结构关系研究 ［J］. 软科学, 2010, 24（6）: 45 – 50.

［97］ Das T, Teng S. Risk types and inter-firm alliance structures ［J］. Journal of Management Studies, 1996, 33（6）: 827 – 843.

［98］ Das T, Teng B. Resource and risk management in the strategic alliance making process ［J］. Journal of Management, 1998, 24（1）: 21 – 42.

[99] Rindfleisch A. , Heide J. Transaction cost analysis: past, present, and future applications [J]. Journal of Marketing, 1997, 61 (4): 30 – 54.

[100] Brouthers K, Brouthers L, Werner S. Transaction cost-enhanced entry mode choices and firm performance [J]. Strategic Management Journal, 2003, 24 (12): 1239 – 1248.

[101] Anderson P, Tushman M. Organizational environments and industry exit: The effects of uncertainty munificence and complexity [J]. Industrial & Corporate Change, 2001, 10 (3): 675 – 711.

[102] Li D, Eden L, Hitt M A, et al. Friends, acquaintances, or strangers? Partner selection in R&D alliances [J]. Academy of Management Journal, 2008, 51 (2): 315 – 334.

[103] Oxley J. Institutional environment and the mechanisms of governance: the impact of intellectual property protection on the structure of inter-firm alliances [J]. Journal of Economic Behavior & Organization, 1999, 38 (3): 283 – 309.

[104] Oxley J E, Sampson R C. The scope and governance of international R&D alliances [J]. Strategic Management Journal, 2004, 25 (8 – 9): 723 – 749.

[105] Giunipero L, Eltantawy R. Securing the upstream supply chain: A risk management approach [J]. International Journal of Physical Distribution & Logistics Management, 2004, 34 (9): 698 – 713.

[106] Santoro M, Mcgill J. The effect on uncertainty and asset co-specialization on governance in biotechnology alliances [J]. Strategic Management Journal, 2005, 26 (13): 1261 – 1269.

[107] Hallikas J, Karvonen I, Pulkkinen U, et al. Risk management process in supplier networks [J]. International Journal of Production Economics,

2004，90（1）：47－58.

[108] 陈剑，冯蔚东．企业动态联盟构建与管理［M］．北京：清华大学出版社，2002.

[109] Ruefli T W, Collins J M. Risk measures in strategic management research：auld langsyne［J］. Strategic Management Journal, 1999, 20（2）：167－194.

[110] Li Y, Liao X. Decision support for risk analysis on dynamic alliance［J］. Decision Support Systems, 2007, 42（4）：2043－2059.

[111] 张青山，曹智安．企业动态联盟风险的防范与预控研究［J］. 管理科学，2004，17（3）：8－15.

[112] 中国社会科学院语言研究所词典编辑室．现代汉语词典［M］．北京：商务印书馆，2016.

[113] 伍光和，田连恕，胡双熙，等．自然地理学［M］．北京：高等教育出版社，2000.

[114] 赵松乔，陈传康，牛文元．近三十年来我国综合自然地理学的进展［J］．地理学报，1979（3）：187－199.

[115] 姜爱林．论土地的概念与特征［J］．国土资源科技管理，2000，17（3）：10－15.

[116] 何盛明．财经大辞典［M］．北京：中国财政经济出版社，1990.

[117] 全国人大常委会办公厅．中华人民共和国土地管理法［M］．北京：中国民主法制出版社，2019.

[118] 中国标准化委员会．土地利用现状分类［M］．北京：中国标准出版社，2017.

[119] 辞海编辑委员会．辞海［M］．上海：上海辞书出版社，2000.

[120] 全国人大常委会办公厅供稿．中华人民共和国拍卖法［M］．北京：中国民主法制出版社，2015.

[121] McAfee R P, McMillan J. Auction and bidding ［J］. Journal of Economic Literature, 1987, 25（2）: 699 – 738.

[122] 黄瑞刚, 张旭昆. 拍卖理论综述 ［J］. 经济学动态, 2005（3）: 109 – 114.

[123] 土地市场管理丛书编委会. 国有土地招标拍卖理论与实务 ［M］. 北京: 地质出版社, 2000.

[124] 郑晓星. 拍卖导论 ［M］. 上海: 上海社会科学院出版社, 2001.

[125] 袁安照. 企业联盟: 规制结构理论导论 ［M］. 上海: 上海人民出版社, 2002.

[126] 陈黎琴. 企业联盟的类型及概念探析 ［J］. 兰州学刊, 2008, 8: 77 – 80.

[127] Yashino M Y, Rangan U S. Strategic alliances: an entrepreneurial approach to globalization ［M］. Boston: Harvard Business School Press, 1995.

[128] 史占中. 企业战略联盟 ［M］. 上海: 上海财经大学出版社, 2001.

[129] 福克纳 D, 鲍曼 C. 竞争战略 ［M］. 北京: 中信出版社, 1997.

[130] 冯蔚东, 陈剑. 虚拟企业中的风险分析与监督 ［J］. 中国管理科学, 2001, 10（5）: 24 – 31.

[131] 贾平. 企业动态联盟的动因: 联盟效应分析 ［J］. 生产力研究, 2001（6）: 130 – 132.

[132] B. 约瑟夫·派恩. 大规模定制: 企业竞争的新前沿 ［M］. 北京: 中国人民大学出版社, 2000.

[133] 贾平. 企业动态联盟 ［M］. 北京: 经济管理出版社, 2003.

[134] 张青山, 游明忠. 企业动态联盟的协调机制 ［J］. 中国管理科学, 2003, 11（2）: 97 – 101.

[135] 解树江. 企业动态联盟 ［M］. 北京: 经济管理出版社, 2002.

［136］王曦，符正平，罗超亮. 基于角色的地位：企业联盟形成机制研究
　　　　［J］. 山西财经大学学报，2017，39（8）：71-84.

［137］袁华，刘耘，钱宇，等. 基于合作网络的虚拟企业伙伴选择研究［J］.
　　　　管理工程学报，2016，30（1）：80-87.

［138］Osterwalder A, Pigneur Y, Tucci C L. Clarifying business models：ori-
　　　　gins, present, and future of the concept［J］. Communications of the As-
　　　　sociation for Information Systems, 2005（16）：1-25.

［139］Bellman R, Clark C, Malcolm D G, Ricciardi F. On the construction of a
　　　　multi-stage, multi-person business game［J］. Operations Research, 1957,
　　　　5（4）：469-503.

［140］Zott C, Amit R, Massa L. The business model：recent developments and
　　　　future research ［J］. Journal of Management, 2011, 37（4）：1019-
　　　　1042.

［141］Chesbrough H W, Rosenbloom R S. The role of the business model in cap-
　　　　turing value from innovation：evidence from Xerox Corporation's technology
　　　　spin-off companies ［J］. Industrial and Corporate Change, 2002, 11：
　　　　533-534.

［142］Timmers P. Business models for electronic markets ［J］. Electronic Markets,
　　　　1998, 8（2）：3-8.

［143］张乐乐，张林. 企业商业模式研究综述［J］. 管理现代化，2012
　　　　（6）：76-78.

［144］Amit R, Zott C. Value creation in e-business ［J］. Strategic Management
　　　　Journal, 2001（22）：493-520.

［145］Magretta J. Why business models matter ［J］. Harvard Business Review,
　　　　2002, 80（5）：86-92.

［146］Morris M, Schindehutte M, Allen J. The entrepreneur's business model：

toward a unified perspective [J]. Journal of Business Research, 2005, 58 (6): 726 – 735.

[147] Casadesus-Masanell R, Ricart J E. From strategy to business models and to tactics [J]. Long Range Planning, 2010 (43): 195 – 215.

[148] Teece D J. Business models, business strategy and innovation [J]. Long Range Planning, 2010 (43): 172 – 194.

[149] 王晓明, 谭杨, 李仕明, 等. 基于"要素 – 结构 – 功能"的企业商业模式研究 [J]. 管理学报, 2010, 7 (7): 976 – 981.

[150] 韩倩倩, 谢明磊. 理性定位视角下的商业模式研究: 一个综述 [J]. 齐鲁学刊, 2020 (5): 109 – 121.

[151] 苏江华, 张晓玲, 刘月宁. 基于商业模式的新型竞争优势: 机理透视、理论比较与前沿问题综述 [J]. 东南大学学报 (哲学社会科学版), 2013, 15 (3): 28 – 32.

[152] 李东, 王翔, 张晓玲, 等. 基于规则的商业模式研究——功能、结构与构建方法 [J]. 中国工业经济, 2010 (9): 112 – 122.

[153] Horowitz A. S. The real value of VARS: resellers lead a movement to a new service and support [J]. Mark Comput, 1996, 16 (4): 31 – 36.

[154] Markides C. A dynamic view of strategy [J]. MIT Sloan Management Review, 1999, 40 (3): 55 – 63.

[155] Applegate L. M. Emerging e-business models [J]. Harvard Bus Rev, 2001, 79 (1): 79 – 87.

[156] Betz F. Strategic business models [J]. Engineering Management Journal, 2002, 14 (1): 21 – 27.

[157] Markides C, Oyon D. What to do against disruptive business models (when and how to play two games at once) [J]. MIT Sloan Management Review, 2010, 51 (4): 25 – 32.

[158] Demil B, Lecocq X. Business model evolution: in search of dynamic consistency [J]. Long Range Planning, 2010, 43 (2 – 3): 227 – 246.

[159] Baden-Fuller C, Haefliger S. Business models and technological innovation [J]. Long Range Planning, 2013, 46 (6): 419 – 426.

[160] Aspara J, Lamberg J A, Laukia A, et al. Corporate business model transformation and inter-organizational cognition: the case of Nokia [J]. Long Range Planning, 2013, 46 (6): 459 – 474.

[161] Boons F, Lüdeke-Freund F. Business models for sustainable innovation: state-of-the-art and steps towards a research agenda [J]. Journal of Cleaner Production, 2013 (45): 9 – 19.

[162] Bohnsack R, Pinkse J, Kolk A. Business models for sustainable technologies: exploring business model evolution in the case of electric vehicles [J]. Research Policy, 2014, 43 (2): 284 – 300.

[163] Reim W, Parida V, Örtqvist D. Product-Service Systems (PSS) business models and tactics—a systematic literature review [J]. Journal of Cleaner Production, 2015 (97): 61 – 75.

[164] Friedman L. A competitive bidding strategy [J]. Operations Research, 1956 (4): 104 – 112.

[165] Vickrey W. Counter-speculation, auctions, and competitive sealed tenders [J]. Journal of Finance, 1961 (16): 8 – 37.

[166] Myerson R B. Optimal auction design [J]. Mathematics of Operations Research, 1981 (6): 58 – 73.

[167] Riley J G, Samuelson W F. Optimal auctions [J]. American Economic Review, 1981 (71): 381 – 392.

[168] Maskin E S, Riley J G. Optimal auctions with risk averse buyers [J]. Econometrica, 1984 (52): 1473 – 1518.

[169] Milgrom P R, Weber R J. A Theory of auctions and competitive bidding [J]. Econometrica, 1982 (50): 1089 – 1122.

[170] Maskin E S, Riley J G. Asymmetric auctions [J]. Review of Economic Studies, 2000 (67): 413 – 438.

[171] Klemperer P D. Auctions with almost common value: the "Wallet Game" and its applications [J]. European Economic Review, 1998 (42): 757 – 769.

[172] Robinson M S. Collusion and the choice of auction [J]. Rand Journal of Economics, 1985 (16): 141 – 145.

[173] Hendricks K, Porter R H. Collusion in auctions [J]. Annals of Economics and Statistics, 1989 (15 – 16): 217 – 230.

[174] Graham D A, Marshall R C. Collusive bidder behavior at single-object second-price and English auctions [J]. Journal of Political Economy, 1987 (95): 1217 – 1239.

[175] Lucking-Reiley D. Vickrey auctions in practice: from nineteenth-century philately to twenty-first-century e-commerce [J]. Journal of Economic Perspectives, 2000 (14): 183 – 192.

[176] Hamel G P, Doz Y L, Prahalad C K. Collaborate with your competitors-and win [J]. Harvard Business Review, 1989, 67 (1): 133 – 139.

[177] 任新建, 项保华. 链式战略联盟合作困境及突破探析 [J]. 科研管理, 2005, 26 (5): 68 – 72.

[178] Brandenburger A M, Nalebuff B J. Co-opetition [M]. New York: Bantam Doubleday Dell Publishing Group, 1996.

[179] Padula G, Dagnino G B. Untangling the rise of coopetition: the Intrusion of competition in a cooperative game structure [J]. International Studies of Management & Organization, 2007, 37 (2): 32 – 52.

［180］王建平, 吴晓云. 竞合视角下网络关系强度、竞合战略与企业绩效
［J］. 科研管理, 2019, 140（1）: 121 – 30.

［181］罗剑锋. 企业竞合理论研究综述［J］. 财务与金融, 2012（2）: 66 –
70.

［182］Afuah A. How much do your co-opetitors' capabilities matter in the face of
technological change?［J］. Strategic Management Journal, 2000, 21
（3）: 387 – 404.

［183］项保华, 李庆华. 波特模型及其改进［J］. 中国工业经济, 1999
（11）: 63 – 66.

［184］Gulati R, Nohria N, Zaheer A. Strategic networks［J］. Strategic Manage-
ment Journal, 2000（21）: 203 – 215.

［185］Ring P S, Ven de Ven A H. Structuring cooperative relationships between
organizations［J］. Strategic Management Journal, 1993, 13（7）: 483 –
498.

［186］Ritala P. Coopetition strategy-when is it successful? empirical evidence on
innovation and market performance［J］. British Journal of Management,
2012, 23（3）: 307 – 324.

［187］Gast J, Filser M, Gundolf K, Kraus S. Coopetition research: towards a
better understanding of past trends and future directions［J］. International
Journal of Entrepreneurship & Small Business, 2015, 24（4）: 492 –
521.

［188］Dowling M J, Roering W D, Carlin B A, Wisnieski J. Multifaceted rela-
tionships under coopetition: description and theory［J］. Journal of Man-
agement Inquiry, 1996, 5（2）: 155 – 167.

［189］Bouncken R B, Kraus S. Innovation in knowledge-intensive industries: the
double-edged sword of coopetition［J］. Journal of Business Research,

2013, 66 (10): 2060 – 2070.

[190] Ho H, Ganesan S. Does knowledge base compatibility help or hurt knowledge sharing between suppliers in competition? the role of customer participation [J]. Journal of Marketing, 2013, 77 (6): 91 – 107.

[191] Luo Y. From foreign investors to strategic insiders: shifting parameters, prescriptions and paradigms for mncs in China [J]. Journal of World Business, 2007, 42 (1): 14 – 34.

[192] Ritala P, Olander H, Michailova S, Husted K. Knowledge sharing, knowledge leaking and relative innovation performance: an empirical study [J]. Technovation, 2014 (35): 22 – 31.

[193] Gnyawali D R, Madhavan R, He J, Bengtsson M. The competition-cooperation paradox in inter-firm relationships: a conceptual framework [J]. Industrial Marketing Management, 2016, 53 (2): 7 – 18.

[194] Das T, Teng B S. A resource-based theory of strategic alliances [J]. Journal of Management, 2000, 26 (1): 31 – 61.

[195] Tortoriello M, Perrone V, Mcevily B. Cooperation among competitors as status-seeking behavior: network ties and status differentiation [J]. European Management Journal, 2011, 29 (5): 335 – 346.

[196] Axelrod R. The evolution of cooperation [M]. New York: Busic Books, 1984.

[197] Czakon W, Rogalski M. Coopetition typology revisited—a behavioural approach [J]. International Journal of Business Environment, 2014, 6 (1): 28 – 46.

[198] Luo Y. Toward coopetition within a multinational enterprise: a perspective from foreign subsidiaries [J]. Journal of World Business, 2005, 40 (1): 71 – 90.

［199］ Luo Y. A coopetition perspective of global competition ［J］. Journal of World Business, 2007, 42 (2): 129 – 144.

［200］ Song D W, Lee E S. Coopetitive networks, knowledge acquisition and maritime logistics value ［J］. International Journal of Logistics Research & Applications, 2012, 15 (1): 15 – 35.

［201］ Li Y, Liu Y, Liu H. Co-opetition, distributor's entrepreneurial orientation and manufacturer's knowledge acquisition: evidence from china ［J］. Journal of Operations Management, 2011, 29 (1): 128 – 142.

［202］ Quintana-García C, Benavides-Velasco C A. Cooperation, competition, and innovative capability: a panel data of European dedicated biotechnology firms ［J］. Technovation, 2004, 24 (12): 927 – 938.

［203］ Ketchen D J, Snow C C, Hoover V L. Research on competitive dynamics: recent accomplishments and future challenges ［J］. Journal of Management, 2004, 30 (6): 779 – 804.

［204］ Bengtsson M, Johansson M. Managing coopetition to create opportunities for small firms ［J］. International Small Business Journal, 2014, 32 (4): 401 – 427.

［205］ Peng T J A, Pike S, Yang J C H, Roos G. Is cooperation with competitors a good idea? an example in practice ［J］. British Journal of Management, 2012, 23 (4): 532 – 560.

［206］ Dyer J H, Singh H. The relational view: cooperative strategy and sources of interorganizational competitive advantage ［J］. Academy of Management Review, 1998, 23 (4): 660 – 679.

［207］ Dyer J H, Hatch N W. Relation-specific capabilities and barriers to knowledge transfers: creating advantage through network relationships ［J］. Strategic Management Journal, 2006, 27 (8): 701 – 719.

[208] Brandenburger A M, Nalebuff B J. The right game: Use game theory to shape strategy [J]. Harvard Business Review, 1995, 73 (4): 57 – 71.

[209] 聂辉华, 阮睿, 李琛. 从完全契约理论到不完全契约理论: 2016 年诺贝尔经济学奖评析 [J]. 中央财经大学学报, 2016, 12: 129 – 135.

[210] 丁志国, 郭婷婷. 理性的约定: 现代契约理论发展综述 [J]. 学习与探索, 2018 (3): 114 – 122.

[211] Holmström B. Moral hazard and observability [J]. Bell Journal of Economics, 1979, 10 (1): 74 – 91.

[212] Kerr S. On the folly of rewarding a, while hoping for b [J]. Academy of Management Journal, 1975, 18 (4): 769 – 783.

[213] Baker G, Gibbs M, Holmström B. The internal economics of the firm: further evidence from personnel data [J]. Quarterly Journal of Economics, 1994, 109 (4): 881 – 919.

[214] Bergstresser D, Philippon T. CEO incentives and earnings management [J]. Journal of Financial Economics, 2006, 80 (3): 511 – 529.

[215] Holmström B, Milgrom P. The firm as an incentive system [J]. American Economic Review, 1994, 84 (4): 972 – 991.

[216] Holmström B, Milgrom P. Multitask principal-agent analyses: incentive contracts, asset ownership, and job design [J]. Journal of Law, Economics & Organization, 1991, 7 (special_issue): 24 – 52.

[217] Holmström B. Design of incentive schemes and the new soviet incentive model [J]. European Economic Review, 1982, 17 (2): 127 – 148.

[218] Fama E F. Agency problems and the theory of the firm [J]. Journal of Political Economy, 1980, 88 (2): 288 – 307.

[219] Gibbons R, Murphy K J. Optimal incentive contracts in the presence of career concerns: theory and evidence [J]. Journal of Political Economy,

1992, 100 (3): 468 – 505.

[220] Shavell S. Damage measures for breach of contract [J]. Bell Journal of Economics, 1980 (11): 466 – 490.

[221] Klein B. Transaction cost determinants of unfair contractual arrangements [J]. American Economic Review, 1980, 70 (2): 356 – 362.

[222] Dye R. Costly contract contingencies [J]. International Economic Review, 1985 (26): 233 – 250.

[223] Rogerson W. Efficient reliance and damage measures for breach of contract [J]. Rand Journal of Economics, 1984 (15): 39 – 53.

[224] Grossman S J, Hart O D. The costs and benefits of ownership: a theory of vertical and lateral integration [J]. Journal of Political Economy, 1986, 94 (4): 691 – 719.

[225] Hart O, Moore J. Property rights and the nature of the firm [J]. Journal of Political Economy, 1990, 98 (6): 1119 – 1158.

[226] Hart O. Hold-up, asset ownership, and reference points [J]. Quarterly Journal of Economics, 2009, 124 (1): 267 – 300.

[227] Hart O, Moore J. Foundations of incomplete contracts [J]. Review of Economic Studies, 1999, 66 (1): 115 – 138.

[228] Che Y K, Hausch D B. Cooperative investments and the value of contracting [J]. American Economic Review, 1999, 89 (1): 125 – 147.

[229] Aghion P, Dewatripont M, Rey P. Renegotiation design with unverifiable information [J]. Econometrica, 1994, 62 (2): 257 – 282.

[230] Segal I, Whinston M. Exclusive contracts and protection of investments [J]. Rand Journal of Economics, 2000, 31 (4): 603 – 633.

[231] 惠双民. 交易成本经济学综述 [J]. 经济学动态, 2003 (2): 73 – 77.

[232] Williamson O E. Market and hierarchies analysis and antitrust implications

[M]. New York: Free Press, 1975.

[233] Dahlman C J. The problem of externality [J]. Journal of Law and Economics, 1979, 22 (1): 141 – 162.

[234] Cheung S N S. The contractual nature of the firm [J]. Journal of Law and Economics, 1983, 26 (1): 1 – 21.

[235] 杨小凯，黄有光. 专业化与经济组织———一种新兴古典微观经济学框架 [M]. 北京：经济科学出版社，1999.

[236] Palay T. Comparative institutional economics: the governance of rail freight contracting [J]. Journal of Legal Studies, 1984 (13): 265 – 288.

[237] E. 威廉姆森·奥. 治理机制 [M]. 北京：机械工业出版社，2016.

[238] Cochran P L, Wartick S L. "Golden Parachutes": a closer look [J]. California Management Review, 1984, 26 (4): 111 – 125.

[239] Hart O. An economist's view of authority [J]. Rationality and Society, 1996, 8 (4): 371 – 386.

[240] Davidow W H, Mallone M S. The virtual corporation: structuring and revitalizing the corporation for the 21st century [M]. New York: Harper Collins Publishers, 1992.

[241] Byne J A. The virtual corporation [J]. Business Week, 1993, February 8: 98 – 102.

[242] Goldman S L, Nagel R N, Preiss K. Agile competitors and virtual organization [M]. Van Nostrand Renhold, 1994.

[243] 龙勇，郑景丽. 联盟过程管理视角的联盟能力与联盟治理关系研究 [J]. 管理世界，2013 (1): 182 – 183.

[244] Meade L, Liles D, Sarkis J. Justifying strategic alliances and partnering: a prerequisite for virtual enterprising [J]. Omega-International Journal of Management Science, 1997, 25 (1): 29 – 42.

[245] Jagdev H, Browne J. The extended enterprise-a context for manufacturing [J]. Production Planning and Control, 1998 (9): 216 – 229.

[246] Papazoglou M, Ribbers P, Tsalgatidou A. Integrated value chains and their applications from a business and technology standpoint [J]. Decision Support Systems, 2000 (29): 323 – 342.

[247] Talluri S, Baker R, Sarkis J. A framework for designing efficient value chain networks [J]. International Journal on Production Economics, 1999 (62): 133 – 144.

[248] Drissen-Silva M V, Rabelo R J. A collaborative decision support framework for managing the evolution of virtual enterprises [J]. International Journal of Production Research, 2009, 47 (17): 4833 – 4854.

[249] Afsarmanesh H, Analide C. Virtual enterprises-methods and approaches for coalition formation [J]. International Journal of Production Research, 2009, 47 (17): 4655 – 4659.

[250] Boer L D, Labro E, Morlacchi P. A review of methods supporting supplier selection [J]. European Journal of Purchasing & Supply Management, 2001, 7 (2): 75 – 89.

[251] Gulati R. Does familiarity breed trust? The implications of repeated ties for contractual choice in alliances [J]. Academy of Management Journal, 1995 (38): 85 – 112.

[252] Colombo M G. Alliance form: a test of the contractual and competence perspectives [J]. Strategic Management Journal, 2003 (24): 1209 – 1229.

[253] Simonin B L. Ambiguity and the process of knowledge transfer in strategic alliances [J]. Strategic Management Journal, 1999 (20): 595 – 623.

[254] 黄玉杰, 万迪昉. 影响联盟治理结构选择的因素分析 [J]. 当代经济科学, 2005, 27 (1): 24 – 27.

[255] 桂颖. 威廉姆森契约关系的治理结构理论解析 [J]. 企业改革与管理, 2021 (1): 8 – 10.

[256] Dyer J H, Chu W. The role of trustworthiness in reducing transaction costs and improving performance: empirical evidence from the United States, Japan, and Korea [J]. Organization Science, 2003, 14 (1): 57 – 68.

[257] Dyer J H. Does governance matter? Keiretsu alliances and asset specificity as sources of Japanese competitive advantage [J]. Organization Science, 1996, 7 (6): 649 – 666.

[258] March J G, Shapira Z. Managerial perspectives on risk and risk taking [J]. Management Science, 1987, 33 (11): 1404 – 1418.

[259] 王明涛. 证券投资风险本质属性探讨及其计量模型研究 [J]. 征信, 2003, 21 (4): 61 – 63.

[260] Hoskisson R E, Hitt M A, Hill C W L. Managerial risk taking in diversified firms: an evolutionary perspective [J]. Organization Science, 1991, 2 (3): 296 – 314.

[261] 郭晓亭, 蒲勇健, 林略. 风险概念及其数量刻画 [J]. 数量经济技术经济研究, 2004, 21 (2): 111 – 115.

[262] 郑书宏. 企业风险管理基本理论与公司法人治理结构 [M]. 成都: 四川大学出版社, 2016.

[263] 邹仲海. 企业风险管理 [M]. 北京: 电子工业出版社, 2016.

[264] 何畔. 战略联盟: 现代企业的竞争模式 [M]. 广州: 广州经济出版社, 2000.

[265] 蔡继荣. 联盟伙伴特征、可置信承诺与战略联盟的稳定性 [J]. 科学学与科学技术管理, 2012, 33 (7): 133 – 142.

[266] 王江哲, 陈晓菲, 刘益. 商业模式整合、冲突与企业绩效间关系研究 [J]. 管理评论, 2019, 31 (7): 225 – 238.

[267] 蔡继荣，靳景玉. 均势战略联盟及其作为联盟稳定性条件的机理分析 [J]. 科技进步与对策，2013，30（24）：26-31.

[268] Das T K, Rahman N. Determinants of partner opportunism in strategic alliances: a conceptual framework [J]. Journal of Business and Psychology, 2010, 25 (1): 55-74.

[269] 李林蔚. 合作优势互补与联盟风险规避的前因及其效应研究 [J]. 科学学与科学技术管理，2019，40（7）：75-87.

[270] Xia Y, Ha H Y. Does customer orientation matter? direct and indirect effects in a service quality-sustainable restaurant satisfaction framework in China [J]. Sustainability, 2021, 13 (3): 1051.

[271] Sinkula J, Baker W, Noordewier T. A framework for market-based organizational learning: linking values, knowledge and behavior [J]. Journal of the Academy of Marketing Science, 1997, 25 (4): 305-318.

[272] 秦虹. 房地产需求将转向改善性为主 [J]. 财政监督，2016（3）：110.

[273] 王满，任翠玉. 财务管理基础 [M]. 沈阳：东北财经大学出版社，2020.

[274] 迈克尔·波特. 竞争优势 [M]. 北京：中信出版社，2014.

[275] 陈伟. 目标管理法 [M]. 苏州：古吴轩出版社，2019.

[276] 孙飞超，胡志明，张晓俊. 基于智慧企业的烟草工业一体化目标管理体系模型研究 [J]. 企业经济，2017，36（2）：61-65.

[277] 温海珍，曾辉，张凌. 房地产经济学 [M]. 杭州：浙江大学出版社，2014.

[278] 苑东亮，王国帅. 基于房地产企业文化的客户关系管理绩效评价研究 [J]. 建筑经济，2020，41（S1）：248-253.

[279] Haislip J Z, Richardson V J. The effect of customer relationship manage-

ment systems on firm performance ［J］. International Journal of Accounting Information Systems，2017（27）：16 – 29.

［280］ Keller K L. Conceptualizing, measuring, and managing customer-based brand equity ［J］. Journal of Marketing，1993，57（1）：89 – 103.

［281］ Cobb-Walgren C J，Ruble C A，Donthu N. Brand equity，brand prefer-ence，and purchase intent ［J］. Journal of Advertising，1995，24（3）：25 – 40.

［282］ 迈克尔·波特. 竞争战略 ［M］. 第 1 版. 北京：华夏出版社，2004.

［283］ 刘勇. 2019 年房企融资成本 Top30：融资成本分化加剧 ［EB/OL］. ht-tp：//hn. house. hexun. com/2020-05-01/201217790. html.

［284］ 张翔，王士同. 一种基于马氏距离的可能性聚类方法 ［J］. 数据采集与处理，2011，26（1）：101 – 105.

［285］ Krishnapuram R，Keller J M. A possibilistic approach to clustering ［J］. IEEE Transactions on Fuzzy Systems，1993，1（2）：98 – 110.

［286］ Bertsimas D，Popescu I. Optimal inequalities in probability theory：a con-vex optimization approach ［J］. SIAM Journal on Optimization，2005，15（3）：780 – 804.

［287］ 曾春影，徐菊，茅宁. 一切过往，皆为序章：管理者过往经历对企业决策影响的评述与展望 ［J］. 外国经济与管理，2020，42（11）：109 – 124.

［288］ 徐乔梅，廖冰. 基于情绪博弈的行为经济学决策模型构建 ［J］. 统计与决策，2018，34（6）：48 – 50.

［289］ 袁超杰，孙煜，李志强. 基于半参数部分线性混合效应模型的房地产上市公司盈利能力影响因素研究 ［J］. 北京化工大学学报，2017，44（4）：113 – 118.

［290］ 方军雄. 政府干预、所有权性质与企业并购 ［J］. 管理世界，2008

(9)：118 - 123.

[291] 王先柱，刘洪玉. 货币政策、实际控制人类型和房地产上市公司现金持有水平变化 [J]. 当代经济科学，2011 (5)：66 - 73.

[292] 刘斌，王雷. 宏观调控、股权性质与房地产企业融资渠道互动影响研究 [J]. 现代财经，2013 (9)：89 - 98.

[293] 赵冬青，朱武祥，王正位. 宏观调控与房地产上市公司资本结构调整 [J]. 金融研究，2008 (11)：78 - 92.

[294] Freitas B M, Marques R. A. University-industry collaboration and innovation in emergent and mature industries in new industrialized countries [J]. Research Policy, 2013, 42 (2): 443 - 453.

[295] 邢海龙，高长元，张树臣. 基于系统动力学的大数据联盟稳定性模型构建与仿真研究 [J]. 情报杂志，2017, 36 (10): 159 - 165.

[296] Das T, Teng B S. Instabilities of strategic alliances: An internal tensions perspective [J]. Organization Science, 2000, 11 (1): 77 - 101.

[297] 蔡继荣，郭春梅. 战略联盟的稳定性边界研究 [J]. 管理工程学报，2007, 21 (2): 103 - 105.

[298] 王岳龙. 土地招拍挂制度在多大程度上提升了房价?：基于 "8·31 大限" 的干预分析模型研究 [J]. 财贸研究，2012, 23 (3): 31 - 39.

[299] 王宏新，勇越. 中国城市土地招拍挂制度的异化与重构 [J]. 中州学刊，2012 (2): 29 - 32.

[300] 李一戈. 房地产企业大规模增长时代即将过去 [J]. 华商，2014 (15): 56.

[301] Hymer S, Pashigian P. Turnover of firms as a measure of market behavior [J]. Review of Economics and Statistics, 1962, 44 (1): 82 - 87.

[302] Gort M. Analysis of stability and change in market shares [J]. Journal of Political Economy, 1963, 71 (1): 51 - 63.

［303］Telser L G. Advertising and competition ［J］. Journal of Political Economy, 1964, 72 （6）: 537 – 562.

［304］Staiger R, Wolak F. Collusive pricing with capacity constraints in the presence of demand constraints in the presence of demand uncertainty ［J］. Journal of Economics, 1992, 23 （2）: 203 – 220.

［305］Barla P. Market share instability in the us airline industry ［J］. Journal of Applied Business Research, 1999, 15 （4）: 67 – 79.

［306］Van Kranenburg H. Mobility and market structure in the Dutch daily newspaper market segments ［J］. Journal of Media Economics, 2002, 15 （2）: 107 – 123.

［307］亚当·斯密. 国民财富的性质和原因的研究 ［M］. 北京: 商务印书馆, 2014.

［308］曲卫东, 叶剑平. 房地产估价 ［M］. 北京: 中国人民大学出版社, 2020.

［309］宗永红. 房地产估价 ［M］. 北京: 科学出版社, 2018.

［310］刘旷. 物业扎堆上市, 一个新时代来了? ［EB/OL］. https: //www. thepaper. cn/newsDetail_forward_10214035.

［311］彭绪庶. 中国价值工程研究 40 年的回顾和展望 ［J］. 技术经济, 2020, 39 （1）: 1 – 9.

［312］Reuer J J, Arino A. Contractual renegotiations in strategic alliances ［J］. Journal of Management, 2002, 28 （1）: 47 – 68.

［313］Faems D, Janssens M, Madhok A, et al. Toward an integrative perspective on alliance governance: connecting contract design, trust dynamics, and contract application ［J］. Academy of Management Journal, 2008, 51 （6）: 1053 – 1078.

［314］Stuart T E. Network positions and propensities to collaborate: an investigation of strategic alliance formation in a high-technology industry ［J］. Administrative Science Quarterly, 1998, 43（3）: 668 – 698.

［315］ Dyer J H, Singh H. The relational view: cooperative strategy and sources of inter organizational competitive advantage ［J］. Academy of Management Review, 1998, 23（4）: 660 – 679.

［316］ White S. Cooperation costs, governance choice and alliance evolution ［J］. Journal of Management Studies, 2005, 42（7）: 1383 – 1412.

［317］ 杨琳, 周炬诺. 复杂工程项目风险传递机理 ［J］. 科技管理研究, 2021, 41（16）: 209 – 217.

［318］ 易丹辉, 李静萍. 结构方程模型及其应用 ［M］. 北京: 北京大学出版社, 2019.

［319］ 侯杰泰, 温忠麟, 成子娟. 结构方程模型及其应用 ［M］. 北京: 教育科学出版社, 2004.

［320］ 萧文龙. 统计分析入门与应用: SPSS 中文版 + PLS-SEM（SmartPLS） ［M］. 台北: 碁峰资讯股份有限公司, 2013.

［321］ 廖颖林. 顾客满意度指数测评方法及其应用研究 ［M］. 上海: 上海财经大学出版社, 2008.

［322］ 马国勇, 田国双, 石春生. 高新技术企业吸收能力影响因素研究: 基于 PLS-SEM 算法的实证研究 ［J］. 预测, 2014, 33（4）: 28 – 34.

［323］ 张敬文, 江晓珊, 周海燕. 战略性新兴产业技术创新联盟合作伙伴选择研究: 基于 PLS-SEM 模型的实证分析 ［J］. 宏观经济研究, 2016, 5: 79 – 86.

［324］ 林润辉, 谢宗晓, 王兴起, 等. 制度压力、信息安全合法化与组织绩效: 基于中国企业的实证研究 ［J］. 管理世界, 2016, 2: 112 – 127.

［325］ Fornell C, Larcker D. Evaluating structural equation models with unobservable variables and measurement error ［J］. Journal of Marketing Research,

1981, 18 (1): 39 – 50.

[326] Peng D X, Lai F. Using partial least squares in operations management research: a practical guideline and summary of past research [J]. Journal of Operations Management, 2012, 30 (6): 467 – 480.

[327] Tenenhaus M, Vinzi V E, Chatelin Y M, et al. PLS path modeling [J]. Computational Statistics & Data Analysis, 2005, 48 (1): 159 – 205.

[328] Wetzels M, Odekerken-Schroder G, van Oppen C. Using PLS path modeling for assessing hierarchical construct models: guidelines and empirical illustration [J]. MIS Quarterly, 2009, 33 (1): 177 – 195.

[329] 魏薇, 房俨然, 李剑南, 等. 冲突对绩效的影响: 个体、团队宜人性的调节作用 [J]. 心理学报, 2020, 52 (3): 345 – 356.

致　　谢

　　本书是在博士毕业论文的基础上修改完成。论文赶在不惑之年完成，犹如漫漫黑夜中迎来一缕曙光，满心欢喜与感谢！

　　感谢导师王林教授的包容、支持和指导！王老师博学多识、治学严谨，不仅对本书逻辑框架的指导高屋建瓴、画龙点睛，并且对本书细节写作规范提出了很多宝贵的修改意见。

　　感谢叶堃晖教授在我的本科、硕士到博士横跨二十多年求学路上给予兄长般的关爱、督促和帮助！

　　感谢查泉波老师在数学建模方法上的指导！

　　感谢预答辩和答辩的各位老师从不同的视角对本书的逻辑框架、细节表述等方面提出中肯的意见和建议，不仅让本书得到完善，更是让我在学术方法论上受益良多。

　　感谢博士学习六年间一起奋斗的同学们，大家相互陪伴、相互鼓励、共同学习的时光让我永远铭记！

　　感谢阳光城集团给予的工作机会和同事们对本研究的大力支持！

　　感谢爱人黄毅燕女士一路的支持和鼓励！

　　感恩博士求学路上的一切遇见！

王进修

二〇二四年六月

图书在版编目（CIP）数据

住宅用地拍卖竞买联盟成员选择研究/王进修著．
北京：经济科学出版社，2024.7. -- ISBN 978 - 7 - 5218 -
5979 - 9

Ⅰ. F301. 3；F713. 359

中国国家版本馆 CIP 数据核字第 2024F7S697 号

责任编辑：周国强
责任校对：王京宁
责任印制：张佳裕

住宅用地拍卖竞买联盟成员选择研究
ZHUZHAI YONGDI PAIMAI JINGMAI LIANMENG CHENGYUAN XUANZE YANJIU
王进修　著
经济科学出版社出版、发行　新华书店经销
社址：北京市海淀区阜成路甲 28 号　邮编：100142
总编部电话：010 - 88191217　发行部电话：010 - 88191522
网址：www. esp. com. cn
电子邮箱：esp@ esp. com. cn
天猫网店：经济科学出版社旗舰店
网址：http：//jjkxcbs. tmall. com
北京季蜂印刷有限公司印装
710 × 1000　16 开　16. 75 印张　240000 字
2024 年 7 月第 1 版　2024 年 7 月第 1 次印刷
ISBN 978 - 7 - 5218 - 5979 - 9　定价：96. 00 元
（图书出现印装问题，本社负责调换。电话：010 - 88191545）
（版权所有　侵权必究　打击盗版　举报热线：010 - 88191661
QQ：2242791300　营销中心电话：010 - 88191537
电子邮箱：dbts@ esp. com. cn）